CONDENADOS A ESCRIBIR

IMPEDIMENTA NARRATIVA, 298

DARIA GALATERIA

CONDENADOS A ESCRIBIR

ESCRITORES ENTRE REJAS

Traducción del italiano de Francisco Campillo

IMPEDIMENTA

Título original: *Scritti galeotti*

Primera edición en Impedimenta: enero de 2025

Imagen de cubierta: *See No Evil,* de Jackie Von Tobel

Juan Álvarez Mendizábal, 27. 28008 Madrid
http://www.impedimenta.es

ISBN: 978-84-19581-83-9
Depósito Legal: M-154-2025
IBIC: FA

Impresión y encuadernación: Kadmos
P. I. El Tormes. Río Ubierna 12-14. 37003 Salamanca

Impreso en España

Impreso en papel 100 % procedente de bosques gestionados de acuerdo con criterios de sostenibilidad.

UNA CELDA: QUÉ MEJOR INSPIRACIÓN

«En la lentitud del tiempo de la cárcel, la imaginación crece como una secuoya», sentencia Chester Himes, que antes se dedicaba al robo a mano armada y en prisión despertó como escritor de *hard boiled.* Ya fueran delincuentes comunes o presos que habían terminado allí por casualidad, el caso es que fueron muchos los literatos que se beneficiaron de su paso por la cárcel, de vivir en tan reducido espacio durante un tiempo más o menos largo. Kleist era un lunático; no obstante, encerrado en la terrorífica e inaccesible fortaleza militar de Joux, confesaría hallarse en un inmejorable estado de salud, retomaría la escritura y, de hecho, los tenebrosos ambientes del castillo le sugerirían la escenografía perfecta para el estupro de *La Marquesa de O,* una de las historias de amor más deliciosas de la literatura. Además, en una celda vecina ocupada por un amigo suyo había muerto hacía poco un general caribeño de raza negra, héroe de la independencia dominicana. Kleist se interesaría por sus circunstancias y acabaría escribiendo la enternecedora *Los esponsales de Santo Domingo.* Giuseppe Berto encontró su camino en Texas: había llegado al campo de Hereford siendo dannunziano y salió de allí embebido en la narrativa norteamericana contemporánea. Sin otras necesidades que lo esclavizaran, muy pronto las condiciones de su estancia le resultaron «extraordinariamente favorables» para el desarrollo de su espíritu, y su barracón se convirtió en un foro de intelectuales que le enseñaron a escribir en un estilo moderno. También concienzudos pensadores sucumbieron en tal situación a la vocación literaria, y un entregado al Risorgimento como Luigi Settembrini compuso en la roca de Santo Stefano una historia homoerótica revestida de un elegante helenismo. Jean Genet dio comienzo a su oficio de escritor mientras estaba encarcelado, cosa que ocurría a menudo. Le asignaron la tarea de fabricar bolsas para el pan, y usó el papel de los saquitos para ponerse a escribir cinco novelas de golpe: si los vigilantes se las confiscaban, él comenzaba de nuevo. «El campo fue una diversión inigualable», escribió Wodehouse a un amigo. Plum, un tipo más bien solitario, disfrutó en aquel lugar de una socialización «infantiloide», entre británicos convenientemente educados que susurraban un «I beg your pardon» apenas tropezaban contigo por descuido. Por mucho que los debilitara el hambre —«un ligero resfriado se habría llevado por delante a la mitad»—, no fueron pocos quienes consiguieron, en cambio, sanar de enfermedades anteriores: un caballero de acento oxoniense afirmaba que aquella vida en Toszek, Polonia, le había curado la rodilla, y Wodehouse no tuvo más remedio que admitir que su dedo reumático por fin se doblaba (sería por pelar tanta patata). En términos generales, allí uno no se sentía más esclavo que entre los productores de Hollywood, y gracias a una máquina de escribir que alquiló al *Lagerführer* pudo acabar tres libros y varios cuentos, además de *Júbilo matinal,* obra cumbre de la saga de Jeeves.

Un escritor acaba en la cárcel por los motivos más variados. Algunos fueron criminales o gente de mala vida, como el asesino en serie Lacenaire; raro era que fueran totalmente inocentes, como fue el caso de Apollinaire, a quien acusaron de haber robado la *Gioconda,* o el del poeta Dino Campana, arrestado en tres ocasiones durante la Primera Guerra Mundial solo porque tenía cara de alemán. Unas líneas imprudentes bastan a veces para perseguir a su autor, y así Voltaire dio con sus huesos en la Bastilla por haber acusado al regente de acostarse con su hija (era cierto, pero tampoco hacía falta que lo contara en verso). Knut Hamsun, por su parte, se hizo delincuente a los noventa años: ya sordo como una tapia, escribió una necrológica elegíaca de Hitler. Muchos otros (desde Fallada a Burroughs, de Verlaine a Norman Mailer) intentaron asesinar a su esposa... y a veces incluso lo lograron. Resulta curioso que el número de escritores uxoricidas sea más bien elevado, pese a que los literatos constituyen un gremio ciertamente exiguo; un porcentaje tan alto sin duda da que pensar: quizá los escritores pasen demasiado tiempo en casa...

En realidad, la vida entre rejas se parece bastante a la vida frente a un escritorio. Es sabido que Marcel Proust, quien no albergaba la menor esperanza de ir a prisión —es más fácil que acabe en la cárcel un camello que un rico, y a Proust la policía lo fichó como *rentier* tras una redada—, hizo de su dormitorio una celda. Muchos escritores se han alegrado de la abundancia de tiempo y de la concentración que la cárcel impone a la fuerza. «Creéis haber realizado una gran hazaña, estoy seguro —escribe Sade—, condenándome a una abstinencia atroz de los pecados de la carne... Pues bien, os equivocáis: habéis encendido una luz en mi cabeza, me habéis empujado a crear fantasmas que algún día convertiré en realidad.» «He aprendido mucho de los condenados», reconoce Dostoievski, quien recogió en un cuaderno los modos de decir, los chascarrillos y las reflexiones de sus compañeros de letrina. De hecho, *Los hermanos Karamázov* se basa en un error judicial que le contaron durante su estancia en Siberia, y cuando le preguntaban con qué derecho pretendía hablar en nombre del pueblo ruso, mostraba sus pantorrillas aún marcadas por los grilletes de hierro: «He aquí mi derecho».

La invasión nazi de Francia durante la Segunda Guerra Mundial causó estragos: a Desnos lo apresaron por comunista; Brasillach consiguió (no sin cierto esfuerzo) que lo arrestaran por colaboracionista, y a Jean Giono lo encarcelaron en Provenza por no haber querido implicarse en el conflicto. Franz Hessel, el marido que completaba el trío de *Jules y Jim,* estuvo recluido primero en un estadio de fútbol y finalmente en un campo de concentración francés por su condición de judío; allí escribió su versión, la del perdedor, del triángulo amoroso más famoso del siglo xx. Ezra Pound, por el contrario, fue encarcelado en Estados Unidos por sus proclamas radiofónicas que exhortaban a un pogromo contra la plutocracia hebrea norteamericana; por su parte, el antisemita Céline, desde una cárcel danesa limpia como un hotel de lujo, se dedicó a vomitar improperios contra los jueces, llamando al fiscal «chupasangre» y «lameculos».

Todas las mujeres, sin distinción, confiesan que la prisión fue la época de su vida en que se sintieron más libres: como no tenían que cuidar de nadie, pudieron por fin cuidar de sí mismas. Goliarda Sapienza llegó incluso a ir a la cárcel por voluntad propia, como protesta contra la vida, pero también para conseguir que por fin publicaran su obra: los editores siempre han adorado la mala prensa. «Su libro es de los más buscados —le escriben con satisfacción desde la editorial Stock a Apollinaire—, todo esto bien vale un poco de aburrimiento.» Casanova ganó una fortuna contando su célebre fuga de Los Plomos de Venecia, y Marinetti, encerrado en San Vittore por participar en una manifestación intervencionista con Boccioni, Russolo y otros artistas, todos de bombín y esmoquin, aprovechó para lanzar desde la celda de aislamiento su *Manifiesto sobre la guerra.*

Dostoievski fue a parar a Siberia por participar en una conspiración política, acusación de escasa solidez. Pellico y Settembrini fueron perseguidos por sus veleidades *risorgimentistas;* Solzhenitsyn, por un comentario antiestalinista y por no acatar el estilo realista soviético; el comediógrafo Václav Havel padeció especialmente el acoso del director del *lager* donde estaba internado, que detestaba el tono cómico que el intelectual checo daba a las cartas que enviaba a su mujer. El director las veía como una forma de desprecio hacia su persona; al fin y al cabo, él era un digno funcionario que se empeñaba en dirigir con celo su prisión. Havel objetaba: «Bueno…, es que soy escritor», y decía que como tal se sentía obligado a adoptar un punto de vista peculiar sobre su situación: ¿cómo puede un escritor hablar de un *lager* «si no es con un poco de humor»?

Este libro nace de la transcripción de la serie de lecturas tituladas *Alle otto della sera* que realicé para Rai Due a lo largo del año 2000. A su vez, la presente edición supone una nueva versión de la primera compilación, *Scritti galeotti* (Rai Eri, 2000). Se han sustituido la mitad de los autores y se ha puesto al día la información sobre los que permanecen. De todos los ensayos biográficos y textos de los que más me he servido, destacaría: Franck Balandier, 2001; Alberto Beretta Anguisola, 1995; Dario Biaggi, 1999; André Billy, 1932; Xavier Darcos, 1998; Jacques Darras, 1995; Douglas Day, 1973; Francis Donaldson, 1982; Goffredo Fofi, 1996; Xavière Gauthier, 1999; Tiziana Goruppi, 1994; Francis Lacassin, 1987; Sabine Lange y Jenny Williams, 2009; Monique Lebailly, 1968; Michel Le Bris, 1994; Pierre Leroy, 2003; André Le Vot, 1979; Hillary Mills, 1982; Élisabeth Morel, 1988; Jean Orieux, 1966; André Parinaud, 1994; Pierre Pellissier, 1989; Mario Rubino, 2012; James Sallis, 2000; Giuseppe Scaraffia, 2005; Joël Schmidt, 1995; Mario Serenellini, (5-2-2012); Gwendolyne Simpson Chabrier, 2008; Andrew Sinclair, 1977; Adriano Sofri, 1999 y (2-4-2000); Christian Vilà, 1992; Jenny Williams, 2004; Arthur M. Wilson, 1957. De entre todos los amigos con los que he hablado de escritores que pasaron por la cárcel, me permito citar aquí a Elvira Sellerio, quien me habló de Luigi Settembrini, pero también de muchas otras cosas más.

D. G.

1. VOLTAIRE

Era 16 de mayo de 1717, día de Pentecostés. Al concienzudo comisario Isabeau no le gustaba arrestar a escritores: prefería a los delincuentes. Por su parte, Voltaire, que tenía solo veintiún años y aún se llamaba Arouet, con su cuerpo de lagartija e inquieto como una anguila, no se sintió intimidado en absoluto; por el contrario, aprovechó su detención para regodearse con una demostración de astucia. Y es que resultaba evidente que en aquel apartamento amueblado de la Rue Calandre había muy pocos papeles para ser la casa de un intelectual subversivo. Voltaire aseguró que todo lo que tenía estaba sobre su escritorio. «Ahorradme el trabajo de tener que reventar las cerraduras», amenazó el severo funcionario. Entonces Arouet confesó: «Está todo en el excusado».

En el siglo XVIII, toda casa de vecinos parisina contaba con una *Madame l'Intendante Merdière,* responsable de las letrinas. Nadie podía repararlas o vaciarlas sin que ella lo autorizara, de modo que fue requerida su presencia para satisfacer el olfato de unos policías en busca de documentos comprometedores. El subsiguiente informe rezumaba diligencia: «La vaciadora de retretes no encontró documento alguno, pues la cloaca estaba llena a rebosar y cubierta de agua». Detallaba que *Madame l'Intendante* había hecho descender por el conducto una vela atada a un hilo, y que el propio comisario, inclinándose sobre el orificio de entrada, había podido verificar que no había rastro de unos papeles que, por lógica científica, de haber estado allí, habrían flotado sobre el agua que cubría la «sustancia sólida». Ahora bien, en caso de que su superior considerara necesario continuar la investigación en persona, el diligente funcionario se ponía a su absoluta disposición para vaciar por completo la instalación. Era 21 de mayo y, efectivamente, el jefe ordenó llegar «hasta el fondo». Durante el curso de la búsqueda, sucedió que un golpe de piqueta demasiado fuerte hizo desmoronarse el pozo negro, inundando el sótano. En medio del creciente hedor que comenzaba a expandirse por la casa y la calle, intervino la propietaria del edificio, que expresó su descontento con la situación de un modo más bien violento, pues los agentes le habían causado la pérdida de una buena cantidad de botellas de cerveza y vino de las cuales había hecho acopio. Presentó su caso ante el rey y ganó el pleito. Su Majestad tuvo a bien resarcir los daños, y el comisario comenzó a sospechar que todo aquello era una broma de Voltaire. Escribió sobre el asunto a su superior, denunciando que el joven poeta, «empujado por su espíritu malévolo», le había dado intencionadamente indicaciones falsas sobre la ubicación de sus papeles para «causar molestias innecesarias».

Voltaire había comenzado a tener problemas con la autoridad con apenas veinte años, pues escribía, como hacían todos, atrevidos epigramas sobre el regente, Felipe II de Orleans, quien por lo general se lo pasaba en grande leyéndolos. Es cierto que los poemillas de Voltaire resultaban un tanto más escabrosos que los demás, pues ponían en verso y rima los amores del duque con su propia hija, la duquesa de Berry. Eran asuntos de todos bien conocidos, pero el superintendente de la Policía, el marqués de Argenson, consideró su deber vigilar al joven poeta.

Este se defendía con un argumento que usaría muchas veces: era imposible que él hubiera escrito unos versos tan horribles. A modo de halago, sus amigos más cercanos le decían en público que no fuera tan modesto: ellos mismos lo habían visto componerlos. Ante la duda, Argenson condenó a Voltaire al exilio en Tulle. Tulle estaba en el Lemosín, tan lejos de París —¿habría allí alguna duquesa?, ¿hablarían francés?— que el joven pidió auxilio a su padre. El bueno del notario Arouet intercedió ante el regente para que enviaran a su descarriado hijo a Sully, «donde tenemos algunos parientes que podrán vigilarlo». La realidad fue que el desterrado se instaló en el castillo de un amigo, el caballero de Sully, donde pasó los días de una fiesta galante en otra. Voltaire escribe que su exilio es una delicia, aunque le preocupa que en París se enteren de que es así y se olviden de él. Sin embargo, Felipe lo perdona: Voltaire regresa a la capital y vuelve a escribir coplas subidas de tono sobre el regente. A todo esto, la policía lo persigue por causa de un libelo, *J'ai vu* («He visto»), que en realidad no ha escrito él, sino un tal Lebrun, quien, espantado por la resonancia que había alcanzado el *pamphlet* —hay que tener en cuenta que sus obras teatrales no habían logrado ningún éxito—, confirma encantado la autoría de Voltaire. Cuando el regente se encuentra con Voltaire en el Palais Royal, alude al *J'ai vu:* «Señor Arouet, me he propuesto que veáis algo que nunca habéis visto». «¿Qué es, alteza?» «La Bastilla.» «Ah, tenga en cuenta su alteza que ya la conozco.» Pero el duque no cambia de parecer, entre otras cosas porque Voltaire continúa regalando a la duquesa Du Barry con epítetos poco obsequiosos, el más suave de los cuales fue «Mesalina». Así, el día de Pentecostés de 1717 se decreta su arresto.

Un arresto podía ser un acontecimiento solemne, con veinte escoltas acompañando al destacamento de policía, o más modesto, con dos pobres agentes de uniforme andrajoso que detenían al sospechoso. Voltaire siempre contaría que el suyo fue del primer tipo, pero no era más que un alarde. El comisario fue de lo más amable y, cuando Arouet hizo amago de resistirse, le señaló a dos esbirros de uniforme raído apoyados en sendos recios bastones que no parecían destinados a los súbditos obedientes del rey ni a las personas bien educadas. Al fin, Voltaire entró dócilmente en el carruaje policial, no sin antes dejar caer aquel comentario sobre las letrinas.

Ya lo hemos contado: aquello bastó para que Isabeau se lanzara sin remilgos a chapotear en un mar de heces. Mientras tanto, en la Bastilla limpiaron a fondo los bolsillos del recluso. Además de algunos luises de oro, encontraron papel, pluma y unas gafas; él se quejó, como era de esperar, e inmediatamente pidió que le llevasen cremas, perfumes, un gorro de noche, a Homero y a Virgilio. No le dieron papel, así que solo pudo escribir a lápiz en los márgenes de los libros un larguísimo poema épico, *La Henriada,* que acabaría leyendo toda Europa. Lo componía durmiendo —contaría después para desconcertar a quien quisiera escucharlo—, y lo escribía al despertarse.

En París ya comenzaban a considerarlo muerto en vida y a hablar mal de él cuando, el 11 de abril de 1718, tras once meses en el «pozo» de la Bastilla, el bondadoso regente tuvo a bien perdonarlo de nuevo. Le tocó cumplir un breve exilio, como de costumbre, que Voltaire pasó confortablemente en la casa de campo de su padre, al tiempo que bombardeaba al duque de Orleans con ruegos para que le permitiera asomarse por París: tres días, ni uno más. Los Bretuil, sus protectores —a quienes no les haría mucha gracia que el escritor acabara uniéndose a su hija, la marquesa de Châtelet—, consiguieron que fueran ocho, a los que se sumaría un mes entero, julio de 1718, y luego también agosto; en septiembre le llegaría el permiso ilimitado. Voltaire aprovecha este tiempo del modo más banal y también más rentable: buscando el éxito. Quiere llevar a los escenarios la tragedia que ha compuesto, *Edipo.* A los actores les parece insípida, y eso que incluye una escena copiada de Sófocles. Voltaire aligera la obra todo lo que puede y la estrena el 18 de noviembre. Todavía está en libertad condicional. El éxito es increíble: todos interpretan sus versos como si estuvieran cargados de punzantes dobles sentidos; el propio título parece una nueva alusión a los amores del regente y su hija; los ataques a la monarquía y al clero son transparentes. «Los curas no son lo que se piensa; / nuestra credulidad es la madre de su ciencia», puede leerse en un dístico. Los jesuitas opinan que esos versos altisonantes «propagan nefandos errores contra los ministros de los altares», pero el anticlericalismo de Voltaire no ha hecho más que comenzar. Escondido en su palco, a Arouet padre le queda claro que su hijo nunca habría sido un buen notario y que es un bala perdida. Gruñía desesperado: «¡Vaya delincuente!, ¡vaya delincuente!». Desde ese mismo día dejó de pasarle su asignación.

Voltaire estaba contento y gozaba con la provocación. El príncipe de Conti le escribió en verso que había creído ver en él al mismísimo Racine redivivo, y el joven autor tuvo la temeridad de responderle con ironía cambiando los papeles: «Monseñor, os convertiréis en un gran poeta, y yo mismo haré que el rey os conceda una pensión». Conti no se enfadó ante este exceso de confianza; es más, Voltaire consiguió la pensión. Envió al regente un breve poema, *La Bastilla,* limpio de toda polémica. El duque, a quien comenzaba a parecerle divertido aquel jovencito, lo recibió. «Monseñor —le dijo Voltaire—, sería un detalle magnífico que su alteza tuviera a bien continuar ocupándose de mi manutención, pero os suplico que dejéis de ocuparos de mi alojamiento.» Con esa referencia a la manutención pretendía solicitar un dinero que el regente, en efecto, hizo que le concedieran en pago por su *Edipo.*

Para celebrar el éxito de su tragedia y demostrar el alcance de su benevolencia, Orleans le regaló además una enorme moneda de oro. El orfebre fue a casa de Voltaire para que este eligiera la cadena que más le gustara. «Mejor la de un pozo», respondió aquel desagradecido, incapaz de perdonar su triste estancia en la Bastilla. En su celda había escrito versos melancólicos: «Heme aquí, embastillado… comiendo frío y bebiendo caliente, / traicionado por todos, incluso por mi amante». Su amante era una adorable adolescente, Suzanne, hija del delegado regio en Sully, a la que Voltaire se había llevado consigo tras su primer exilio. Suzanne sentía la sagrada llamada de los escenarios, y Voltaire la había iniciado en el teatro. Incluso le había presentado a su mejor amigo, Génonville, a quien Suzanne comenzó a apreciar hasta el punto de llegar a repartir su dedicación equitativamente entre ambos hombres. Cuando Voltaire la sorprendió en brazos de Génonville, en principio echó mano a su espada, pero al final los tres acabaron llorando y compadeciéndose recíprocamente. Voltaire sopesó si su amor por Suzanne duraría tanto como el afecto que sentía por su amigo y concluyó que no. Decidió que ella era una actriz mediocre y se la dejó al otro; Suzanne, por su parte, se encargó de decirle a todo el mundo que Arouet era *un amant à la neige*. Quien sí acabó desarrollando una sincera simpatía por Voltaire fue el propio regente, que al encontrárselo en la ópera y con el propósito de mostrarse amable con un intelectual, le habló con pasión de las novelas de Rabelais; Voltaire reaccionó con indiferencia. Al fin y al cabo, ya hemos dicho que por entonces estaba entregado no tanto a la literatura como, sobre todo, a ganar dinero.

Mucho menos cortés se mostró Federico de Prusia. El soberano escribía versos y le había pedido a Voltaire que los revisara; luego hizo imprimir a escondidas unos pocos ejemplares en un cuartucho del castillo de Postdam. Sus cortesanos insuflaron en Federico la sospecha de que Voltaire lo estaba ridiculizando en público. Por tal causa, mientras el filósofo se encontraba en la ciudad libre de Fráncfort, el soberano lo encerró «en el más odioso tugurio» de toda Alemania, y el ministro residente del rey de Prusia, acompañado por unos ciudadanos de aspecto inquietante, se presentó en su estancia y exigió que le devolviera la llave del chambelán y todas las cartas y poemas de su soberano. Era el 1 de junio de 1753; el residente requisó todo el dinero de Voltaire, de su secretario y de su sobrina y amante madame Denis, quien, intuyendo el peligro, había acudido en su ayuda. Voltaire, teniendo siempre presente el adagio de Beaumarchais («Si me acusan de haber robado la torre de Notre-Dame, primero me pongo a salvo y después lo niego»), decidió poner tierra de por medio, dejando atrás a madame Denis con el equipaje. Pero interceptaron su carruaje, y Voltaire, tan acostumbrado a la admiración y el triunfo, se vio en este caso cubierto de improperios. Mientras tanto, el manuscrito de *La doncella de Orleans* había quedado a buen recaudo dentro de los calzoncillos de su secretario. En cierto momento, el escritor se había escabullido, perseguido por toda clase de criados y soldados que se encontraban en los alrededores, y se había inclinado para vomitar en una esquina. «¿Os sentís mal?», le preguntó alarmado su secretario. «Puro teatro, estoy fingiendo», susurró en italiano con dos dedos en la garganta. Pero la huida resultó imposible. Mientras tanto, madame Denis, en la pensión Caprone, ahora con un batallón de soldados por doncellas y sus bayonetas por cortinajes, no dejaba de quejarse ante el emisario real, a quien todas aquellas vicisitudes le habían dado sed y había ordenado que le sirvieran la cena: comió serenamente, sin hacer el menor caso de los desgarrados llantos de la dama.

Fue el propio Federico quien, informado de los acontecimientos, optó por dejar libres a sus huéspedes franceses. Voltaire aprovechó entonces para perseguir, pistola en mano, a quienes antes lo habían acosado a él, y no resultó fácil detenerlo, como tampoco fue sencillo explicar los antecedentes de lo sucedido al jefe de la comisaría donde todos fueron a parar.

Mientras con su obra sentaba las bases para un nuevo mundo, Voltaire se hizo construir una elegantísima residencia en Ferney, en la frontera con Suiza, para poder huir fácilmente ante una eventual amenaza de arresto. También la que iba a ser su tumba se encontraba en terreno fronterizo: mitad en tierra sagrada, mitad fuera de ella. Lo cierto es que el genio acabó su vida en olor de multitudes en París, pero los problemas llegaron con el cadáver. Antes de que muriera, y con el fin de evitar la infamia de una fosa común, sus sobrinos suplicaron a las autoridades eclesiásticas que le concedieran un entierro religioso; ofrecieron a cambio la posibilidad de una retractación y luego una confesión por parte del moribundo. A los clérigos les fue fácil responder que Voltaire no hacía otra cosa que arrepentirse de haberse arrepentido, y que ese último arrepentimiento no era más que una parodia. El jefe de Policía y el ministro Amelot intervinieron en vano ante el arzobispo. Los sobrinos eran miembros del Parlamento, pero les dieron a entender que, si redactaban una petición a tal efecto, las autoridades la rechazarían y ellos se verían obligados a dimitir. Interpelaron con discreción al propio rey, quien respondió que «la única solución posible era dejar hacer a los curas». Fue entonces cuando uno de los sobrinos, el abad Mignot, de acuerdo con su primo, tomó una decisión fuera de lo común: llevarían clandestinamente el cadáver hasta la abadía de Seillières, de la que era comendatario y cuyo prior a buen seguro permitiría que en ella se sepultara el cuerpo.

París no sabía aún que Voltaire había muerto. En la noche del 30 al 31 de mayo de 1778, sus sobrinos convocaron en la habitación del difunto a un cirujano y a un farmacéutico, quienes procedieron a embalsamar rudimentariamente el cuerpo. Cortando a tiras tres sábanas, vendaron como una momia aquellos miembros deslavazados y los dejaron rígidos. Envolvieron el cadáver en un valioso batín de andar por casa y lo ataron sentado con correas en una carroza junto a un pobre criado, que por poco no murió del susto. Se dispusieron seis caballos, pues el tiempo apremiaba. Los sobrinos lo seguían en otro carruaje. A las puertas de París, los empleados de la aduana despidieron al celebrado personaje, y el vehículo se perdió a toda velocidad. El prior de Seillières quiso incluso sepultarlo en la propia iglesia, junto al coro, por lo que hubo que fabricar allí mismo un ataúd con cuatro planchas de madera. A las cinco de la mañana se celebró el funeral. Y así fue como en honor a Voltaire, a quien París negó la sepultura, se cantaron seis misas en tierras de la Champaña.

2. DENIS DIDEROT

La familia Diderot se dedicaba desde el siglo XVII a fabricar cuchillos. Sus miembros recibían alternativamente el nombre de Didier o Denis, santos cefalóforos (los que tras su decapitación andan con la cabeza en la mano) que presidían las iglesias de su ciudad natal, Langres, en Borgoña. Era una familia prolífica, con ocho e incluso catorce hijos por pareja, y hay testimonio de que entre ellos se practicaban muchas más formas de artesanado: había toneleros, vidrieros, curtidores, zapateros, fundidores, fabricantes de guantes, viticultores… Todos ellos, cada uno en su medida, gozaba de una vida acomodada. Sin embargo, a nuestro Denis, nacido en 1713, lo encaminaron a los estudios.

En realidad, Denis Diderot estaba destinado a heredar la canonjía de un tío suyo: el 22 de agosto de 1726, con solo trece años, recibió la tonsura. Lo llamaban *abbé* Diderot y vistió durante largo tiempo la sotana; es más, en 1741, una vez en París, y para entablar amistad con ella, le encargó a una bordadora muy simpática seis camisas de encaje para su ingreso en el seminario; más adelante contraerían matrimonio. Cuando su tío Didier murió de repente, Denis, por entonces ya instruido pero sin canonjía, marchó a la capital para perfeccionar sus estudios en el colegio Harcourt, donde conoció a Sartine, futuro superintendente de la Policía, y a La Mettrie, el filósofo materialista autor de *El hombre máquina.* Pero en París Diderot frecuentaba los círculos bohemios, intelectuales y holgazanes que posteriormente retrataría en *El sobrino de Rameau.* En los cafés de la ciudad se estaban fraguando ya las Luces: el Procope era el más antiguo y bullicioso, y a él acudían Voltaire, Marmontel o Dorat; pero fue en el Régence, más tranquilo y «galante», reluciente de candelas, donde tuvo lugar el encuentro de Denis con un joven corpulento y achaparrado, de peluca redonda y modales rústicos: Jean-Jacques Rousseau, una amistad que duraría veinte años.

Diderot era muy pobre; vivía de sus traducciones del inglés y se dedicaba a discutir con Condillac en una taberna del Palais Royal sobre Locke y la inexistencia de ideas innatas: nada llega a nuestra inteligencia si no pasa primero por los sentidos. En el invierno de 1746, le llegó una interesante propuesta: traducir la *Enciclopedia Chambers,* un diccionario de las artes y las ciencias publicado en Londres entre 1728 y 1729. El proyecto se le había ocurrido al impresor Le Breton por sugerencia del inglés John Mills, pero discutieron, y este, que se consideraba un caballero, echó mano a la espada. Le Breton, un hombre robusto, le asestó dos bastonazos en la cabeza y un puñetazo en el estómago. Mills lo denunció por intento de asesinato, pero el canciller D'Aguesseau, responsable de Justicia y Publicaciones, era amigo de Le Breton y decretó que la traducción al francés del texto de Chambers quedaba libre de derechos por un defecto de forma. Por otra parte, Diderot objetó que desde la publicación de la obra original inglesa habían pasado veinte años y pensó en otra nueva, monumental, compendio del saber material de su tiempo: una enciclopedia de los oficios, cosa curiosa para ser el primero de su extensa familia que no tenía ninguno.

Quiso a su lado como director a D'Alembert, un huérfano criado por un vidriero, que a sus veinticuatro años pertenecía ya a la Academia de Ciencias. Hijo natural de una gran señora, tenía inmejorables contactos pese a su aspecto desaliñado: era un «hombrecillo frío y seco» y, en compañía de Diderot, capaz de transformarse de cien maneras distintas en un solo día, asemejaban una cita entre el agua y el fuego: «de ahí salía mucho humo», pero lo que en realidad nacería de la suma de sus talentos sería una verdadera erupción. Las suscripciones a la *Encyclopédie,* que costaban lo que cobraba al año un obrero especializado, superaban las mil. Mientras D'Alembert preparaba el *Prospecto* —la presentación de la *Encyclopédie* y de su organización, basada en el «árbol de la ciencia», de cuyas ramas principales se iban derivando ordenadas alfabéticamente las voces correspondientes a las artes y el resto de los saberes—, Diderot fue detenido por haber escrito una obra deísta, *Pensamientos filosóficos;* otra de tono obsceno, *Los dijes indiscretos* (en la que son las vaginas las que hablan); otra priápica, *El pájaro azul,* y otra más de estilo sensualista, *Carta sobre los ciegos.*

El 24 de julio de 1749, dos alguaciles llamaron a la puerta de su casa en la Rue de l'Estrapade. El escritor vivía allí precisamente por culpa de uno de esos agentes, monsieur D'Hémery. Lugarteniente de la Brigada Criminal, encargado de detener a asesinos, vagabundos, falsificadores, ladrones y sediciosos, D'Hémery se ocupaba también de perseguir los crímenes de lesa majestad —fuera esa majestad divina o humana— y a tal fin debía evitar la publicación de libros peligrosos. Por tal razón ya había ido a visitar a Diderot por primera vez tiempo atrás, y este le había prometido no sacar a la luz ningún escrito imprudente; el oficial lo creyó, y en aquella ocasión se echó atrás no sin advertirle antes que se cuidara muy mucho de provocar la cólera de un tal Hardy. Diderot no tenía el honor de conocer a aquel señor; efectivamente, ese era el problema: Hardy de Lavaré estaba a cargo de la cercana parroquia de Saint-Médard, sacro lugar donde nunca nadie había visto aparecer a Diderot. Él resolvió el problema cambiando de barrio, y he aquí la razón por la que el día del arresto se encontraba en el segundo piso de la Vieille Estrapade, en la que había tenido la precaución de ocultar todos sus manuscritos, todos excepto veintiún cartulinas repletas de esbozos de la *Encyclopédie,* que D'Hémery se dispuso a revisar. Sobre el enorme escritorio se hallaban dos copias de la *Carta a los ciegos* («un hombre ciego de nacimiento tendrá su alma en la punta de los dedos»). Era justamente en calidad de «autor del libro sobre el hombre ciego» por lo que el conde D'Argenson, antes prefecto de la Policía y ahora ministro, había ordenado, según correspondía a sus atribuciones como responsable de la censura y mediante la pertinente *lettre de cachet,*[1] encerrar a Diderot en Vicennes, a unos cuatro kilómetros de París, puesto que la Bastilla estaba a reventar.

A Diderot lo encarcelaron en el siniestro torreón de la imponente fortaleza medieval; su celda, de seis metros cuadrados por ocho de altura, contaba con una chimenea de tres metros de alto y un magnífico techo abovedado: en aquel tórrido julio se debía de estar fresco. Diderot tenía derecho a dos velas al día, pero se despertaba y se iba a dormir con el sol, así que quiso devolverlas. «Guárdelas, guárdelas —le aconsejó el carcelero—, le vendrán muy bien en invierno.» Este augurio no tranquilizó mucho al preso, quien, sin embargo, en el interrogatorio del 31 de julio se mostró resuelto: juró no haber escrito la *Carta sobre los ciegos,* no haberla tenido nunca en sus manos ni tampoco conocer al autor; lo mismo dijo sobre *Los dijes indiscretos* y *Pensamientos filosóficos.* Solo admitió haber escrito *El paseo del escéptico,* si bien aseguró haber quemado el manuscrito. Aun así, al día siguiente, el comisario que lo había interrogado, Berryer, obtuvo la confirmación de que Diderot era en efecto el autor de todas las obras incriminadas, por lo que se decidió mantenerlo en prisión indefinidamente.

Diderot, alarmado, cae presa de la melancolía. «Mi padre no sabe que estoy casado», advierte a Berryer. Hasta cumplidos los treinta años, un padre podía por entonces desheredar a un hijo si no aprobaba su matrimonio y, de hecho, en 1742, Diderot padre, siempre mediando una *lettre de cachet,* había enclaustrado al hijo en un convento para impedirle que se casara con Toinette, la encajera. Diderot había escapado a pie y había contraído matrimonio a escondidas. Mientras tanto, los editores de la colosal

1. Orden de encarcelamiento o exilio por mandato directo del rey, sin necesidad de procedimiento judicial. *(Todas las notas son del traductor.)*

obra inundaban de cartas la mesa de D'Argenson: «Diderot es quien tiene las claves de todo el engranaje» de la *Encyclopédie,* es el único literato capacitado para una empresa de tal magnitud; si se prolonga su detención, para ellos será la ruina.

También Diderot escribe a D'Argenson, solicitando «permiso para publicar bajo su protección esta obra emprendida a mayor gloria de Francia y a despecho de Inglaterra, digna de ser ofrecida a un ministro que protege las letras»: la *Encyclopédie* apareció dedicada, por tanto, a un exjefe de la Policía —por supuesto, Diderot no había consultado la peculiar dedicatoria con D'Alembert ni con los editores—. Tres días después, el 13 de agosto, Diderot confiesa: esos textos que le atribuyen son solo «intemperancias intelectuales» que nunca más se repetirán. Se declara dispuesto a denunciar los nombres de los editores siempre y cuando no se los persiga y le permitan que sea él mismo quien les dé noticia. De inmediato, el director de Vicennes —un marqués de Châtelet, pariente de la amante de Voltaire (la señora marquesa se había apresurado a mover sus hilos)— lo desplaza a estancias más cómodas, autoriza que lo visite su esposa y lo invita a cenar. Diderot puede ahora recibir a amigos y editores y también pasear por el jardín. Se dice que en cierta ocasión logró escapar para reunirse con su amante, la codiciosa, frívola, coqueta, extravagante, insensata madame de Puisieux, aunque la encontró con compañía y volvió a la cárcel curado de amores: no hay mal que por bien no venga. Ya no se veía obligado a escribir con mondadientes mojados en una mezcla de vino y polvo de pizarra; pero, a pesar de todo, finalmente el marqués de Châtelet se dio cuenta, así consta en sus cartas a Barryer, de que por «mucha gente» que fuera a trabajar con él, allí encerrado «no podría hacer mucho».

Durante ese tiempo los editores habían aprovechado para suspender su asignación mensual, y Diderot, que en tanto preso pero burgués tenía derecho a una pensión diaria de cuatro libras —cincuenta era la paga de un príncipe de sangre real y de un cardenal; treinta y seis la de un mariscal, los duques y otros pares, así como de obispos y presidentes del Parlamento; veinticuatro correspondían a ministros, generales, marqueses y abades; diez a jueces y sacerdotes, y dos libras y dos sueldos para el resto—, tuvo que pedir ayuda a su padre. Este le respondió el 3 de septiembre con una larga carta en un francés escrito a menudo tal y como se pronuncia, pero muy severa en cualquier caso: «Pensad que si el Señor os ha dado unos talentos no es para que os entreguéis a dañar los dogmas de nuestra santa religión». En ella se mostraba además ansioso de ver a sus dos niños, «en caso de que vuestro matrimonio sea legítimo», y adjuntaba un pagaré de ciento cincuenta libras.

Mientras tanto, Rousseau, desde que se le concediera a Diderot el privilegio de las visitas, iba a verlo cada dos días. No podía permitirse un carruaje, con lo que salía de París a las dos de la tarde y llegaba a Vicennes tras mucho andar y todo lleno de polvo para consolar a su amigo. Cierto día tuvo lugar un episodio que identifica la estancia en la cárcel de Diderot como causa indirecta de la Revolución. De camino a la prisión, Rousseau se tumbaba a veces en el prado para descansar y leer. Una vez leyó en el *Mercure de France* que la Academia de Dijon proponía un concurso de ensayo dotado de un buen premio para el mejor: *¿El progreso de las ciencias y las artes ha contribuido a corromper o a mejorar las costumbres?* Según escribe Rousseau en sus *Confesiones,* en aquel instante «vi otro universo»: la podredumbre de un mundo corrompido por la civilización, un mundo que había de cambiar desde sus cimientos. Se dio cuenta de que tenía la capa cubierta de lágrimas. Se presenta ante Diderot aún empapado de llanto y tan conmovido que los dos amigos pergeñan mano a mano el proyecto de *La paradoja del comediante,* que se convertirá en uno de los pilares ideológicos de la Revolución.

Diderot necesita consultar a muchos artesanos, quienes no pueden ir de acá para allá, de modo que los editores de la *Encyclopédie* siguen insistiendo a D'Argenson: el filósofo necesita conversar con intelectuales que no tienen tiempo de trasladarse a Vicennes; tiene que consultar la Biblioteca Real, que no permite el préstamo de libros a tanta distancia; debe examinar los grabados sobre cómo se opera en los distintos oficios y también sus instrumentos... Cosas, en fin, que solo pueden hacerse *in situ.* El 21 de octubre, D'Argenson firma una *lettre de cachet* en la que ordena la excarcelación del filósofo, y el 3 de octubre ya es libre.

La prisión en Vicennes fue solo una de las penalidades por las que tuvo que pasar la magna empresa de la *Encyclopédie,* junto al abandono de D'Alembert en 1759, los ataques de los jesuitas o las condenas de la Sorbona y de Clemente XII. No obstante, acabó siendo uno de los grandes superventas de todos los tiempos. Se componía de diecisiete tomos de textos en folio y once de láminas, donde se representaban con inusitada maestría las más diversas técnicas de las artes y los oficios: en 1773, un sultán fabricó cañones con la única ayuda del artículo dedicado a la voz *alésoir* [escariador]. El primer volumen apareció el 8 de junio de 1751, y aún hoy en la primera página puede leerse la dedicatoria a D'Argenson.

3. DONATIEN ALPHONSE DE SADE

«Era un paraíso terrenal», escribe Sade en noviembre de 1794, apenas excarcelado. «Magnífica casa, precioso jardín, personas exquisitas, hermosas mujeres». Estaba hablando de Picpus, la prisión parisina en la cual, en pleno Terror, los condenados a la guillotina podían ponerse a salvo a cambio de una cuantiosa suma. Bien es cierto que aquella atmósfera acabó ensuciándose por una infausta disposición del Gobierno republicano, que trasladó el patíbulo justo debajo de las ventanas del marqués y situó en medio del jardín el cementerio de los ajusticiados. Los «vecinos» protestaron en vano por las miasmas de aquellos aristócratas enemigos del pueblo, que incluso muertos los seguían asfixiando.

En cualquier caso, el arresto más amable de Sade sería, a pesar de su edad y sus achaques, el último, en el manicomio de Charenton. Allí lo trasladaron desde Bicêtre, la espantosa cárcel a la que llamaban «la Bastilla del pueblo», donde a su vez había llegado desde la prisión de Sainte-Pélagie, pues en ella había intentado en vano «satisfacer sus apetitos más brutales con unos jóvenes descerebrados que, tras los desórdenes del Théâtre-Français, habían sido encerrados allí durante algunos días».

Aquel, el de Charenton en el sexto día del ventoso del año IX (marzo de 1801), fue el último y definitivo arresto de Sade. La fecha del primero se perdía en las profundidades del Antiguo Régimen, casi cuarenta años atrás. La causa había sido la flagelación, el 3 de abril de 1768, de Rose Keller, atada a la cama y —según podía leerse en el atestado— «en decúbito ventral». Otra detención más larga, y también más fecunda literariamente, se remonta a 1773, con motivo de los desmadres del marqués en su inaccesible castillo de La Coste, en Provenza. El arresto del 13 de febrero de 1777 en Vicennes tendría su origen en una *lettre de cachet* ordenada por la *présidente* madame de Montreuil, a la sazón suegra de Sade, y el presumible motivo de la noble señora para encerrarlo no salió a la luz hasta mucho después.

Después de que, llegado a Vicennes, resonaran a sus espaldas diecinueve puertas de hierro, encerrado en una «jaula» en lo alto de una torre llena de ratones y sin conseguir que le trajeran un gato, Sade espeta por escrito a su suegra que ha mandado arrestar a un pobre hijo ante el ataúd de su madre: el marqués acababa de perderla y, para animarse, había salido a la caza de jovencitas en compañía de un viejo abad, compadre habitual de parranda. El 14 de julio, absuelto de las acusaciones de envenenamiento y sodomía, Sade queda libre de cargos, pero en virtud de la susodicha *lettre* permanecerá en la misma prisión durante otros catorce años.

En 1784, encerraron al marqués en el segundo piso de la torre de la Bastilla, a la que llaman por antífrasis Segunda Libertad. Su celda era una gran estancia octogonal de paredes blanqueadas con cal, y fue necesario revestirlas con una tapicería decente. Aquel pavimento empedrado era intolerable, y Sade hizo que lo recubrieran de parqué. Se trataba, como puede verse, de cuestiones «de primera necesidad», como escribía en octubre de 1788 el preso a su esposa, quien pagaba todos los gastos.

Por su parte, desde 1787 la mujer de Sade se venía lamentando del aspecto de su marido, que había engordado en exceso. Sade estaba muy descontento con la comida «de pocilga» que recibía; los archivos de la Bastilla nos dan testimonio de la alimentación del marqués durante junio de 1789, y en ellos se habla de pulardas a la trufa, de cremas de chocolate, de *paté de jambon,* de carne de caza con castañas confitadas... Sade era un prisionero tan irascible que el 4 de julio de 1789, en vísperas de la Revolución, lo trasladaron de madrugada, «desnudo como a un gusano y a punta de pistola», a Charenton, donde viviría su primer encierro en un manicomio para «locos de ambos sexos». Solo un decreto del 2 de abril de 1792 firmado por la Asamblea que anulaba las *lettres de cachet* permitió su excarcelación. Sade salió del recinto con atuendo burgués de lana negra, sin dinero y «sin ropa interior».

Allí regresaría para siempre el 7 de floreal (27 de abril) de 1803. El director, Coulmier —de no más de un metro de estatura, y ese metro «poco agraciado»—, había sido en tiempos superior de los mostenses; degradado por la Revolución, era un firme defensor del teatro como terapia, por lo que consideró al marqués un enviado de la providencia y lo utilizó para organizar, junto al resto de enajenados, espectáculos a los que acudían las gentes de París: diletantes y actores de vodevil se peleaban por una entrada, y asomaba también por allí, según cierto doctor, «algún que otro literato». El 24 de germinal del año XIII, 14 de abril de 1805, encargaron a Sade recoger la colecta en la iglesia parroquial, y también distribuyó el pan bendito. El prefecto de Policía protestó al ver la escena, pues el recluso, de conducta repulsiva, no dejaba de redactar manuscritos rebosantes de «obscenidades, blasfemias y maldades indescriptibles».

Al margen de la actitud hostil del director médico, del secretario de Interior y de los especialistas que no creían en las virtudes curativas del teatro, los propios locos de Charenton elevarían también su protesta al ministro: «Monseñor, ¿qué diríais de un hospital donde dos o tres veces a la semana se celebran bailes y conciertos, y espléndidas cenas, mientras a los pobres enfermos se los trata como criminales, tirados sobre paja como perros?». En 1813, el teatro se había suspendido, pero persistían las inverecundas aficiones de un marqués que ya había cumplido setenta y cuatro años, y también su estilo de vida y su pasión por la comida: capones, sopa de gallina de la Bresse, huevos escalfados a la trufa, cremas de cedro, macarrones al chocolate de Venecia, café turco, armañac. Sade solicitó también con insistencia *El genio del cristianismo,* de François René de Chateaubriand, que se había publicado no hacía mucho; la prima a quien se lo encargó se sintió reconfortada con la petición.

Además de los privilegios mencionados, el director concedió a Sade una aseada celda en el segundo piso, encima del inmundo segundo pabellón en el que los internos vivían enterrados bajo la paja, entre excrementos. La sala principal y la biblioteca daban al jardín, con vistas al Marne; allí recibía a las actrices y vivía con una mujer, la fiel madame Quesnet, a la que hacía pasar por su hija. Desde 1807, Sade escribe en Charenton un diario, pequeños cuadernos en lenguaje cifrado: algunos le serán requisados y otros acabarán saliendo a la luz. En las páginas dedicadas a 1814 aparece con frecuencia un círculo atravesado por una diagonal. Es el símbolo de la sodomía, que a veces sueña y a veces practica: «Por la tarde, pienso en ∅, 4.ª del año». Pero, por regla general, el símbolo está relacionado con las visitas de «Mgl», Madeleine Leclerc. Madeleine es hija de una enfermera del manicomio y aprendiz de planchadora; Sade la había conocido con doce años, cuando sirvió como criada de madame Quesnet durante su enfermedad. Marie-Constance Quesnet, su amante, que desde 1804 reside en la celda contigua, estalla cuando ve que la joven frecuenta al marqués. Sade llama «habitaciones» a aquellas visitas picantes: «Mgl. ha estado muy alterada, prácticamente no ha vuelto en sí y en general ha estado fría durante todo el ∅ (21 de julio)». Así escribe en otra anotación: «(2 de septiembre) Mgl. ha venido para su 88.ª en total y su 64.ª habitación; era fácil ver que estaba enferma, que sufría por la resaca. Se había depilado el pubis». Sade enseña a la muchacha a leer y escribir, y su madre la anima a plegarse a las «severas» leyes del marqués al tiempo que se queda con las «figuras» (propinas). Sade se muestra celoso: «Me ha prometido que no irá a ningún baile y se ha prestado como de costumbre a nuestros pequeños juegos».

1814 es el año de la Restauración de Luis XVIII, y cambia el director de Charenton. Al tolerante Coulmier lo sustituye ahora un gestor más timorato, y los nuevos médicos y celadores quedan impresionados por la arrogancia de aquel envejecido aristócrata de cuerpo inmenso y exhausto. Cuando a finales de año Sade muere en su cama de columnas con cortinas de seda a franjas blancas y rojas, su butaca de terciopelo amarillo y las sillas de paja seguían en la estancia junto a la chimenea. En las paredes, el retrato del abuelo sin enmarcar y una miniatura de su cuñada.

Volvamos atrás, a su cuñada, Anne-Prospère de Launay. En el momento de su muerte, hacía cuarenta y siete años que Sade no la veía, medio siglo; pero cuando la policía acudió a su alojamiento para hacerse con todos los manuscritos, su retrato en miniatura estaba allí. Donatien tenía treinta y dos años, tres hijos y un par de escándalos a sus espaldas —dos estancias en la cárcel por crueldad y fustigación a unas prostitutas atadas a la cama, cuyas heridas luego regó con cera ardiendo— cuando, en 1771, Anne-Prospère llegó a La Coste.

Anne-Prospère tenía veinte años y todas las gracias y virtudes que le faltaban a su hermana, la devotísima esposa del marqués. Era canonesa de las benedictinas. Gracias a algunas cartas recuperadas sabemos la razón por la que la suegra de Sade, la temible *présidente,* había enviado al convento a la más hermosa de sus hijas. Es el propio Sade quien se lo cuenta a su tío, el libertino abad de Saumane —Donatien pasó la adolescencia en el castillo del viejo abad y lo describía como un «burdel»—: «Del seno de esta familia virtuosa y obtusa ha nacido un ángel celestial. Cuando fui a París me presentaron a esta deliciosa cuñada que apenas conocía; tenía entonces diecisiete años». Sade tuvo con ella «comunicaciones íntimas», y desde entonces la joven rechazaba a cualquier pretendiente; al marqués lo acusaron de incesto. «En conciencia, con toda confianza, os diré que amo mucho a esta jovencita y que creo que ella me corresponde.»

La canonesa se reencuentra con Sade tres años después, cuando llega a La Coste con «su pasión extrema por la libertad y todas las demás locuras de la imaginación». Se entretiene practicando teatro con su «hermano» y pide una bañera porque le han prescrito tomar baños, convenientes para su salud: «Para hacer teatro es necesario encontrarse bien, ¿verdad?». Lo cierto es que en tres o cuatro ocasiones se requiere la presencia del médico a su cabecera, y también a la de la actriz madame Bourdais, *comediénne du Roi,* igualmente huésped del castillo —es curioso lo mal que les sentaba a estas gentiles damas el teatro—. Sade manda poner cerrojos a la estancia de su «hermana»: hay que proteger «ese tesoro», pues su tío el abad anda por allí y se ha enamorado de ella.

En el apogeo de la pasión, el marqués desaparece con su criado («Se llevan a mi hermanita, así que yo parto también para convencerlos de mi inocencia», reza la carta del 15 de junio de 1771). Llega la hora del archifamoso «*affaire* de Marsella», cuyos detalles concretos son bien conocidos gracias al riguroso informe de la policía, que interviene a raíz de los desagradables efectos secundarios de los bombones afrodisíacos ingeridos por unas jóvenes prostitutas a instancias de ciertos clientes. Estos habían marcado con un cuchillo en la madera de la chimenea cada latigazo que les habían dado: podrán contarse 859 muescas. Se condena al marqués y su criado a muerte y se los quema; en realidad, solo eran dos muñecos, pues por entonces Sade ya se ha marchado a Venecia… con su cuñada.

Del viaje a Italia de Donatien y Anne Prospère —que durará tres meses— no sabemos nada. Se conserva una lista de sesenta lugares que visitar en Venecia, y una treintena están tachados: San Marcos, la Biblioteca, Murano. El 2 de octubre, Anne Prospère reaparece en La Coste. Donatien se encuentra en Chambéry, dependiente entonces del reino de Cerdeña. Pero su suegra, la *présidente,* ya está en pie de guerra. Solicita al embajador sardo, el conde Ferrero della Marmora, que arreste y encarcele para siempre a su yerno y que le haga llegar a ella un baúl de madera rojo que pertenece a su hija. Y es que la suegra del marqués ha elegido para la señorita De Launay a un pretendiente particularmente pusilánime, el marqués de Beaumont, sobrino del arzobispo de París, y para concertar la boda es necesario destruir antes las cartas de Anne Prospère y encarcelar indefinidamente a Sade, borrando así de modo definitivo cualquier vínculo entre ellos.

En diciembre, ya en Charenton, desde su celda, a la que llama irónicamente la Gran Esperanza, el marqués escribe a su criado que traslade a Niza los efectos personales de su cuñada: «¿Os echaréis al bolsillo eso que ya sabéis?» (la miniatura de Anne Prospère, quizá). Sade pasará el resto de su vida —o casi toda, veintiséis años— en la cárcel. La familia guarda en silencio lo sucedido. Su cuñada muere en el convento a los veintiocho años, y Sade no lo sabrá nunca. Solo en una ocasión será su esposa quien haga caso de sus preguntas. Sade le ha escrito sobre su «sueño con Laura», la Laura de Petrarca, antepasada a su vez del marqués, quien se le ha aparecido muerta y bellísima para decirle: «Ven conmigo». «Mamá», la llama en sueños. A continuación, Sade le pregunta a su esposa por De Launay. Sin duda conmovida, madame de Sade escribe a su marido que, esté donde esté Anne Prospère, nada podrá deshonrarla a ella ni tampoco perjudicarlo a él; por lo demás, añade, «toda respuesta es inútil».

En Charenton, Sade estaba obeso, se movía con torpeza, sus ojos eran como «brasas moribundas». Pero aun después de tantas cárceles y tantas peripecias, veía en el retrato en miniatura de Anne Prospère las huellas de su amor y de su ruina.

4. GIACOMO CASANOVA

Casanova se presentó en Los Plomos vestido de tafetán, con encajes de hilo de plata, camisa abullonada y sombrero con pluma blanca. Una vez en su celda, situada bajo los techos recubiertos de plomo del Palacio Ducal y donde era imposible mantenerse erguido, comprendió de inmediato que su vida en prisión consistiría en quedarse sentado en el sillón, completamente quieto y desnudo de pies a cabeza, destilando sobre el suelo chorros de sudor. Lo que de verdad le indignaba era el único libro que le habían permitido leer, una traducción de *La mística ciudad de Dios,* de la enfebrecida y virginal monja española María Jesús de Ágreda, en el que se contaba la vida de María en términos un tanto bizarros: a los tres años, la Santísima barría su casa con la ayuda de novecientos criados guiados por el arcángel san Miguel en persona. No estaba concebida como una obra de ficción, pues no hay ser humano cuya fantasía pueda llegar a tales extremos; era una historia totalmente sincera, producto de una mente enfervorizada, y de hecho la Inquisición la había aprobado. Dicho libro, dado el estado de melancolía y malnutrición en que se encontraba Casanova, con el consiguiente debilitamiento de la mente, amenazaba con convertirlo también a él en un visionario y grafómano, como su autora.

La otra razón que le inspiraba el loco deseo de ponerse a la cabeza del pueblo para masacrar a todos los aristócratas de Venecia, en particular a los inquisidores, e incluso de organizar una carnicería con sus propias manos, era que no le hubieran proporcionado ninguna información sobre los motivos de aquel cruel castigo. La «condena a cinco años en I Piombi» venía motivada «principalmente por su desprecio público a la Santa Religión», motivo vago que, en todo caso, nunca fue comunicado al interesado. Es cierto que Giobatta Manuzzi, confidente de la autoridad, tras perseguir a Casanova por tabernas de malvasía, teatros y cafés, había tenido la oportunidad de entrever en su casa una pequeña tela blanca con un doblado, es decir, el mandil masónico. Pero, por mucho que Casanova exaltara con sus argumentos ultramontanos el ánimo de los jóvenes aristócratas venecianos, tampoco faltaban en la ciudad difusores de las tesis volterianas y otros personajes tan nocivos como él o más, entre ellos el hilarante y obsceno poeta Giorgio Baffo, que gozaba de más popularidad e incluso era miembro del *Quarantia* (Consejo de los Cuarenta, Tribunal Supremo de la República). Si, por el contrario, la pretensión de los jueces hubiera sido castigar «al sinvergüenza que disfrutaba en las casas de incontables hijas, esposas y mujeres de toda clase», no es menos cierto que las venecianas eran «muy lascivas» y acostumbraban, por ejemplo, a salir a pasear al amanecer por la plaza Erberia mostrando signos evidentes de los desmadres recién vividos, favoreciendo con ello las conjeturas de la ciudadanía.

También existe la hipótesis de que fuera cosa del teatro. De los tres inquisidores de la Serenissima, tocados con peluca blanca a la cortesana (dos de túnica negra y un tercero con toga roja, nombrado directamente por el *dux*), uno era un tal Antonio Condulmer, irascible patricio que había cortejado de manera tan asidua como inútil a la hermosa Maria Teresa Zorzi, esposa a su vez de un insigne jurista y autor en su tiempo libre de comedias muy abucheadas. Casanova había gozado de las gracias de la señora Zorzi sin dificultad y, como era —a pesar de los pesares— amigo del marido, pagaba de su bolsillo una claque que apoyaba sus comedias mientras silbaba las de su adversario, Chiari. Ahora Condulmer era propietario del teatro donde se representaba a Chiari, el mismo que en aquel fatal año de 1775 publicó una novela sobre cierto bastardo de bella presencia y de nombre Vanesio (se trataba, obviamente, de Casanova), que «con los avaros hace de alquimista, con las mujeres de poeta, con los poderosos de político, con todos de todo».

Y, por último, está la tesis de que la causa de su encierro fue su fama de tahúr y estafador, siempre según las referencias del susodicho confidente Giobatta Manuzzi. En 1753, Giacomo había abierto un garito de su propiedad, «un casino donde llevaba la banca del juego del faraón en sociedad con un pez gordo que me protegía de los abusos de los aristócratas tiranos»: en el casino del Ridotto, la banca, que a la larga siempre gana, era exclusiva de los patricios, y estos a buen seguro no agradecían la competencia de Casanova.

El 26 de julio de 1755 el *missier grande,* es decir, el jefe de la Policía veneciana, se presentó a detener a Casanova. Iba con cuarenta agentes armados, cuando habrían bastado dos, según la máxima *ne Hercule quidem contra duos* —«ni siquiera Hércules puede con dos»—, tal y como argumentó pedantemente Casanova, citando el *Fedón.* No obstante, el célebre libertino se tranquilizó pensando que su estancia en la cárcel, amenizada por las pulgas y unas ratas gordas como conejos, acabaría sin duda con la llegada de la *muta,* el cambio anual de los inquisidores. Pero, cuando pasó el primero de octubre sin que el *circospetto* —el secretario del Consejo de los Diez— se manifestara en ningún sentido, Casanova se dispuso a escapar, «empresa que muchos habían intentado, pero que nadie había conseguido llevar a término». Era un privilegio de cualquier prisionero, siempre que comprara al carcelero por un precio razonable, poder pasear media hora al día por el altillo de la celda, y bastaba un buen golpe con el tacón para hacer huir de allí a los ratones. Hurgando entre un montón de artilugios amontonados en aquella buhardilla, Casanova pudo distinguir el puntiagudo y esperanzador cerrojo cilíndrico de una cerradura. Mientras tanto, le habían metido en la celda a un caballero que en toda su vida solo había leído un libro, concretamente del moralista Charron, quien fuera alumno de Montaigne y fuente de inspiración de Pascal. De Charron y su tratado sobre la sabiduría, el recién llegado había extraído en su momento la enseñanza de que los prejuicios son engañosos, con lo que se había entregado —sin prejuicios— a la tarea de ganar dinero. Ahora se encontraba en Los Plomos por no haber restituido una deuda; a pesar de contar con una fortuna de nueve mil cequíes, juraba con vehemencia no tener ni un chavo, y aunque eso conllevaba que el carcelero se limitara a suministrarle pan y agua, aquel valiente no cedía. A los interrogatorios se presentaba calzado con los zapatos de Casanova, porque los suyos estaban llenos de monedas, pero tras una de las sesiones regresó a la celda llorando: lo habían amenazado con la tortura y había decidido pagar. De nuevo en soledad, Casanova se distrajo puliendo el valioso cerrojo con una piedra. Cuando llegó el momento de intentar horadar el suelo ya era invierno, y sus manos estaban demasiado entumecidas para realizar cualquier movimiento. En esos meses la oscuridad duraba diecinueve horas; si había niebla, no se podía leer ni siquiera en las horas más luminosas. Decidió fabricarse una lámpara. Fingiendo dolor de muelas, pidió al guardia una piedra pómez; un pedernal también le serviría, lo empaparía en vinagre y se lo aplicaría en la dentadura para aplacar el dolor. Asimismo, alegando un sarpullido, obtuvo del médico un ungüento a base de flor de azufre. Luego se acordó de que le había pedido al sastre que forrara de yesca su levita de tafetán: hincó, literalmente, las rodillas en el suelo para rogar al destino que aquel lo hubiera obedecido. Arrancó el forro, y allí estaba la yesca. Conseguidos los componentes necesarios, logró improvisar un rudimentario candil a la luz del cual dio inicio a su tarea, perforando el suelo bajo la cama. Al encontrar debajo de tres capas de madera otra más, esta de suelo «veneciano», se acordó de que, según Tito Livio, Aníbal había conseguido abrir un agujero en unas rocas emblandeciéndolas previamente con vinagre; este pasaje siempre había despertado su curiosidad y su imaginación, por la cantidad de vinagre que Aníbal debió de llevar consigo.

Casanova lo intentó con el vinagre de la ensalada y finalmente comprendió, bajo el castigo de aquel potente aroma, que lo más útil no era intentar romper el suelo en pedazos, sino reducir a polvo el cemento que unía las losas para poder levantarlas por los bordes. Su brazo derecho ya estaba anquilosado, el cerrojo había quedado extraordinariamente pulido y el agujero había alcanzado unas dimensiones considerables; sin embargo, el día anterior a la fuga se presentó el carcelero, posiblemente sin sospechar nada, para anunciarle que lo iban a cambiar de celda.

El cerrojo, disimulado bajo una enorme fuente de macarrones humeantes, se mudó con él para recomenzar su tarea, aunque esta vez concentrándose en el techo. El 31 de octubre, Casanova se cortó la barba de veinte centímetros, que le confería un aspecto venerable, y empleó cuatro horas en reducir a jirones la sábana, las toallas y la funda del colchón. Tras hacer un fardo con su casaca de tafetán, y a pesar de las complicaciones causadas por un fraile, su compañero de fuga, dio inicio a su aventura. Levantaron la placa de plomo y, «arrastrando el culo» sobre el techo metálico, muy resbaladizo, colgándose de tragaluces y canalones, deslizándose y dejándose caer por los tejados, llegaron a una puerta de hierro que estaba abierta. Daba a una sala grande y desconocida. Casanova se tumbó y se quedó dormido. El fraile consiguió despertarlo solo tres horas después; se cambiaron de ropa y vagaron por el palacio hasta llegar a la Scala dei Giganti. Giacomo abrió una ventana y se dejó ver con su sombrero emplumado ante toda la corte de petulantes que a esas horas comenzaban a dar vueltas por el patio del Palacio Ducal. Estos llamaron al guardia, convencidos de que aquellos no eran intrusos o delincuentes, sino unos visitantes a los que habían dejado encerrados quién sabe si después de una recepción. El guardia les abrió la puerta, aunque mostró cierto desconcierto ante el aspecto descompuesto de los dos desconocidos. Pero daba igual: mientras tanto ya habían volado por las escaleras, por la plaza, y en una góndola bajaron por Giudecca hasta llegar a Mestre. Casanova volvió la vista atrás para contemplar su cárcel, el palacio dorado al amanecer, y se dio cuenta de que estaba sollozando «como un niño al que llevan al colegio»; después, ante el estupor de los gondoleros, comenzó a reír a carcajadas.

«La prodigiosa fuga» de Los Plomos protagonizada por Casanova no fue en realidad una heroicidad exclusiva de su protagonista. La misma aventura le saldría bien seis años más tarde al viejo conde Asquin (1762), quien en su momento rechazó unirse a Casanova en su escapada, pero sí le prestó dos cequíes para costear la fuga. Aunque lo que resultó realmente irrepetible fue el eco que la peripecia del donjuán encontró en toda Europa, que sirvió para reforzar definitivamente su fama de hombre extraordinario, enemigo victorioso de toda autocracia y símbolo de la rebelión de un hombre astuto contra los regímenes tiránicos. Solo al final de su vida, como triste bibliotecario del castillo del conde Waldstein en Bohemia, convirtió su aventura, *La fuga de Los Plomos,* y los capítulos de sus memorias en los que hace referencia a ella, en una de las obras maestras de la literatura de acción de todos los tiempos.

5. HEINRICH VON KLEIST

En Berlín, la encantadora reina Luisa —reina guerrera como la Pentesilea de Kleist— pasó revista a las tropas con su uniforme adornado de encajes. Su marido, el rey de Prusia, había instado a Napoleón a retirarse de territorio alemán antes del 8 de octubre. Expirado el ultimátum, Federico Guillermo III de Prusia declara la guerra a Francia y pronto, ya el día 14, asiste desde lo alto de la colina del Windknollen, en Jena, a la aniquilación de su poderío militar. Sus ministros y casi toda la administración prusiana dependen ahora de Francia; algunos oficiales desertan. Otto von Kleist, un pariente del poeta, se encuentra entre quienes optan por pegarse un tiro en la cabeza para evitar el deshonor.

Debido al colapso del país, Heinrick von Kleist deja de recibir su paga, y en una de sus típicas decisiones impetuosas se dirige a Dresde. Su amigo Pfuel lo ha animado a hacerlo, pues Rühle —el último componente de un trío de oficiales inseparables desde los dieciocho años— le ha encontrado allí un trabajo como preceptor del príncipe Bernhard von Weimar: aquellos fieles patriotas prusianos no tienen más remedio que resignarse, visto que el elector de Sajonia se había adherido a la Confederación del Rin napoleónica.

Así que Kleist se dispone a partir, no sin antes dedicar una poesía inspirada en *Las dos palomas* —dulce fábula de La Fontaine sobre los amores fugitivos— a una antigua novia suya, Wilhelmina. Se la entrega en mano a su marido, Kruga, quien se la lleva a la musa: «Tu amigo te canta de nuevo». Viajar por una Prusia ocupada por los franceses supone una decisión temeraria, con lo que Pfuel desiste y Kleist, acompañado de otros dos camaradas, se presenta a finales de 1807 en el cuartel general francés, al mando del general Hulin, para que este autorice su pasaporte. Kleist ronda los treinta años, y los otros dos, al igual que él oficiales prusianos licenciados, son Christophe Albert Ehrenberg y Karl Franz von Gauvain, de treinta y veintipocos respectivamente.

El general Hulin tenía entonces cincuenta años y sus dos mandíbulas aún estaban en perfecto estado (una la perderá a causa de un disparo, y los parisinos lo llamarán desde entonces Comebalas). Había participado en la toma de la Bastilla y en todas las guerras del periodo republicano; había acompañado a Napoleón en la campaña de Italia y participado en el golpe de Estado del 19 de brumario, además de presidir la corte que había condenado a muerte al duque de Enguien. Era leal a carta cabal, escrupuloso y desconfiado. Retiene los visados y a los tres oficiales. Los interroga: ¿por qué viajan a un país en guerra?, ¿qué motivos los llevan a Dresde? Es evidente que los cree espías y concluye que su documentación es falsa, los arresta y los encierra en Wustermark, en Berlín. «La celda está infestada de insectos —protesta Gauvain ante el ministro—, y no conseguimos imaginar ni por asomo las razones que han podido provocar nuestro triste destino.» El gobernador del Gran Berlín, el general Clarke, redacta un informe: efectivamente, Gauvain ha dejado el ejército, tiene un empleo civil en la administración, vive con su familia en Berlín, en la Lilienstrasse. También la madre de Gauvain escribe al ministro: «Los dos hombres arrestados junto a mi hijo, Ehrenberg y Kleist, el poeta, son inocentes». Kleist, trasladado finalmente a la prisión de Joux, agradece el viaje a gastos pagados en carruaje o en los transportes de correo a través de una Alemania helada, por la que circulan orgullosas la caballería y la infantería francesas y procesionan prisioneros prusianos (llevan cuatro días de viaje cuando tiene lugar la batalla de Eylau). El 17 de febrero Kleist escribe a su hermana sobre su situación como prisionero de guerra, algo que no comprende, pero de lo que en absoluto se lamenta, ya que duermen en hoteles o posadas con un centinela delante de cada una de las tres puertas. Atraviesan Maguncia y Estrasburgo, y al llegar a Besançon el 3 de marzo les sorprende una precoz primavera: Kleist ve brotar las rosas.

Heinrich von Kleist era imprevisible. Cuando las cortejaba, las muchachas se quedaban fascinadas por aquel aristócrata segundón de mejillas rosadas y aspecto, aún a sus treinta años, de un adolescente de ojos claros, que rompía sus silencios taciturnos con improvisadas fabulaciones. Las familias de las pretendidas, y la alta sociedad en general, se interponían de inmediato. Pero no era porque aquel vástago de la aristocracia terrateniente prusiana (solo su familia había aportado a la patria dieciocho generales y dos mariscales) se hubiera retirado del Ejército y no pareciera dispuesto a buscar una ocupación a su altura. Tampoco era porque no pareciese inclinado a seducir «en serio» a una mujer; ni tampoco porque en sus obras hiciera aparecer vírgenes guerreras o damas que mientras duermen se rinden por equívoco al amor de un sosias del marido, o que quedan encintas en sueños; en definitiva, amores nunca verdaderamente concretados. Lo cierto es que se desaconsejaba cualquier compromiso con Kleist debido a que todos conocían bien su humor negro; de hecho, en coherencia con ese humor acabaría suicidándose junto a su amante y musa, Henriette Vögel, una dama inteligente que tocaba el piano y cantaba. Fue así: tras escuchar una romanza, él le había dicho que era «bella de morirse», refiriéndose a la canción. Ella, que estaba muy enferma, atrapó al vuelo la ocasión para pedirle: «¡Pues matadme!». Madame Vögel le había escrito: «Tú, prado de jacintos; tú, madre de las delicias; mi amanecer y mi ocaso, mi delicado Heinrich; tú, puerta del Cielo». Él obedeció: la mató de un disparo para a continuación pegarse un tiro en la cabeza a orillas del Wannsee.

Sin embargo, a pesar de su temperamento melancólico, Kleist había llevado con muy buen talante la cárcel. Se encontraba bien físicamente y consideraba que la vida era «rica». Solo la visión del fuerte de Joux, el 5 de marzo, hizo suspirar a los tres prisioneros. Era triste, inmenso, oscuro, inaccesible. Una tempestad de nieve los obligó a bajar del carruaje, que no podía avanzar. A pie por el sendero congelado, con el riesgo de resbalarse y caer por el precipicio, llegaron al castillo-prisión, donde los recibió el comandante Bureau con su pierna de madera.

Kleist sabía francés e hizo de intérprete. Les quitaron a Gauvain y a Ehrenberg el dinero que llevaban, y a los tres los condujeron por separado hasta unas grutas excavadas en la piedra, sin aire ni luz. Durante la comida y la cena estaba presente un oficial francés, y había que pelear para conseguir cubiertos propios. Comienza entonces una intensa correspondencia entre el comandante de la prisión y las autoridades del Primer Imperio: los tres prisioneros mantienen que ya no pertenecen al Ejército. Al parecer, uno de ellos ha enfermado del pecho, y Bureau considera conveniente su traslado al torreón, lugar más salubre; posteriormente autoriza a los tres a pasear por las almenas, además de entregarles los libros que le piden: «Mi compañero Ehrenberg me encarga que os agradezca que hayáis tenido la bondad de hacerle llegar el *Viaje a Italia* de Archenholz», le escribe Kleist en francés. «Para él es como encontrarse a un compatriota en el extranjero. Y aprovechamos, monsieur de Gauvain y yo, para agradecerle igualmente el *Diccionario de gramática francesa* que gentilmente nos habéis prestado; haremos de él el mejor uso posible.»

La perspectiva de permanecer «detenidos en el fuerte de Joux hasta que llegue la paz», como recomienda el informe del comandante al ministro francés de Justicia, no parece preocupar a Kleist, que se ha interesado por cierta historia: la tenebrosa celda de Gauvain, con su triple reja en las ventanas, es la misma en la que había muerto en 1803 un general de color, Toussaint-Louverture, deportado por haber proclamado la independencia de Santo Domingo. Kleist piensa en los caribeños y en su lucha y escribe la conmovedora *Los esponsales de Santo Domingo.* La cárcel le inspira asimismo el escenario para la escena erótica que dará origen a la más deliciosa historia de amor de la literatura romántica, *La marquesa de O,* escrita posteriormente, cuando a Kleist lo transfieren el 9 de abril a la situación de arresto domiciliario en Châlons-sur-Marne. Tiene prohibido salir de la ciudad, pero puede pasear por ella con toda libertad: más de dos mil prisioneros prusianos residen allí. La paz de Tilsit lo libera de aquella condición forzosa —que, en realidad, no le disgustaba y parecía tan favorable para la escritura—, y le conceden también suficiente dinero para llegar hasta Berlín.

Pero Kleist permanecerá allí tan solo una semana. Abraza a los suyos y de inmediato retoma su primigenio viaje a Dresde —interrumpido por su inesperado encierro— para encontrarse con su amigo Rühle. En esta ocasión sí lo acompaña Pfuel: el trío de amigos se reúne y Kleist ha creado un par de obras maestras... Bien está lo que bien acaba.

6. FIÓDOR DOSTOIEVSKI

Se presentaron a detener a Dostoievski el 22 de abril de 1849, a las cinco. Dostoievski había regresado a casa a las cuatro, pues se le había hecho tarde preparando la edición de un periódico subversivo. Los conjurados habían comprado una imprenta clandestina y la habían escondido en casa de uno de ellos. Dostoievski estaba cansado y un tanto nervioso. Mientras se cambiaba de ropa, pusieron su casa patas arriba. Un agente removía con su pipa las cenizas de la chimenea; otro empaquetaba con una cuerda los libros sospechosos, y un tercero, en su intento de echar un vistazo también sobre la estufa, había perdido el equilibrio y se había caído al suelo.

Al ver que otro policía miraba con desconfianza una moneda de cinco kopeks sobre la mesa, Fiódor Dostoievski ironizó: «¿Y si fuera falsa?». Aquel no captó la broma y se la metió sin más en el bolsillo.

El complot en el que Dostoievski se hallaba implicado consistía únicamente en reunirse cada viernes en casa de Petrashevski. Mijaíl Petrashevski era un funcionario del Ministerio de Exteriores razonablemente acomodado, aunque solía recibir a sus compañeros en una sala destartalada a propósito, con sillas rescatadas de la basura y una sola luz: sin duda consideraría impropio acoger a un grupo de insurrectos en un decorado burgués. Su ideología subversiva era de lo más vaga: en su biblioteca podía verse una variedad de libros prohibidos que planteaban diferentes versiones del socialismo francés, si bien los conjurados no se ponían de acuerdo ni en la teoría ni en el método. Petrashevski se inspiraba preferentemente en el utopismo de Fourier y sus comunas idealizadas, los falansterios; de hecho, había fundado uno en un bosque de su propiedad, pero los mujiks, que no sabían nada de socialismo francés, habían acabado por prenderle fuego. También Dostoievski se mostraba contrario a los falansterios y defendía —sin saber que estaba hablando de su futuro inmediato— los trabajos forzados frente a aquellos modelos de vida visionarios, demasiado perfectos y organizados. Incluso las tesis socialistas de Saint-Simon lo dejaban indiferente; pensaba que la tradición rusa ya había concebido antes otros modelos de comunidad de bienes y apoyo mutuo. Había también en las estanterías escritos místicos que conjugaban socialismo y cristianismo, «religiosos hasta el ridículo», tal y como los definiría después el propio Dostoievski ante la comisión investigadora. Spiechniov era ateo y de posturas más progresistas. Hombre guapo, rico, glacial, irónico, «un Mefistófeles», según Fiódor, quien, sin embargo, era incapaz de sustraerse a su influencia, entre otras cosas porque le debía quinientos rublos. En una cena celebrada en honor a Fourier, uno de los conspiradores más jóvenes, normalmente partidario de no mover al zar de su sitio, se declaró a favor de la abolición de la familia, de la propiedad, del Estado, del Ejército y de la Iglesia. En resumen, podría decirse que se trataba de un grupo al que Bakunin habría considerado «absolutamente inofensivo».

Por desgracia, cuando el zar Nicolás I Romanov leyó el informe elaborado por un infiltrado, temió que resucitaran los decembristas, a quienes supuestamente había liquidado tras el levantamiento de 1825. Por tal razón, escribió en una nota al margen del informe que «aunque se limitaran a parlotear, se trataba, en cualquier caso, de una actividad criminal». Así fue como el 22 de abril de 1849 se firmó la orden de arrestar a Fiódor Dostoievski, «ingeniero retirado y escritor».

Se instaló a los prisioneros en la fortaleza de Pedro y Pablo, en las murallas bañadas por el Neva, donde en el siglo anterior Pedro el Grande había ordenado torturar hasta la muerte a su hijo, el zarevich Alejo. Envueltos en tela de saco, mantenidos a base de sopa de repollo, prohibidas las cartas y las visitas, los conspiradores comienzan a sufrir visiones: el propio Petrashevski oye susurros en las esquinas de su celda y golpes en las paredes. Por el contrario, Dostoievski, encerrado en una estancia muy espaciosa —seis metros por tres y medio—, no pierde el tiempo: le escribe a su hermano que tiene en mente tres historias cortas y dos novelas; le alegra comprobar la vitalidad que reside en el ser humano y, en definitiva, es feliz, sobre todo cuando hace buen tiempo. Así es como escribe un cuento largo, *El pequeño héroe,* sobre el despertar a los sentidos de un adolescente. Hay en su vida diaria dos momentos especiales de «felicidad»: la vela encendida por la noche y los paseos por el jardín. A pesar de su complexión, que según un compañero es la de un «obrero robusto», de vez en cuando también él se muestra «impresionable»: algunas noches le parece que la celda se meciera como un barco. No le falta la diversión de los interrogatorios, en los que Dostoievski se muestra tan astuto que consigue sacar de quicio a los agentes; un general vuelca su silla y abandona la sala gritando: «¡No quiero verlo nunca más!».

Tras cinco meses de instrucción, la junta se ve obligada a admitir la inocencia de unos conspiradores sin duda inofensivos. Pero el Ministerio de Interior propone que se forme un tribunal militar y una nueva comisión investigadora, la cual acabará por condenarlos a muerte a todos. Apelarán al zar para que conmute la pena capital por la de trabajos forzados.

El 22 de diciembre, al alba, despiertan a los prisioneros y los conducen a una enorme plaza de armas cubierta de nieve. Leen la sentencia de muerte y los obligan a arrodillarse con la cabeza descubierta. El frío los hace llorar. A los tres primeros los atan a unas estacas y les colocan una capucha; redoblan los tambores; tres pelotones se disponen ante los condenados. Fiódor Dostoievski, que acaba de terminar de contarle al hombre situado a su lado el argumento de un cuento que ha ideado en su celda, piensa por un instante que tiene veintisiete años y algo de talento. Mientras tanto, no sucede nada. Petrashevski, con su extraordinaria sangre fría, se levanta la capucha y mira a su alrededor para ver qué pasa. Entonces, un edecán agita un pañuelo: liberan a los condenados, les comunican que la «clemencia infinita» del zar los ha indultado y los destinan a trabajos forzados. Dostoievski, en el fondo de la fortaleza de Pedro y Pablo, canta hasta desgañitarse, feliz por el perdón. «No recuerdo un momento más dichoso», le dirá un día a su mujer. En *El idiota* retratará una escena análoga: «¿Quién dice que la naturaleza humana sea capaz de soportar todo esto sin enloquecer?».

Arrastrando lastres de un kilo bien asegurados a los tobillos, y a una temperatura de -40°, los deportados llegaron a Tobolsk el 1 de enero de 1850 con los antebrazos tatuados. Allí pudieron ver a las heroicas mujeres de los decembristas, que habían decidido acompañar a sus maridos a Siberia. Hablaron con ellas durante una hora. Cuando Dostoievski se fijó en el Evangelio que le habían regalado se dio cuenta de que había diez rublos escondidos en él.

Y lo cierto es que el dinero siempre es útil, incluso en la remota fortaleza de Omsk, a la que los convictos llegaron el 23 de enero de 1850 y donde fueron sometidos al característico rasurado de la mitad del cráneo y la mitad del bigote. En las letrinas, los crímenes y las razas eran de lo más variado. Circasianos, mongoles, judíos, ucranianos... Uno había matado a hachazos a su señor, que le había robado a su esposa la noche de bodas. Era dulce como una muchacha, pero había agravado su situación al destripar a un guardia «por un malentendido». Estaba también el asesino de un niño de cinco años; había un chantajista que espiaba a sus compañeros de pena. A Dostoievski, noble e instruido, los demás prisioneros lo detestaban; cierto que se encontraban allí cuatro intelectuales polacos, pero eran nacionalistas y odiaban a los rusos. «Vivimos apretados como arenques», escribe Dostoievski a su hermano. «Dormimos sobre tablas; usamos el cubo de la entrada para evacuar, y el olor es asfixiante.» En aquella atmósfera apestada, fumar se convierte en una necesidad, explica racionalmente Fiódor. Pulgas, chinches, cientos de escarabajos. A cambio de algún kopek se puede conseguir té y un pedazo de carne, y así seguir con vida.

Circula el rumor de que el primer ataque serio de epilepsia le sobrevino a Dostoievski una noche después de cierto accidente. Parece ser que a un compañero se le había caído el hacha al río y bajó a recogerla; Fiódor y otro preso lo sujetaban con una soga. El guardián ordenó a gritos a los dos que volvieran al trabajo, pero desobedecieron. Según la leyenda, Dostoievski fue azotado cruelmente por ese motivo, y aquello desencadenó su trastorno. En realidad, su primera crisis convulsiva se remontaba a la época de la muerte de su padre, y en sus primeros escritos figuran descripciones casi clínicas de la enfermedad. En cualquier caso, lo cierto es que aquella noche, la de los latigazos de castigo, a todos en la prisión los despertaron sus gritos estridentes, y los guardias se vieron obligados a sujetarlo con fuerza para que no golpeara la cabeza contra la pared.

La epilepsia tenía sus ventajas: las estancias en la enfermería le proporcionaron valiosas lecturas. Mientras tanto se dedicaba a estudiar a sus compañeros de pena: «¡Qué tipos tan increíbles he podido conocer en el baño!, ¡cuántas historias de aventureros y bandidos!, ¡podría escribir libros y libros!», escribía a su hermano Mijaíl el 22 de febrero de 1854. ¡Era un pueblo de gente extraordinaria! No había perdido el tiempo. Ya podía decir que conocía de memoria al pueblo ruso; «pocos lo conocen como yo». En los últimos cuatro años de condena en Siberia, ya como simple soldado, también encontró esposa.

Sucedió en Semipalatinsk, ciudad asiática en la que acampaban caravanas de camellos. Las ventanas de las casas de madera de un solo piso daban a patios interiores, para proteger a las mujeres musulmanas de la vista de los demás. Las puertas de las viviendas eran bajas, con el fin de permitir al señor de la casa decapitar limpiamente a un visitante no deseado en cuanto asomara la cabeza. Entre las calles polvorientas se distribuían siete mezquitas, una iglesia y un colmado; comerciantes tártaros, soldados y funcionarios habitaban el barrio cosaco; campesinos kirguís vivían bajo tiendas de piel. Dostoievski fue destinado a la fortaleza, levantada en 1718. El séptimo batallón de línea estaba formado por siervos de la gleba analfabetos, deportados y soldados de profesión. A Dostoievski le permitieron dormir en la ciudad, y a tal fin alquiló una habitación en la isba de una viuda, quien le ofreció también a sus dos hijas.

El 20 de septiembre de 1854, con su uniforme expresamente confeccionado en San Petersburgo, llegó a Semipalatinsk un joven fiscal, el barón Vrangel. En su momento había sido testigo de la falsa ejecución de los «petrashevskis» y se puso a buscar a Dostoievski, a quien debía entregar un paquete de parte de su hermano. Lo invitó a té. Fiódor tenía un aspecto más que miserable, pero de inmediato los dos hombres se arrojaron el uno en brazos del otro. Dostoievski, un simple soldado y exrecluso, pudo acudir desde entonces a todos los salones de la ciudad. Corregía las creaciones poéticas de la mujer del teniente Stepanov y le leía los periódicos al lugarteniente Belikov. Maria Dimitrievna Isaeva, una rubia treintañera debilitada por la tuberculosis, ya le había atraído incluso antes de la llegada de Vrangel, pero estaba casada con un preceptor entregado al alcohol. Cuando su desgraciado marido murió, el 14 de agosto de 1855, Fiódor se encontró con un problema inesperado: la joven viuda se declaró enamorada de otro preceptor, Vergunov, que tenía cinco años menos que ella, mucha vanidad y ningún futuro. Fueron necesarios ciertos esfuerzos para reconducir a la señora al sentido común.

El 6 de febrero de 1857, Maria se casó con el lugarteniente Dostoievski, quien narró sus experiencias siberianas en *Memorias de la casa muerta.* La censura corregiría el manuscrito, endulzando con una descripción «demasiado amable» la crueldad con que se trataba a los presos. *Los hermanos Karamázov* se basa en un error judicial que le contaron en las letrinas: la de un noble parricida, lunático, frívolo, al que los castigados despreciaban no por su crimen —que no les importaba en absoluto—, sino porque no sabía comportarse. Sería exonerado diez años después. Y en cierta ocasión en que reprocharon a Dostoievski sus ideas místicas sobre los rusos y le preguntaron con qué derecho hablaba en nombre de su pueblo, enseñó sus tobillos aún marcados por los grilletes de hierro: «He aquí mi derecho». En 1878, el zar acabaría pidiendo a Dostoievski que lo visitara para que conociera a sus hijos y pudiese ejercer sobre ellos, gracias a su conversación, una influencia favorable.

7. SILVIO PELLICO

«Alle Eseleien!» (¡Todo estupideces!), dijo el carcelero; dio un portazo y liberó su enfado sacudiendo estruendosamente las llaves. Silvio Pellico, natural de Saluzzo y hombre de extraordinaria templanza, estaba desconcertado. Se arrepentía de haber llamado al médico solo por haberse desmayado; el carcelero Schiller había animado a Pellico a pedir que le quitaran por algunos días las cadenas de los pies. Pero el médico entendió que su fiebre no era cosa de morir, así que no veía razones para tomar aquella medida. Pellico había expresado una ligera decepción por haberse humillado a pedir algo sin resultado, pero el guardia, el noble y rudo Schiller, se mostró enfurecido. «¡Orgullo! ¡Vanidad! ¡Vacía soberbia! La verdadera dignidad está en avergonzarse de las malas acciones.» Recuperado de su ataque de ira, el carcelero se marchó. «¿Es que habré yo de ser menos hombre por llevar estas viles llaves?», estalló en otra ocasión, cuando se vio obligado a interrumpir a Pellico y al conde Oroboni, quienes, en pleno Spielberg, hablaban de una ventana a la otra como si estuvieran charlando tranquilamente en una salita. «No te conozco, pero te llevo amando desde hace mucho tiempo», se había presentado el joven conde. El caso es que, entre unas cosas y otras, aquellos dos tenían agotado al pobre guardia Schiller («un nombre demasiado grande para mí», solía decir al presentarse).

«Oh, der Teufel!, ¡der Teufel!» —«¡Ay, el diablo, el diablo!»—, gritó Schiller el 7 de agosto de 1822: estaba en la celda de Oroboni, y Pellico, que pasaba por allí, había aprovechado que la puerta estaba abierta para zafarse de los guardias, entrar y arrojarse llorando a los brazos del conde. «¡Silvio, Silvio, este es uno de los días más hermosos de mi vida!», dijo Oroboni abrazando a su amigo. Los guardias comenzaron a sollozar, y también Schiller y el centinela de la galería, que se había acercado corriendo. Oroboni rompió a llorar a lágrima viva cuando finalmente los separaron; era para siempre, pues su salud estaba muy minada: pocos meses más tarde aquella celda se quedaría vacía.

«¡Dichoso tú, que hablas alemán! Al menos podrás confesarte», se había lamentado en cierta ocasión Oroboni a Pellico; este había intentado hacerlo en Venecia, pero le resultó tan indigno confesarse allí, en Los Plomos, que se desanimó y renunció a su propósito. Por su parte, Maroncelli,[2] que se hallaba en los sótanos de Spielberg, se encaramaba a la ventana y cantaba, aunque Pellico no entendía sus palabras. Maroncelli lanzaba un grito y Silvio le respondía, pero los guardias interrumpían los lamentos mutuos.

El 11 de enero, las convulsiones y el delirio que perseguían a Pellico desde hacía algún tiempo lo hicieron caer sin sentido al suelo. Pero su consuelo estaba a punto de llegar: Maroncelli sería su compañero de celda. «Estás vivo», se dijeron el uno en los brazos del otro, sin apenas poder reconocerse. Pasaban el tiempo componiendo versos, se los recitaban y se los corregían mutuamente, todo de memoria. Así fue como Pellico escribió la tragedia *Leoniero de Dartonia.* En Los Plomos había tenido derecho a un cuadernillo de papel en el que compuso *Ester d'Engaddi, Iginia d'Asti* y los cantos *Tancreda Rosilde, Eligi* y *Valafrido e Adello,* pero

2. Piero Maroncelli (1795-1846): músico italiano que participó con sus compañeros carbonarios en las conspiraciones cuyo objetivo era la independencia y unidad de Italia. Escribió la biografía de Silvio Pellico.

sobre todo se entregó a la escritura de ciertas consideraciones morales destinadas a la formación de los jóvenes, que grababa a escondidas sobre una mesita de su celda y que cubría con el mantel; eran muy sencillas, pero estaban llenas de un gran celo educativo y, cuando vieron la luz en el 36, dos años después de *Mis prisiones,* se vendieron muy bien.

En tres años su producción fue abundante. A Pellico lo habían arrestado el 13 de octubre de 1820 para conducirlo hasta la prisión preventiva de Santa Margherita, sede también de la Policía austriaca en Milán y antiguo convento de monjas benedictinas. Esta circunstancia lo había llevado a pensar cómo aquellas paredes habituadas a los himnos y los silencios femeninos ahora se veían asaeteadas por blasfemias y canciones irreverentes. Los delincuentes habituales pronto se dieron cuenta de que Pellico tenía algo que esconder: tras examinarlo pensaron que debía de ser «bastante menos canalla que ellos». El carcelero lo regañó por haberles dirigido la palabra a unos ladrones, y él se sonrojó, para luego sonrojarse por haberse sonrojado, y decidió que hablaría sobre todo con Melchiorre Gioia.[3] Los presos comunes se habían percatado de la inclinación que en él había nacido hacia una mujer de mala vida —que precisamente se llamaba Magdalena y que acostumbraba a cantar melancólicamente desde su ventana— y no se habían privado de burlarse cariñosamente del sensible carbonario. Pero en Los Plomos a Pellico lo esperaba una prueba más dura.

En la noche del 18 al 19 de febrero de 1821, un ruido de cadenas acompañado de un baile de faroles invadió su celda milanesa. Eran guardias, y cuando Pellico ya estaba convencido de que estaban allí para matarlo, se adelantó el conde Bolza, cruel perseguidor de los patriotas, pero también hombre de modales muy amables. Le ordenó que se vistiera y subiera a un carruaje, desde donde, sin solución de continuidad, lo condujo al restaurante del hotel La Luna, en Venecia. Pellico había cenado allí acompañado

3. Melchiorre Gioia (1767-1829), filósofo y economista italiano, también carbonario y conspirador antiaustracista, fue en su momento partidario de Napoleón y de hacer de Italia una república satélite de Francia.

un mes antes; los camareros no entendían nada. Poco después de la cena, Bolza envió a su prisionero, que se emocionó al ver a su paso el café Florian, a las celdas de Los Plomos, no sin antes abrazarlo enternecido en el momento del adiós.

El alcaide y los guardias estaban al corriente de la fama literaria de Pellico y se sorprendieron al oírlo gritar y maldecir con rabia. Uno de ellos se apiadó de su dolor, y cada vez que se acercaba a su celda le anunciaba su presencia entonando un aria: «Soñé que era un gato / y tú me acariciabas». Pero quien más se interesó por él fue la hija del alcaide. El aspecto del prisionero era de lo más extravagante: a pesar del tórrido calor, perseguido por un ejército de mosquitos, Pellico llevaba envuelto el cráneo y las muñecas con vendas de algodón, para evitar que lo atacaran en la cabeza y los brazos; además, escribía con guantes. Zanze, la hija del alcaide, su «carcelera venecianita adolescente», venía a servirle el café acompañado de «graciosos halagos» que, si ella hubiera sido más hermosa, quizá habrían conseguido forzar una conducta menos intachable por parte del patriota. La gracia propia de su dialecto y el gesto con el que espantaba a los mosquitos con su abanico, así como los fragmentos que escogía de la Biblia abriéndola al azar, besando unos versículos y pidiendo a Pellico que se los explicara —si atinaba sobre el *Cantar de los Cantares,* el escritor se apresuraba a pasar página—, dejaron un vacío cuando desapareció de repente en no se sabe qué lugar de la campiña. Quizá la hubiese seducido su novio, conjeturaba Pellico, quien ahora conversaba con las hormigas, a las que había alimentado suntuosamente desde su llegada hasta reunir un par de batallones que le hacían compañía.

Mientras tanto, la comisión encargada de los delitos políticos no dejaba de interrogarlos a él y sus compañeros. Maroncelli era imprudente: una carta suya interceptada por los austriacos había causado involuntariamente el arresto de Gian Domenico Romagnosi, Melchiorre Gioia, Luigi Porro Lambertenghi y otros jóvenes carbonarios. Durante el proceso, en Milán y Venecia, dio detalles de la organización y de sus afiliados de un modo tan pormenorizado que despertó en más de uno la sospecha de que fuera un delator. De hecho, el 21 de febrero de 1822 condenaron a Silvio Pellico a muerte, pena conmutada por quince años de celda de castigo en la fortaleza de Spielberg. La sentencia se leyó en público en la plaza de San Marcos, pero de los allí presentes solo se escuchó un murmullo de compasión.

En la noche del 25 al 26 de marzo, los patriotas iniciaron su viaje hacia Moravia, la mano derecha encadenada al pie izquierdo. De paso en Udine, los criados que preparaban las habitaciones, y que —como Cleopatra en la alfombra— habían entrado medio envueltos en los colchones, resultaron ser amigos suyos, y los saludaron furtivamente rozándoles la mano.

Especialmente amarga resultó su separación de Maroncelli recién llegados a Spielberg. Encadenado, sometido a registro tres veces al día, con fiebres muy altas, los carceleros llegaron a ver a Pellico en tan mala forma que juzgaron que tenía derecho a un colchón de paja sobre la madera en la que dormía.

Maroncelli se había llevado de Italia algunos libros, al igual que hicieron otros patriotas; entre todos lograron reunir una pequeña biblioteca de ciento cincuenta títulos. Pero el gobernador prohibió enseguida que los usaran, de modo que Pellico pasó desde 1824 hasta 1827 en compañía exclusiva de Maroncelli, ya que también se había anulado el permiso para que las parejas de presos se comunicaran entre sí.

Hacía diez años que a Pellico y a Maroncelli les habían privado de su libertad cuando el 1 de agosto de 1830 el director de Policía se presentó en la celda para comunicarles, tan emocionado que no se entendía lo que decía, que su majestad el emperador los había indultado. Con un morral de soldado a la espalda, vestidos de presos —Maroncelli sin una pierna, Pellico con un asma espantoso—, descendieron por la terrible montaña. Estaban muy emocionados: la Revolución de las Tres Gloriosas (27, 28 y 29 de julio de 1830) sacudía París.

8. PIERRE FRANÇOIS LACENAIRE

El emperador Napoleón cabalgaba a galope bajo la metralla cuando vio que un regimiento castigado por los disparos rompía filas. «¡Coronel! —gritó—. ¿Es que alguien aquí tiene miedo?» «No, *sire* —le respondió el otro—, son los caballos.» En la vigilia de su ejecución, el asesino múltiple Lacenaire pensaba, al mismo tiempo que concluía sus *Memorias (de un poeta asesino),* que, si a la mañana siguiente alguien se atrevía a decir que flaqueaba en su camino al cadalso, él respondería de la misma manera: «No soy yo quien se viene abajo, son mis piernas».

Como era de esperar, el 9 de enero de 1836, día de su ejecución en la guillotina, «el elegante asesino de levita azul» —como lo describirá el surrealista Breton, admirador de su fino humor negro— no traicionó su impasibilidad, su tan celebrada sangre fría. Bajó despacio del carruaje: «Ah, aquí estáis, monsieur Canler —saludó graciosamente al policía que lo había arrestado—, es muy amable de vuestra parte que os hayáis tomado la molestia de venir». (Eran las siete de la mañana.) «¿Está también monsieur Allard?» Ese día, Allard estaba a cargo de la seguridad y trataba de mantener a raya a tres mil parisinos que se habían aglomerado ante el cadalso destinado al más popular de los criminales de su época; las señoras asistían desde sus carrozas.

El verdugo era conocido como Sansón; le había cortado la cabeza a Luis XVI, a María Antonieta, a todos los girondinos, a madame Roland y a Charlotte Corday. Puesto que la *Gazette des Tribunaux,* con el fin de eclipsar la mitificación generalizada de Lacenaire, lo había representado como un hombre aterrorizado ante la inminencia de la guillotina, Sansón consideró su legítimo deber asegurar en sus memorias que el *lion du crime,* el dandi del crimen, había hecho gala de una extrema confianza a la hora de la verdad, y que de ningún modo se había mostrado débil, ni siquiera cuando en un primer intento la lama se atascó.

Durante todo el proceso judicial —los periódicos informaron de cada sesión desde su comienzo en noviembre de 1835—, Lacenaire se había comportado con la misma distancia, «conmoviendo al siglo» con sus palabras «frías y mordaces, risueñas y terribles» soltadas a trompicones, tamborileando con los dedos sobre las rodillas como un estudiante que repasa su lección de piano. A sus treinta y seis años, con un físico frágil y pequeños ojos de águila, «ebrios, vítreos», adornaba con su buen gusto mundano la narración de los delitos más atroces.

Sobre el doble asesinato de un compinche suyo, Chardon, y de su anciana madre, explicó brevemente que había golpeado a la mujer en el rostro y los ojos con un picahielos diecisiete veces; luego la había enterrado bajo cobertores y cojines y se había ido al teatro, dejándola jadear durante diez horas y agonizar quizá unas cuarenta en medio del silencio de su cuarto.

A veces su estilo nervioso y claro se tornaba minucioso y pedante; cuando le preguntaban si había dicho «toda la verdad», respondía dubitativo: «No, pero todo lo que he dicho es exacto». «Cada cosa tiene su alma, incluso las piedras», sentenciaba como buen lector de Diderot, para después precisar: «Que quede claro que hablo de "alma" porque nuestra lengua es pobre. A veces digo "Dios mío", aunque Dios no exista».

Pero en ocasiones rompía a reír con total franqueza, como cuando la dueña de la habitación donde Lacenaire vivía en aquel diciembre del crimen de Chardon declaró que el imputado dormía junto a su cómplice, Avril, en la misma cama. Incapaz de contenerse, Lacenaire también terminó llorando de risa porque un testigo confundía involuntariamente el nombre de Baton —que era un compañero de cárcel, pero también el pseudónimo que Lacenaire había asumido por entonces— y el significado que la voz *baton* puede tener en francés. Así, a cada pregunta del juez respondía invariablemente: «Baton, quel baton?», es decir, «¿qué verga?». Réplica tras réplica, la hilaridad se iba contagiando entre el público cada vez con mayor estrépito. Pero Lacenaire quiso puntualizar que había abandonado el lugar del crimen sujetando en la mano un bastoncito y un libro encuadernado, *El contrato social* de Rousseau.

Y así, Lacenaire pasará a la historia. Solo un lustro había transcurrido desde la Revolución de Julio y sus muertos ya habían caído en el olvido, afirma con melancolía Lacenaire, y lo escribe *Le Temps*. La reivindicación social se había convertido en venganza solitaria. El dandi es ese hombre brillante que en 1830 se siente fracasado: su espíritu aún se exalta soñando con el fulminante ascenso social que llegaba de la mano de las victorias napoleónicas, pero al mismo tiempo le desilusiona la vulgaridad del «rey ciudadano» que ha sustituido la espada por el paraguas; comprende entonces que ya no es posible doblegar el destino con un acto de rabia e imita, con el gesto desesperado del crimen —un acto privado—, el gesto público: la ilegalidad revolucionaria. Sin embargo, paradójicamente, adoptará contra la burguesía triunfante la elegancia, la actitud libre de prejuicios, la arbitraria frivolidad y los hábitos fríos y corteses propios de la clase aristocrática decaída. Lacenaire es el primero de los caballeros criminales, escribe Camus en el capítulo de *El hombre rebelde* dedicado al dandi, mezclando su destino con el de Baudelaire; la insurgencia, otrora cargada de significado moral, queda ahora condenada a la apariencia. El dandi puede cometer un crimen siempre que el motivo no sea trivial, sentenciaba el propio Baudelaire.

Incluso la delincuencia puede tener su propia vanidad, dijo el fiscal en el juicio. Cuando Canler arresta a Lacenaire en provincias tras una verdadera cacería, este no habla, reservándose para París y sus jueces. Son los años en los que a la crónica de sucesos, *fait-divers,* se la llama todavía *fait-Paris.* Había elegido fríamente la mala vida, estudiándola en las memorias de Vidocq; sus delitos —tres homicidios, algunas falsificaciones y algunos robos— eran la justificación sanguinaria de su existencia, su venganza privada contra una sociedad que lo había rechazado, el instrumento para aterrorizarla con su ejemplo en pleno siglo de las revoluciones. Su vida fue un suicidio, pero un suicidio lleno de escándalo: «Me metería en la boca de un cañón». «Muerte, me reiré de ti a la cara», reza un pasaje, censurado en aquel entonces, de las *Memorias,* escritas mientras esperaba su ejecución.

En uno de sus magníficos poemas de tono cómico —«antitísicos», dirá de ellos Corbière— Lacenaire tranquiliza a la sociedad: se ha «convertido». De octava en octava, despliega con ironía las «glorias» de todas las religiones a las que finge pretender adherirse, hasta llegar de mala gana, en su generosa voluntad de complacer a todo el mundo, a los dogmas socialistas de Saint-Simon. Finge indiferencia hacia la política y, si lo acusan de republicano, sonríe, a pesar de que ha escrito versos hirientes contra el soberano: «Yo soy ladrón, vos, majestad, / tenéis algo del mismo oficio». En una época de veloces cambios políticos, asegura que habría sido bonapartista con Bonaparte, carlista con Carlos X y felipista con Luis Felipe; no obstante, en 1829 desafió a un duelo al sobrino de Benjamin Constant, arguyendo que su tío diputado se había dedicado a dar «saltos de carpa» —cambiar de chaqueta— en la época de los Cien Días. El sobrino disparó primero y erró en su objetivo; Lacenaire «apuntó fríamente al corazón y lo mató con destreza».

En sus *Memorias,* Lacenaire manifiesta su enorme violencia contra un mundo que no ha sabido entender su genialidad, y reivindica su venganza, que ha logrado «con una calma perfecta». Imaginación y corazón ardiente, afectación en la frialdad, estilo seco: en Lacenaire resuenan el ritmo y los temas de Stendhal. Su primer delito presenta la misma naturaleza brusca y glacial de la represalia del yo que resuena en el disparo de Julien Sorel. «La condena a muerte es la única condecoración que no se puede comprar», podemos leer en *Rojo y negro.* «Algo de mí quedará», amenaza Lacenaire. Su espíritu reaparecerá en *Lamiel* de Stendhal, en las novelas de Balzac, en *Los miserables* de Víctor Hugo, en los versos de Gautier, en las cartas de Flaubert, en el lunático cuarto de los *Cantos de Maldoror* de Lautréamont. La figura sutil del caballero asesino resucita en *Los niños del paraíso de Marcel Carné,* con guion de Prévert. La guillotina fue el escenario perfecto para la insurrección de Lacenaire contra una civilización sorda y contra la muerte.

En prisión, Lacenaire decía con modestia a quienes lo visitaban: «Me habría gustado tener discípulos, pero en prisión se te quitan las ganas». Sin embargo, en vísperas de la Revolución del 48, Víctor Hugo, que visitaba el dormitorio de los guardias de la Conciergerie, se detuvo ante una escena que le llamó la atención: en una de las estanterías, encima de una cama, había unos libros colocados en fila. Eran del guardia que vigilaba a Lacenaire, le explicaron. «Lea esto, no lea esto otro»: lo había convertido en un hombre de letras.

9. PROSPER MÉRIMÉE

Libri, culpable último de que Mérimée acabara en la cárcel, era coetáneo suyo. Su nombre completo era conde Guillaume Brutus Icilius Timeleone Libri Carrucci dalla Sommaia; su padre, condenado a trabajos forzados por fraude mercantil, había huido del país para acabar convirtiéndose en agente secreto de los Países Bajos. Libri hijo, a los veinte años profesor de Física Matemática en Pisa, autor de una *Teoría de los números* y de una *Solución general de las ecuaciones indeterminadas de primer grado*, se había licenciado en Derecho. Tras establecerse en París, aún muy joven, había sido elegido miembro de la Académie des Sciences; fue profesor en la Sorbona y en el Collège de France, miembro del Consejo Académico de París, inspector general de Bibliotecas y condecorado con la Legión de Honor. Mientras tanto había publicado una *Historia de las ciencias matemáticas en la Italia del Renacimiento a finales del siglo XVII* en cuatro volúmenes, junto a *Recuerdos de juventud de Napoleón* y una *Carta sobre el clero y la libertad de enseñanza*. Protegido del ministro Guizot, Libri era también secretario de la comisión encargada de la conservación de manuscritos, pero un día, en el estudio del pintor Paul Delaroche, Guillaume

Brutus alardeó de poseer un códice rarísimo de tiempos de Carlomagno, exhibiéndolo ante los ojos de un estupefacto Mérimée.

Prosper Mérimée ya había escrito *Colomba* y estaba a punto de publicar *Carmen*. Alto, delgado, frío, elegante con su anticuada levita cosida por Staub y abotonada hasta la barbilla, había hecho carrera «de modo natural, no con maniobras». «Sin aparentar interés por ello, se movía siempre en los círculos más influyentes, en todas las comisiones, en los jurados de todos los premios.» Inspector de monumentos históricos de Francia, recorría el país pasando verdaderas calamidades para inventariarlos, hablando —en inglés, griego, árabe, español, ruso y romaní— con «personas a las que un inglés no se acercaría jamás». Pues bien, Mérimée conocía perfectamente el documento que Libri había enseñado en casa de Delaroche. Lo había copiado en uno de sus cuadernos, incluidas las miniaturas, en una biblioteca de Tours. Ante las muestras de indignación de Prosper, el farsante no se descompone: sin duda el de Tours es falso, y el suyo, verdadero. Mérimée lo deja estar, pero en 1846 el fiscal general recibe una carta anónima que acusa a Libri de haber robado en diferentes bibliotecas del sur de Francia libros de gran valor —hablamos de trescientos o cuatrocientos mil francos—, de mandarlos reencuadernar en Italia y venderlos en Inglaterra. El asunto acaba en nada. En 1847 hay una nueva denuncia; Libri está bajo sospecha. Un incunable desaparecido tiempo ha de Carpentras reaparece en una subasta organizada precisamente por Libri. Pero, de no ser por la Revolución del 48, no se habría desentrañado este asunto.

El 28 de febrero de 1848, en el curso de una sesión de la Académie des Sciences, Terrien, periodista especializado en ciencia del revolucionario *Le National*, pone en manos de Libri una carta que habla de la existencia de un informe judicial sobre su labor como inspector de las bibliotecas públicas, y le insta a no volver a aparecer por allí. El plan de defensa de Libri pasa por huir a Inglaterra con dieciocho baúles que contienen treinta mil libros; en Le Havre le confiscan seis, y en su casa encuentran una lista con ciento cincuenta documentos desaparecidos de la Biblioteca Mazarine, un manuscrito de Dante, cartas de Carlos VII, Carlos VIII, Francisco I y

Enrique IV, un Ariosto de 1524, doce volúmenes de manuscritos de Leonardo da Vinci, caracteres de imprenta antiguos y una nota con la advertencia: «raspar delicadamente el sello».

En Londres, Libri se hace pasar por víctima de los insurgentes, pero ¿cómo era posible que la prensa hubiera tenido acceso al procedimiento judicial relativo a su caso? Durante las jornadas revolucionarias, el Ministerio de Asuntos Exteriores no había sufrido los asaltos de la multitud, pero todo hace sospechar que algunos periodistas tuvieron acceso al mismo, probablemente con la aquiescencia del Gobierno provisional de Lamartine, el poeta. Libri afirma que el informe del magistrado Boucly al ministro de Justicia no es sino el resultado de un complot de la École des Chartes, celosa de que le hubieran nombrado a él para la comisión encargada del catálogo general de manuscritos. Mérimée, el hábil y cauteloso Mérimée, se posiciona oficialmente a favor de Libri, y el 11 de noviembre de 1849 presenta ante el fiscal general una protesta por no habérsele permitido el acceso al pliego de acusaciones con la lista de los documentos desaparecidos. Y cuando, el 22 de junio de 1850, Libri es condenado en rebeldía a diez años de prisión, a la pérdida de sus derechos civiles y al cese en sus cargos públicos, Mérimée se compromete a rehabilitarlo.

El 30 de abril de 1852 muere en brazos de Mérimée su intransigente madre, con quien vivía («es muy triste quedarse completamente libre»); no obstante, durante aquellos últimos, terribles días en los que la «veía sufrir», encuentra fuerzas para escribir y publicar en la *Revue des Deux Mondes* treinta enérgicas páginas en defensa de Libri, en las que acusa al juez de ser poco más que un fabulador y concluye sobre la sentencia: «En otros tiempos escribí novelas, con lo que no es de extrañar que entre mis capacidades esté la de juzgar algo como mero producto de la imaginación». Se burla de los magistrados por haber confundido Troya (la de la guerra del mismo nombre) con Troyes, en la Champaña; su propósito es defender, según declara, «a un excolega abandonado por todos por haber hablado mal de la École des Chartes y de los jesuitas». «En esta ocasión Mérimée exageraba», sentencia el excelente biógrafo Xavier Darcos.

El juez Debarle cita a declarar a Mérimée el 30 de abril, el mismo día en que pierde a su madre. Por tal razón, se retrasa su comparecencia al 5 de mayo y, en consideración al luto y a su fama de intachable servidor del Estado, lo interrogan con extremada delicadeza. Pero su juicio por desacato a la magistratura es inevitable. Actúa como abogado del escritor Nogent Saint-Laurens, que no había visto al acusado desde 1938, cuando sometió a Mérimée a la tortura de leer un poema suyo de seiscientos versos para que le diera su opinión (la sentencia del escritor fue inapelable). Pero a quien Mérimée teme por encima de todo es al fiscal sustituto, Dupré-Lasalle, al que precisamente le había rechazado un artículo en la *Revue de Deux Mondes.* Se argumenta, en el curso de la audiencia, que la actuación de los magistrados puede cuestionarse, siempre que se haga con tono «mesurado». Mérimée es condenado a quince días de prisión y mil francos de multa; rechaza apelar, paga la sanción, presenta su dimisión al ministro —que la rechaza— y pide una excedencia para expiar de inmediato su pena.

Las razones que han llevado a tan alto y eficaz funcionario del Estado, gran escritor y famoso hombre de mundo —y, por tanto, gran conocedor del ser humano—, a exponerse de esa manera para defender a un manifiesto tramposo como Libri se encuentran, como suele suceder, en su pasado. Mérimée tenía veintisiete años y «corría el riesgo de enamorarse». En las cartas a sus amigos —entre los que se encontraba Stendhal— aparece, entre las actrices y mujeres de vida alegre de las que se acompañará toda su vida, el nombre de una joven casadera, Mélanie Double. A Mélanie la ofuscan todas esas mujeres demasiado famosas amigas de Mérimée, por las que, todo un dandi, llega incluso a batirse en duelo. Stendhal, el experto autor de *Del amor,* le escribe sentencioso: «Los celos matan el amor solo en un corazón de cuarenta años. Los celos os grabarán para siempre en el corazón de M(élanie)». Añade Stendhal: «Decidle que la adoráis desde hace tres años, pero que con solo mil setecientos francos de renta no podéis casaros con ella»; lo que Prosper ha de hacer, según la moral de la época, es frecuentar a señoras ya frecuentadas. «Estoy desplegando mis alas», escribe en 1830 Mérimée a su amiga de salón madame Ancelot: en efecto, para evitar el peligro de comprometerse para siempre, el escritor decide fugarse a España. «Estaba a punto de enamorarme cuando salí hacia España; es una de las mejores cosas que he hecho en mi vida», escribirá Mérimée a otra amiga más íntima, Jenny. Desconocemos qué pensaba Mélanie de todo esto; lo cierto es que, mientras Mérimée conoce en España a la joven condesa de Montijo, futura emperatriz de Francia, y aprende de la condesa madre la historia de Carmen, Mélanie se convierte el 23 de junio de 1823 en esposa de Libri.

«Es un modo de ponerme a prueba y, a decir verdad, no me incomoda demasiado», escribirá Mérimée a la condesa de Montijo el 10 de junio de 1850 sobre su ingreso en prisión: «Entre todas las cosas nuevas e imprevisibles que pueden pasarle a uno, esto de la cárcel tiene algo de divertido y curioso». En su traslado a la celda, el 4 de julio a mediodía —apenas concluido el proceso de restauración de la catedral de Laon—, lo tratan con deferencia. Ahora se dedicará, asegura, al estudio de ese hermoso monumento gótico que es la Conciergerie. Allí gusta de acomodarse, tendido, «como en Asia», sobre dos cojines y una alfombra persa en el espacioso vano de una ventana que da al ala reservada a las mujeres. En su estancia, con sus dos sillas y un camastro, sorbe el té en compañía de los amigos que lo visitan bajo las altas bóvedas medievales: aquel es, según dicen todos, el único lugar de París donde se puede respirar. Mérimée escribe, lee, estudia los verbos irregulares rusos y aprende uno francés, en este caso onomatopéyico: *gnugnotter,* el acto del amor sáfico. Una vez en la calle, «fresco y muy descansado», corría el 20 de julio, lo designan rápidamente como jurado para el mismo Tribunal del Sena donde lo habían condenado. Mérimée comprueba satisfecho que madame Libri ha sido acogida de nuevo en los salones, aunque morirá en 1865 sin haber obtenido la revisión de su proceso. Mientras tanto, la condesita de Montijo, a la que un Mérimée en fuga de su matrimonio con Mélanie había conocido en España, se ha convertido, como esposa de Napoleón III, en emperatriz de Francia y en la nueva y poderosa protectora del escritor.

10. LUIGI SETTEMBRINI

El patriota Luigi Settembrini cumplió en la roca de Santo Stefano la cadena perpetua que se había ganado en las revueltas del 48, y escribió allí un cuento homoerótico de elegante patina helenística. «Se besaban en los ojos, y en la cara, y en el pecho, y en el vientre, y en los muslos, y en los pies que parecían de plata... Uno abrazaba al otro por la espalda e intentaba penetrar entre sus hermosas manzanas, pero a este le causaba dolor, y aquel se contenía para no causar daño a su amado. Finalmente Doro se levantó y dijo: "Un dios me ha sugerido una solución". Luego, tras echar mano de un vasito de purísimo aceite dorado como el sol, añadió: "Untemos con este aceite la llave y la cerradura y probemos, quizá consigamos abrir...". Ese mismo día subieron a lo alto de la roca, entraron en el templo de la virgen Palas, para quien el olivo es sagrado, y agradecieron a la diosa el remedio que les había aconsejado.» Sin embargo, el ambiente en el que Settembrini escribió *Los neoplatónicos* —traducción de una ficticia fábula milesia de Aristeo de Megara en la que Luigi se revela como discípulo de Basilio Puoti, mezcla de purismo antimanzoniano y de virtudes morales y civiles— no era precisamente estimulante. La roca de Pandataria, antiguo nombre de Santo Stefano y Ventotene —aún podían verse las ruinas de la villa en la que vivió exiliada Julia, la desgraciada hija de Octavio Augusto—, era el lugar al que Tiberio había enviado a morir a Agripina. Desde 1836, el islote estaba ocupado por una prisión que asemejaba «una especie de enorme cazuela», pues solo estrechas rendijas herían sus blancos muros circulares. Acogía a sentenciados a cadena perpetua y condenados a los grilletes, considerados fallecidos a efectos civiles: se les dejaba la ropa, pero los herederos ya podían acceder a sus derechos de sucesión.

La celda de menos de un metro cuadrado destinada a Settembrini hospedaba ya a algunos reos. Uno era un calabrés de setenta y cinco años responsable de treinta y cinco crímenes, alto y flaco, que hablaba «poco y sensatamente». Luego estaba el bandolero Mascariello, calabrés también, ya calvo pero robusto como un toro, con un brazo roto; hablaba de sus robos, de cómo había matado en el monte a un campesino que lo había sorprendido por casualidad, de lo hermosa que era la vida del bandido, eso de ser temido por todos. Dos amigos le habían disparado con una escopeta y él se había refugiado en una ermita, pero los gendarmes llegaron para llevárselo a la cárcel atado a un asno y con un gorro donde podía leerse «este es el famoso Mascariello». La noticia de que un preso había asesinado a otro por robarle unas salchichas lo llenó de gozo; hizo llegar una botella de aguardiente al homicida y él mismo lo festejó emborrachándose. El tercer compañero de celda era Giovanni, un abruzo. Un pariente le había hecho una jugada a su patrón, y Giovanni entró en casa de aquel para quemarla y dar muerte a las once personas que había en ella, todo en compañía de su jefe y unos cuantos más. Un joven herido de muerte se arrojó por una ventana y consiguió dar a la autoridad el nombre de algunos de los autores de la masacre. Giovanni, a su vez, confesó todo lo sucedido confiando en obtener la impunidad, de modo que su patrón y otros seis esbirros fueron ahorcados; a él, en cambio, le cayó solo la perpetua. El cuarto coinquilino era también un joven abruzo, a quien desde los dieciocho años un campesino acosaba, golpeaba y torturaba de todos los modos posibles: su hermano le había robado a la novia, de modo que se cebaba con el hermano menor, joven e indefenso. Un buen día el chico agarró una hoz y atacó a su acosador: le cortó la cabeza y continuó troceándolo por todos los golpes y humillaciones que había recibido, para finalmente abandonarlo a los lobos. Uno de sus primos lo había denunciado y ahora se encontraba allí con la perpetua; mientras tanto, su hermano había asesinado al susodicho primo, aunque acabó muerto también él. Quien no se resignaba era el quinto, un pullés culpable solo de haber acabado en una emboscada con la vida de un campesino que le había quitado las tierras a su patrón, quien a su vez era aparcero del primero: el pullés se había limitado a obedecer las órdenes de su amo, pero para él no había clemencia «porque no era más que un cabrero». Sea como fuere, ninguno de ellos albergaba esperanzas ultraterrenas, pues en cierto momento habían compartido prisión con unos delincuentes que resultaron ser gente de bien, gente leída que les había revelado que Dios no existe, algo inimaginable hasta entonces para hombres pobres como ellos. Hablaban de su cautiverio como si durase solo un día y recordaban el mundo tal y como era cuando lo abandonaron: cuando les hablaban de humos y caminos de hierro, ellos creían que se estaban burlando. Era como conversar con hombres muertos hacía treinta años.

Cuando Settembrini y otros dos presos políticos entraron en la celda, aquellos cinco no sabían qué hacer ni decir para recibirlos dignamente: por turnos, cada día uno les ofrecía el café; se lamentaban de ser pobres y no poder darles comida; les dejaron sitio para colocar las camas —no hay nada más valioso en una celda— y estuvieron a su servicio todo el tiempo. Eran los mejores de entre los condenados a la perpetua, pues en aquella cárcel se alojaba todo tipo de violencia y la «lascivia de un convento de frailes». Las armas, misteriosamente, abundaban; cuando había registro, las envolvían en paños y se las escondían en el ano. Dos veces al mes, la carne de buey y el vino sustituían a las acostumbradas habichuelas; curiosamente, era entonces cuando aumentaban los delitos. Se respetaba a los guardias, tanto que los condenados se apresuraron a ajusticiar a otro preso que había golpeado a un carcelero. Tenían su código de honor, por supuesto:

un «monstruo» que había cometido incesto con su madre acudió con ella al encuentro del padre, que salía de prisión, para matarlo; aunque lo condenaron a muerte, el príncipe lo indultó, y, más tarde, los compañeros de Santo Stefano, que eran «más justos que el príncipe», lo cosieron a puñaladas. Estas eran las historias que los presos se contaban al anochecer: hilando cáñamo se reunían a charlar en torno al candil. Los comunes eran en total setecientos, veintiséis los políticos; los amarrados con grilletes se arrastraban por el patio conversando con sus compañeros libres de cadenas, que se asomaban desde los pisos superiores.

En 1854, cambiaron a sus camaradas de celda. La atmósfera se hizo más literaria, pues llegó un campesino de la región de Chieti, seco de cuerpo y modales, de aire desdeñoso, siempre con corbata y con los mismos labios apretados que el juez Scudieri, su pariente; no sabía leer ni escribir, pero hacía que le leyeran la prensa y, si un artículo disparaba su imaginación, pagaba a alguno para que lo copiara. De este modo había reunido un grueso volumen que pretendía presentar como suyo; estaba convencido de haber escrito un libro. Había también un napolitano muy civilizado, pero propenso a inflamarse como una cerilla, tanto que había sido capaz de asesinar a un cacique; si encontraba en una novela a algún malvado, lo maldecía exclamando que había que castigarlo con una buena cuchillada. Los otros dos, un grandullón pelirrojo con solo tres dientes en la boca y un zapatero del Sannio, eran poco locuaces, con lo que Settembrini pudo, en aquel clima propicio, dedicarse a la traducción de la obra completa de Luciano de Samósata, «un verdadero trabajo de galeote». Cuando estaba tramando con su mujer los detalles de la fuga, en las líneas escritas con tinta simpática no olvidaba nunca rogar que tuviera cuidado con el manuscrito de la traducción, «porque estos papeles nos darán de comer». La fuga estaba prevista para octubre de 1855; los punzones para perforar el techo llegaron, pero no así el barco. Sí llegó, en cambio, en el 59, la orden por la que se conmutaba su pena por la deportación. Pero una vez zarpó la nave que debía llevar a Settembrini a Argentina, su hijo convenció al capitán para que cambiara el rumbo y les permitiera desembarcar en Inglaterra. En 1860, Luigi Settembrini pudo regresar a Italia y recuperar la cátedra de la cual lo habían despojado en 1839, cuando entró por primera vez en la cárcel acusado de pertenecer a Giovine Italia; entonces su encierro duró solo tres años, y su hijo, Raffaele, que en aquel tiempo era solo un niño, le había rogado cándidamente: «Papá, no vuelvas a la cárcel».

Pero él siguió conspirando, como también lo había hecho su abuelo, quien cincuenta y dos años antes que Luigi había ido a parar a Santo Stefano por los sucesos de 1799. Allí cumplió catorce meses; Luigi nacería trece años después. Por entonces, su nieto Raffaele aún andaba perdido en la nebulosa del futuro.

11. LOUISE MICHEL

Durante la Comuna, en 1871, la *pétroleuse* —la incendiaria— Louise Michel propuso erradicar la prostitución. «El amor, al menos, es idiota», decía para rebatir la supuesta sensatez de los amores interesados o mercenarios. En la Semana Sangrienta, mientras se movía bajo la lluvia de balas, un obús impactó contra un cerezo, y ella se vio de pronto toda cubierta de flores.

Vestida de negro y con su carabina Remington, también en aquellos días había conocido momentos para la reflexión. En la última vigilia de libertad, la noche en que los comuneros organizaron la defensa a ultranza del cementerio de Montmartre, Louise se movía entre las tumbas con la excusa de comprobar que no hubiera brechas en las líneas; siguiendo las profundas calles arboladas del recinto sagrado encontró la tumba de una amiga, una mujer de «gran corazón», maestra —como ella— de los niños pobres de Montmartre, y se detuvo allí, entre los disparos de mortero, para gozar de «la quietud de la muerte».

Georges Clemenceau, un nacionalista *jusqu'au-boutiste* y «primer policía de Francia», había alimentado un particular sentimiento de estima hacia la *pasionaria* y le había concedido la ayuda que aquella le había solicitado para sus pobres. El hombre de

Estado admiró durante una hora la calma de Louise en la batalla, sin llegar a entender cómo no la habían matado ya cien veces ante sus ojos. «Creo que cuanto menos caso se hace a la vida, más se aferra uno a ella», escribía Louise; y esto era cierto de «muchas otras cosas». No habían conseguido capturarla. Había defendido, ella sola con dos hombres, una barricada. A la derecha tenía un capitán de los federados, impasible, perfil de medalla romana; disparaba sin parar, y cuando su fusil se calentaba pasaba a la pistola. Era un estúpido: había llegado para ayudarla y curar a un herido, pero hubo que recordárselo a gritos, bajo aquella lluvia de proyectiles, al menos diez veces. Pobre hombre, quién sabe qué habrá sido de él, se preguntaba de vez en cuando Louise, ya en la cárcel; allí hablaba del futuro, asegurando que el pasado era cosa de los vencidos, aunque a menudo se acordaba de lo sucedido aquellos días. Por ejemplo, recordaba aquella vez que llegaron a la barricada unos comuneros; ellos los acogieron, para más tarde darse cuenta de que eran enemigos disfrazados. Aun así, fue difícil cazar a Louise. Se escabulló, se procuró un sombrerito y una falda —la suya estaba acribillada a balazos— y en el París reconquistado por las tropas gubernamentales corrió a buscar a su madre. La puerta de su piso estaba abierta, el patio de la escuela desierto. Se apresuró hacia el primer puesto de guardia del ejército victorioso: «¿Dónde está mi madre? Soy Louise Michel», se entregó. «Llevadla al bastión 37 y no la perdáis de vista», fue la orden, pero ella ya había huido como el viento, perseguida con dificultad por los soldados. Finalmente se rindió a cambio de la vida de su madre.

Nunca fue una prisionera disciplinada. Le tiró a la cabeza una cantimplora de café a una guardia que pretendía quitársela sin tan siquiera esperar a que la visita que se la había llevado se alejara. En otra ocasión se disculpó por haber golpeado a un pobre hombre: «No tenía ningún oficial a tiro». A veces se lo tomaba con humor. «¿Será posible? Aquí la palabra más usada es la de Cambronne.»[4]

4. En referencia a la leyenda según la cual, cuando lo instaron a rendirse en Waterloo, el general napoleónico Cambronne contestó: «¡Mierda!». Posteriormente fue conocida como «la palabra de Cambronne».

En cierta ocasión apareció a caballo en el campo de prisioneros el general marqués de Galliffet, el represor de la Comuna, gritando: «¡Soy yo, Galliffet!». Louise Michel lo desafió cantando una cancioncilla: «Soy yo, Lindor, / pastor de este rebaño». Galliffet ordenó abrir fuego. Durante su juicio, lo que hizo sobre todo fue sonreír: «Visto que, al parecer, cualquier corazón que lucha por la libertad tiene derecho a un poco de plomo —dijo desafiando a los jueces—, exijo una parte de plomo para mí». Al terminar los interrogatorios, un juez, para su desconcierto, la acompañaba cada día a la puerta con cierto aire de consideración.

La cárcel es cosa fácil, lo es siempre para todas las maestras, escribe Louise en sus *Memorias*. Por fin se siente una libre de su propio tiempo y de sus propios pensamientos. La soledad te descansa. Cuando eres maestra, al llegar la última clase te sientes como una bestia sobrecargada y con un furioso empujón final logras acabar el día sin sucumbir, y solo por la noche obtienes una hora de silencio. Sin embargo, en la cárcel eres libre. Por la noche te sientes viva, puedes escribir. «Las pocas horas de reposo que he encontrado en mi vida han sido en la cárcel, solo allí.» Louise pide libros: Tucídides, los *Comentarios* de César, las memorias de la belicosa madame Roland y las *Máximas* de La Rochefoucauld —¿quién ha dicho que sean «desoladas»?; en aquellas circunstancias le resultan más bien tonificadoras—, además de diccionarios para aprender más palabras y experimentar con ellas.

«Le escribo desde mi noche; a usted le toca evocar las estrellas», le propone Louise a Víctor Hugo, enviándole desde cada estancia en prisión, como de costumbre, poesías de tono romántico. Louise le había escrito aún sin conocerlo, cuando vivía todavía en el castillo de Vraucourt, hija bastarda de una criada y del señor —quizá del hijo, no lo sabe, es algo que confesará únicamente a su ídolo—, educada por su madre en los valores más reaccionarios y por los señores, liberales, en la lectura de obras filosóficas. Durante su vida enviará en repetidas ocasiones su corazón y sus versos al poeta, quien, en la cima de su fama, le responde y también la recibe en su casa. En el diario de Hugo, con fecha de 13 de septiembre de 1870, hay una nota: «Visto L. M. n.», que debe entenderse como «he visto a Louise Michel, desnuda». Igualmente sospechosa —dado que el poeta siempre contabiliza meticulosamente lo que gasta en amores fugaces o clandestinos— resulta la anotación del 18 de septiembre: «Visto L. M. (una hora de transporte público, siete francos y medio)».

Junto a Hugo, Louise mantiene correspondencia con Clemenceau, Sarah Bernhardt, Jules Guesde, escritores del círculo de Dumas y Verlaine, con grandes anarquistas como Rochefort o el príncipe de Kropotkin. También con desheredados, auténticos iletrados, gente que «no ha olvidado el oficio de servir». Son siempre cartas de una calidad literaria increíble, un desafío continuado a las condiciones en las que escribe. Algunas se adivinan garabateadas sobre las rodillas o en el suelo, en el «nido de urracas» que forman sus compañeras de pena, que no se callan ni por un momento: «Son mujeres llenas de coraje, pero tediosas», se lamenta Louise; en su lucha evitaba a las mujeres, confiesa quien fue presidenta de tantos comités feministas. Por supuesto, se ocupaba de leer y escribir las cartas de las analfabetas, pero se reprochaba no tener paciencia para sentarse a escuchar a sus compañeras de pena. Una presa llegó con un trozo de venda, que conservaba como una reliquia, con el que Louise había curado a su esposo herido. Pero ella se entregaba febrilmente a escribir cartas para intentar salvar al amor —secreto, oculto, inconfesado— de su vida, el impasible comunero Ferré, quien se enfrentaría al fusilamiento con sus quevedos y un cigarro. En otras cartas se perciben los espacios abiertos, cuando su deportación a Nueva Caledonia la expone —a ella, que solo había visto en su vida el Marne y París— a los vientos del océano. Lo cierto es que durante años, después de la ejecución de Ferré, le sucederá con los paisajes «como con el orden moral: todo le parece de una menudencia infinita»; vive «completamente en la muerte», lo cual no le impide, en unas condiciones de encarcelamiento inmundas, persuadir a las prostitutas de que quizá podrían conformarse con una vida menos avariciosa. También publica cuentos infantiles.

«Me pregunta cómo estoy: perfectamente», asegura desde Nueva Caledonia, un lugar donde los insectos proliferan con temperaturas de 40° y el campo se convierte en una ciénaga nauseabunda de arenas movedizas bajo la lluvia incesante, una lluvia que llega incluso al interior de los barracones levantados por los propios deportados con materiales de desecho. El 20 de mayo, transfieren a cinco mujeres, las más peligrosas, de la península Ducos a la bahía del Este. Louise Michel protesta enérgicamente, y también lo hace su amiga Nathalie Lemel, otra *pétroleouse,* que había construido dos gallineros. Las nuevas cabañas estaban situadas cerca de la jungla y para ir a la oficina de correos había que emprender un tonificante paseo por la orilla del mar. Louise solo protesta si le escriben palabras amables: está tan habituada a los insultos que la cortesía la ofende como si le ofrecieran dulces a una fiera.

Las cartas tardaban en ir y volver seis meses, quizá ocho; un deportado, el maestro Verdure, había muerto con el corazón roto por el retraso de un paquete que acabó llegándole demasiado tarde. En París, los amigos comuneros de Louise pensaron enviarle lecturas feministas que la animaran; ella pidió en cambio un tratado de química agrícola con el cual pretendía culturizar a los canacos, un pueblo indígena en vías de extinción. Apenas transcurridos los cinco años de condena, solicitó abrir una escuela para miembros de la tribu; pretendía vivir entre aquellos feroces antropófagos al menos durante un año para aprender su lengua y sus ritos. «No se hacen seis mil leguas para no ver nada, ni para no ser útil». En enero de 1879, se instaló entre los nativos. Su partida fue de lo más pintoresco: un condenado la acompañó hasta el barco porteando sobre su cabeza la enorme y bamboleante caja de sus gatos, mientras otro hombre se encargaba de sus perros. Louise, sin embargo, lucía auténticos zapatos europeos: un regalo que le habían hecho para que tirase por fin las botas, de suelas despegadas y excesivamente grandes, que llevaba usando desde el principio. Pero ella también había cosido y tejido para sus compañeros de colonia.

Mientras continúa estudiando para la Sociedad Geográfica inglesa la flora y fauna del lugar, Louise Michel recopila las leyendas y las *chansons de geste* canacas, tareas más inmortales que sus novelas o su teatro y tan fascinantes como sus memorias. Cuando los nativos se rebelan, solo Louise se pone de su parte. Está realmente feliz de que la «raza amargada» de los europeos, con esa superioridad suya que se manifiesta esencialmente en su sed de destrucción, la haya enviado allá lejos. Una noche parte en dos su famosísima pañoleta roja (en la cárcel había recortado en ella la silueta de una flor para hacérsela llegar a Ferré) y se la regala a dos canacos que, fieles a su indumentaria tradicional, es decir, completamente desnudos, estaban dispuestos a marchar hacia la insurrección y habían venido para que ella les infundiera valor. «Siempre tengo más de lo que necesito», aseguró en cierta ocasión a su madre para tranquilizarla. Y, en gran medida, era cierto.

Al final de su vida la veneraban; le besaban la orla de la falda, pero también le dispararon dos veces con un revólver en la cabeza, pues, en esas conferencias que acababan indefectiblemente con ella en prisión, no tenía rival a la hora de renovar el sentido pleno de la palabra «revolución». «Levantaos, cazadores de estrellas», decía como si eso fuera algo normal para las «multitudes ingratas» de los Países Bajos, Inglaterra, Bélgica, Argelia. «No discutamos, ciegos como estamos», los buenos tiempos están al acecho. En definitiva, se trataba de ser un poco don Quijote: uno contra todos, más que todos contra uno.

12. PAUL VERLAINE

Más de un problema le costó a Verlaine eso de ser tan amado por las mujeres. Durante la Comuna, mientras todos sus amigos se convertían en héroes, él «se moría de miedo». A fuerza de triquiñuelas consiguió escaquearse de las luchas y, cuando su mujer adolescente enumeraba los conocidos que estaban cumpliendo con su deber en las calles, la madre de Verlaine, mientras servía a su hijo los mejores trozos, comentaba: «Cómo se nota que no tienen madre». Incluso cuando en París cesaron los disparos, la señora continuaba invariablemente rogando a su hijo que, si salía, estuviera atento a los carruajes y a los andamios. Y, obviamente, lo perdonó cuando él la asaltó con el sable, el puñal y el cuchillo de su padre, arrancados de la venerada panoplia colgada de la pared, y rompió los sagrados e inmundos tarros donde ella custodiaba religiosamente los fetos de sus cuatro abortos. Mathilde tenía diecisiete años cuando se casó con Paul, inspirada por un ideal de dedicación sacrificada y también enternecida por la incuestionable fealdad del poeta. Comenzó a pensar en la separación solo mucho después de que su marido prendiera fuego a sus cabellos, golpeara al niño recién nacido contra la pared e intentara estrangularla.

No obstante, él la condenó con un verso legendario: «Vous n'avez pas eu toute patience». Esa misma abnegación de Mathilde animaría también, superado el tiempo y las clases sociales, a todas las prostitutas y exbailarinas —Philoméne, Eugénie, Esther— que se disputaron los últimos días del poeta, convertido en un sublime vagabundo con la ropa pegada al cuerpo. «Dejadme morir en paz», suplicaba Verlaine, cuando los celos se volvían demasiado escandalosos. Mientras tanto, tras adquirir un colorante llamado «oro líquido», se había puesto a barnizar con la paciencia de los buenos tiempos todos los objetos de la casa: la taza donde guardaba el tabaco, las miserables sillas, el quinqué. Era un modo de recrear una especie de decoración Luis XV, una atmósfera de pacotilla de ese siglo XVIII habitado por la Colombina y el Pierrot de sus versos juveniles. Pero sus últimas mujeres no escucharon su anhelo de paz y muerte. El 10 de enero de 1896, cinco mil personas se reunían ya en torno al Panteón esperando para despedir al poeta que había puesto música a la lengua francesa; mientras tanto, en el pequeño cuarto donde su amigo Cazals se apresuraba a terminar los últimos retratos de Verlaine, Eugénie Krantz advirtió: «Si viene la tal Esther, monto un escándalo». Montesquiou, descendiente de los Capeto, intentaba calmarla: «Señora, usted ha llevado a cabo una tarea sublime que la historia recordará». Junto a ellos estaban Barrès, ya casi académico, y los representantes del ministerio, los directores de periódicos y toda aquella flor y nata que había aparecido en el domicilio del difunto, como de la nada, dejando al barrio con la boca abierta. Al mismo tiempo, muchos de los silenciosos visitantes quedaron asombrados ante la limpieza de aquel cochambroso piso.

La justicia, sin embargo, no trató a Verlaine con la compasión de todas esas anacrónicas mujeres dieciochescas, ni tampoco perdonó ciertos aspectos de su amistad con Rimbaud, el *passant considérable.*

«Me portaré bien», había prometido Verlaine al implorar a Rimbaud que se vieran en Bruselas. Rimbaud llegó el martes 8 de julio de 1873, por la noche; al comprobar que en el hotel se encontraba la madre de Verlaine se puso nervioso, temiendo que se presentaran también su mujer y su suegra, como la última vez que habían estado en la capital belga. Entonces, aquellas mujeres se lo habían llevado de allí, a pesar de que Verlaine le había dicho a Mathilde: «La vida matrimonial me resulta odiosa; los nuestros son amores de tigres», y le había mostrado el pecho «tatuado» —así lo expresó el inspector de Policía— por las cuchilladas de Rimbaud.

Los dos poetas, y madame Verlaine con ellos, se trasladaron la noche misma del martes a un hotel que Mathilde desconocía. Verlaine bebió en exceso el miércoles. A las seis de la mañana del jueves 10 de julio se dirigió a una armería del centro de Bruselas, donde compró por veintitrés francos una pistola de seis balas y una caja de cincuenta cartuchos. Después se sentó en un café de la Rue des Chartreux, donde cargó el arma mientras charlaba con un amigo. «¿Pero para qué diablos la quieres?», le preguntó Rimbaud cuando Verlaine se la enseñó. «Es para ti, para mí, para todos», respondió él ambiguamente, y los dos fueron a comer a la Maison des Brasseurs, un café en la Grand-Place. Rimbaud estaba decidido a regresar a París; al volver al hotel, Verlaine, para hacerle perder tiempo, cerró con llave la habitación que compartían y se sentó en una silla apoyada contra la puerta. Rimbaud estaba de pie contra la pared de enfrente. «¡Pues si te vas llévate esto!», dijo más o menos Verlaine, pegándole un tiro que fue a parar a la muñeca izquierda de Rimbaud; luego disparó otra vez al suelo. Al ver la sangre, Verlaine se desmayó o se dejó caer; luego, lógicamente, se dirigió raudo hacia la habitación de su madre y allí se arrojó sobre la cama implorándole que lo castigara; puso la pistola en la mano de Rimbaud insistiendo en que le disparase en las sienes. «Estaba —diría Rimbaud al juez en su declaración— desesperado y lleno de remordimiento.» Madame Verlaine ya se había llevado su buena dosis de golpes y además había chocado con la puerta intentando detener a su hijo, que perseguía a un Rimbaud ahora resuelto a escapar por las escaleras saltando de cuatro en cuatro los escalones; pero, tras los disparos, la señora se hizo con el control de la situación. Después de vendarle sin mucho cuidado la muñeca, llevó a Rimbaud al hospital Saint-Jean, donde, a las cinco de la tarde, le curaron la herida, que no era grave. Paul estaba paralizado, completamente abatido.

El melancólico trío regresa al hotel, donde Rimbaud anuncia de nuevo su intención de volver a París. Madame Verlaine se muestra totalmente de acuerdo y le entrega veinte francos para el viaje. Todos juntos se dirigen a la Gare du Midi, pero en Verlaine renace la desesperación: intenta retenerlo, se pone delante de él y amenaza con pegarse un tiro en la cabeza. Al ver que mete la mano en el bolsillo donde guarda la pistola, Rimbaud, con sus famosas «suelas de viento», se gira y sale volando; en su carrera se aferra a un policía, Auguste Michel, a quien pide ayuda.

A las ocho de la tarde, los tres están en comisaría. El inspector requisa la pistola y cuarenta y siete balas, lo que significaba que en el tambor aún quedaba una. Madame Verlaine no pierde el tiempo y declara que Rimbaud vive desde hace dos años a expensas de su hijo y que este a menudo se ha quejado de su carácter adusto y malvado. Encierran a Verlaine en la cárcel de Amigo, detrás del ayuntamiento; esa noche llega a la celda un «desventurado», un borracho trajeado que no le dejará pegar ojo.

Al día siguiente trasladan a Verlaine, acusado oficialmente de homicidio, a la prisión Petit-Carmes. Carceleros y encarcelados lo reciben con comentarios en flamenco y sonrisas socarronas fáciles de interpretar; el guardia le señala un grupo que pela patatas de pie, y el poeta se les une resignado. Solo a finales de julio las condiciones de su encierro mejoran, cuando el director ve que a aquel prisionero de historial poco recomendable le llega una carta de toda una celebridad, Víctor Hugo. «Mi pobre poeta —le escribía Hugo—, ánimo y vuelva a la verdad.»

Mientras tanto, la investigación había proseguido, desde el mismo 12 de julio. El juez instructor Théodore T'Serstevens se había dirigido a la armería, para luego visitar a Rimbaud en el hospital Saint-Jean y escuchar su declaración. Rimbaud había interpretado su papel, calificando de calumniosos los rumores de su relación inmoral con Verlaine y achacando las desavenencias conyugales de su amigo a la animadversión de su suegro. El juez aprovechó la visita para requisarle la cartera con los poemas de amor de Verlaine, llenas de versos comprometedores: «¡Monta sobre mis riñones y galopa!». Pero no hizo demasiado caso a los poemas; se centró más bien, según la costumbre de la época, en la inspección médica, que tuvo lugar el 16 de julio. Los dos galenos que examinaron a Verlaine en su celda confirmaron huellas de «sodomía activa y pasiva». El *infundibulum* (el ano) abocinado permitía sospechar hábitos «no inveterados y antiguos, sino prácticas más o menos recientes».

De París llegaron el 21 de agosto los informes del prefecto de Policía, solicitados un mes antes. El prefecto no había escatimado acusaciones. Definía a Rimbaud como un monstruo de talento y de amoralidad, «un granuja que maneja la técnica del verso como ningún otro, pero cuyas obras son completamente ininteligibles». Aquello era lo que, en el fondo, todos pensaban de ambos poetas; por ejemplo, el genial editor del músico Fauré se sentía, naturalmente, mecido y herido a un tiempo por aquellas admirables cantinelas sobre la maldad de vivir: *Les sanglots longs / Des violons / De l'automne; Il pleure dans mon coeur / Comme il pleut dans le ville.* Pero no sabía si significaban algo: él creía que no. Se quedaba estupefacto al leer: *Votre âme est un paysage chosi / Que vont charmant masques et bergamasques;* consultó a su mujer y a sus hijos, luego a sus amigos. Finalmente, con aire triunfal, gritaba: «¡Lo veis, nadie sabe lo que quieren decir!». A la misma conclusión llegó el prefecto.

A pesar de que el día 19, apenas dado de alta en el hospital, Rimbaud había firmado una renuncia formal a cualquier acción legal, el 8 de agosto, en la audiencia pública, el procurador ataca ferozmente a Verlaine, a quien se condena a la máxima pena prevista: dos años de cárcel y doscientos francos de multa. El poeta solloza, consolado por los gendarmes.

Pero al regresar a la cárcel vuelve a escribir. Con la tinta restringida a un tintero que le ha concedido el alcaide para fines exclusivamente epistolares y que esconde en una grieta del suelo, compone buena parte de *Antaño y hogaño:* sobre el papel con que envuelve el queso, con una cerilla mojada en café, escribe en tres meses diecinueve poemas. Ya en los primerísimos días de prisión ha vertido sobre su mujer el veneno amable de «Dame souris trotte»; luego vienen los grandes poemas diabólicos, al tiempo que el grácil, delicadísimo metrónomo rítmico de Verlaine, exhausto por esa propia perfección canora que minaba el engranaje del sentido y del verso *(Mystiques barcarolles, / Romances sans paroles),* se estructura en formas más tradicionales. El rapsoda del cojo verso impar se dilata ahora en clásicos alejandrinos. Trasladado a la terrible cárcel de Mons, encerrado en un áspero uniforme verduzco, en zuecos y con un capuchón de tela con dos orificios para los ojos cada vez que pasea o debe desplazarse por los corredores, Verlaine se preocupa solo por lograr que se publiquen los versos recogidos en *Romanzas sin palabras.* Le enfada que el golpe de Estado de Mac-Mahon pueda retrasar su salida o que sus amigos, ahora sin trabajo por la suspensión de algunos medios de comunicación oficiales, dejen de estar al tanto de todo lo referente a la publicación del texto. Su fiel Lepelletier consigue imprimir la colección en la imprenta en desuso de su revista en la ciudad arzobispal de Sens. Verlaine también consigue leer algún periódico cuando la madre, en sus visitas, lo pasa enrollado a través de los barrotes que los separan un metro.

El 24 de abril de 1874, el alcaide le comunica con gran pesar la funesta noticia de que el Tribunal de París ha dictaminado la separación de su esposa, ha confiado la custodia del hijo a la madre y le obliga a pasarle una pensión mensual de cien francos. La reacción de Verlaine es convertirse, un paso que, a la sazón, conlleva una reducción de 175 días de pena.

El capellán de la prisión le proporciona los ocho volúmenes del catecismo de monseñor Gaume, *Exposé historique, dogmatique, morale et liturgique de la Religion depuis de l'origine du monde jusqu'à nos jours,* que debía de ser todo un monumento a la estupidez, pues Flaubert lo pone en manos de Bouvard y de Pécuchet en la novela homónima. Verlaine escribirá en *Mis prisiones* cómo cierta noche «una terrible litografía del Sagrado Corazón» le causa un extraño efecto. «La alargada cara caballuna de Cristo, su enorme busto demacrado bajo los largos pliegues de la túnica, las manos afiladas que muestran su corazón sangrante» lo hacen saltar de la cama y derrumbarse de rodillas para romper a llorar. Dos horas después, al alba, el guardián se asoma y Verlaine le pide ver al sacerdote.

Su confesión fue una empresa larga, reiterativa, atormentada. Verlaine se escandalizó un poco cuando el sacerdote le preguntó si alguna vez había estado también con animales. El 15 de agosto de 1874, recibió la comunión y escribió de un tirón la más célebre poesía de *Sabiduría: O mon Dieu, Vous m'avez blessé d'amour…*

El 16 de enero de 1875, Paul Verlaine era libre.

13. ROBERT LOUIS STEVENSON

«Robert Louis Stevenson, abogado»: su padre colgó la placa en el portal de su casa. El 26 de julio de 1875, el día después de haber comparecido por primera y única vez con toga y peluca en el Tribunal de Edimburgo, Stevenson partió hacia Barbizon: sería el verano más hermoso de su vida. La comunidad de pintores se dispersaba por el bosque de Fontaineblau («¿qué has hecho hoy?», «bah, poca cosa, solo me quedaba blanco»); Stevenson enrollaba cigarrillos finos como un hilo mientras tejía conversaciones interminables. Por entonces componía rondós y leía a Charles d'Orléans, el príncipe a quien la cárcel en Inglaterra había convertido en poeta y que hacía versos «como quien hace crucigramas». En Barbizon uno se sentía tan joven, escribirá Stevenson, que «se ocupaba demasiado de la forma como para entender la necesidad de un contenido». Así, cuando decidió hacer un viaje por el curso del río Loing con su amigo Walter Simpson, Stevenson guardó en su mochila dos tomos de poesías de Charles d'Orléans y un cuaderno; añadió un trozo de jabón y una camisa de repuesto.

En Barbizon nadie iba a la moda, explicará Stevenson cuando, en 1888, relate aquel suceso en el que la vestimenta jugaría un papel tan importante. Stevenson ya llevaba el pelo largo en Edimburgo;

para el viaje había elegido un gorro indio más bien raído, «una bonita camisa de franela azul oscuro que las malas lenguas calificaban de negra», y sobre ella una chaqueta de *tweed* ligera de elegante estilo inglés; pantalones «confeccionados» de lino y botas de caña de cuero. La extrema delgadez no se consideraba por aquel entonces signo de distinción, más bien suscitaba serias sospechas de pobreza y miseria; su rostro tampoco era precisamente un «certificado de buena conducta». Stevenson iba por la vida sin saber que tenía un aspecto sospechoso, pero hasta los porteros lo percibían: por su excéntrica indumentaria le prohibieron el acceso al casino de Montecarlo. En aquel año de 1875, los recuerdos de la guerra estaban aún vivos, y todo extranjero podía ser un espía.

Walter Simpson siempre se quedaba rezagado y se paraba bajo los árboles a leer a Michelet. Stevenson había llegado a Châtillon-sur-Loing cuando se le acercó un cartero de montaña. «No llevará usted fotos en ese saco», le preguntó con aire picarón. Stevenson no lo entendió. Con una mirada «lánguida y pertinaz» y cara de no tener un pelo de tonto, el cartero insistió: «Vamos, enséñeme esas fotos que lleva». La idea de que lo tomaran por un vendedor ambulante de fotos pornográficas divirtió a Stevenson, que continuó su camino ignorando este primer aviso de que su aspecto siempre levantaría sospechas.

El segundo aviso le llegó de la dueña de un ventorrillo donde había parado a tomar un trago. Sus amigos decían de él que era «pintoresco y distinguido», pero en La Buissière la moda bohemia no debía de ser muy conocida, pues, cuando llegó el momento de pagar, la mujer lo paró: «No, *para usted* es medio céntimo». Me ha tomado por un mendigo, se sorprendió Stevenson. Durmieron en Gien. Al día siguiente se abría la temporada de caza y por el campo resonaban los disparos de las escopetas. Anticipándose a su amigo, como siempre, Stevenson llegó a Châtillon a primera hora de la tarde, en pleno bochorno. Apareció un gendarme: «Monsieur est voyageur?», preguntó, como quien dice *clochard*.[5]

5. Con tono despectivo (*clochard* significa en francés «muerto de hambre, vagabundo»).

Stevenson respondió despreocupadamente. «¿Y sus documentos están en regla?», inquirió entonces el agente. Esta vez más titubeante, Stevenson no tuvo más remedio que admitir que no, que no tenía. En tal caso, el gendarme se vería obligado a llevarlo ante el *brigadier.*

El *brigadier* estaba de mal humor. ¿Por qué iba sin documentación?, ¿cómo que la había dejado en la maleta? Ya, pero está prohibido viajar sin papeles. El recién estrenado jurista protesta: es ciudadano inglés, y un tratado firmado por los dos países lo autoriza a circular libremente. «¿Inglés, dice?, ¿y cuál es su profesión?», le preguntan. Stevenson precisa: «Abogado escocés». La noticia desmoraliza al *brigadier.* ¿Y viene a este lugar a buscar trabajo? Seguro que no. Entonces, ¿qué hace aquí? Viaje de placer, se explica Stevenson. «¿Con eso?», se pasma el *brigadier* mirando la miserable mochila. Cuando inspecciona su contenido, el pobre saco descubre las poesías de Charles d'Orléans. Así, la desconfianza del *brigadier* se ve triunfalmente justificada: ha pillado a un espía alemán políglota. A la cárcel. Con su pecho debilitado, Stevenson va a parar a un sótano, a una celda helada y húmeda; apenas tiene tiempo de pedirle al gendarme que hagan lo posible por detener también a su amigo, que debe de estar a punto de llegar al pueblo. Así lo hacen: sir Walter Grindlay Simpson, rubio, guapo, tranquilo, bien vestido, con el sereno rostro de un hombre rico, saca del bolsillo un pasaporte que confirma su título de baronet. «Louis ha vuelto hoy de Francia con una mochila y nada más», escribirá la señora Stevenson en su diario, también sorprendida por el magro equipaje de su hijo. «¡Lo han tenido en la cárcel dos horas y se lo han quitado todo, incluso el pañuelo, por miedo a que se ahorcara!» Tres años después, cuando cuente sus viajes en canoa, Stevenson recordará con orgullo aquellos contratiempos, que lo acercarían aún más a ese otro poeta encarcelado que tanto había leído ese año, François Villon: también Villon estuvo por poco tiempo en la patria de Charles d'Orléans, y luego anduvo siempre errante… o en la cárcel.

14. JACK LONDON

Mientras entraba en el centro penitenciario del estado de Búfalo, Jack London hizo sus cuentas rápidamente. Ya había cumplido los dieciocho, pero era, en cualquier caso, un chico guapo y rubio, dorado por el mar y el sol de las calles; una especie de marinero escandinavo al que la falta de dos dientes perdidos en una pelea daba un aspecto infantil: era, en definitiva, más que apetecible. La cárcel contaba solo con trece guardias para vigilar a ciento cincuenta presos: la suerte de los adolescentes estaba echada, y resistirse solo empeoraba las cosas. Para salvar el pellejo —por así decirlo—, Jack London se apresuró a identificar a un reincidente, una bestia brutal, pero espabilado, fuerte y «con una mirada simpática», y se puso a su completa disposición. El duro veterano consiguió hacerlo valer, y dos días después Jack ya era uno de los trece jefes que se aprovechaban del resto de los presos. En cualquier situación se ponía de parte de los más fuertes: asistió sin intervenir al salto al vacío de un joven mulato, que exigía sus derechos desde lo alto de una escalera de hierro de cinco pisos. Si no lo hubiera «visto con sus propios ojos», habría sido incapaz de creer en todos aquellos maltratos, en que realmente existieran todos esos inocentes mutilados hundidos en un abismo de degradación, desechos de la sociedad, «turba repugnante de individuos tarados, degenerados, locos, monstruos, abortos, la pesadilla de la humanidad».

A Jack London lo habían arrestado por vagabundo. Era la primavera de 1894, y se había unido a una marcha de protesta de Oakland a Washington organizada, en medio del pánico de una crisis económica, por un general de la guerra de Secesión, Charles Kelly: miles de desempleados se dirigieron al Congreso para apoyar un proyecto de grandes obras viarias, soñando con millares de puestos de trabajo. Las jornadas de camino fueron extenuantes; a menudo no comían en todo el día. En Des Moines, el general Kelly decidió talar árboles de un bosque para construir balsas y remontar el Mississippi. Jack se hizo con una de las primeras, la que llevaba a bordo gran parte de las provisiones, y al llegar a la ciudad natal de Mark Twain, Hannibal (Missouri), corrió el riesgo de que una corte marcial improvisada lo pasara por las armas: «No soporto morirme de hambre». London abandonó la marcha y retomó sus viajes por América; en tren (solía viajar sin billete, en el techo o a horcajadas sobre los parachoques de los vagones) llegó a Chicago, luego se dirigió al encuentro de su adorada tía en las orillas del lago Michigan. Acababa de visitar las cataratas del Niágara cuando en Búfalo lo detuvieron por vagabundeo.

Jack London sabía mucho de las vicisitudes de un vagabundo: su padre, John London, había sido policía en Oakland y vivía de las recompensas que recibía cada vez que arrestaba a uno. Tras pasar la noche en una celda, lo llevaron al tribunal junto a otros detenidos. Allí no hay rastro de un jurado, ni tampoco de abogados, solo un juez. El proceso consiste en que un policía que forma parte de la escolta declara: «Señoría, estos sujetos han sido encontrados en estado de vagabundeo», a lo que el juez responde invariablemente con la sentencia: «Treinta días de cárcel para cada uno». Juez y policías acogen con ironía que Jack exija un abogado. «Me negaron incluso —se queja en su diario— el derecho a declararme culpable o inocente, como establece la ley.» Trasladan a los dieciséis reos, encadenados, a la prisión de Búfalo.

«Nuestra cena consiste en dos trozos de pan seco y agua caliente, en la que ponen un poco de grasa y una pizca de sal: así pueden llamar sopa al contenido del cuenco. A la misma porquería lo llaman café por la mañana y té por la tarde. Se trata siempre de agua recalentada, solo cambia el color. Para conseguir que ese aguachirle de la mañana recuerde al café, queman la corteza del pan de la cena, la trituran y la filtran.» Pero allí circulan los dólares y abundan las apuestas, y Jack aprende a hacerse con las comisiones de los trueques entre prisioneros; los privilegios están reservados a los jefes de piso, y lo normal es que los negros sufran el dominio de los huéspedes de raza blanca. Revendiendo las raciones semanales de tabaco, London se hace con algunos libros, que a menudo le llegan desmembrados, usados por demasiados presos. Solo diez años después contará algo de todo esto, en *En ruta;* y mucho más adelante, en 1915, en *El vagabundo de las estrellas,* un monumento contra la pena de muerte, London dará voz a un exconvicto, el anarquista Ed Merritt. Durante dos meses, Merritt fue a charlar con él en su casa de California, donde le habló del lenguaje de golpes contra la pared con el que se comunican los presos: cuando se trata de consolar al condenado que se dirige a la muerte, toda la cárcel resuena.

En 1894, cuando llega el momento de su liberación, el protector de Jack pretende que se vayan a vivir juntos, manteniéndose a base de pequeños delitos; asustado ante tal perspectiva, London sube en cuanto lo sueltan en el primer vagón de mercancías en dirección al oeste —es un vagón de carbón— y vuelve a casa. Decidido a cambiar su destino, se pone a estudiar diecinueve horas al día. Ahora puede volver a cortejar a las chicas. Por otra parte, su paso por la cárcel lo ha hecho socialista. Cuando recibe la noticia de que lo han admitido en la Universidad de Berkeley, desata la envidia del vecindario, aunque no faltará quien se encargue de revelarle que no es hijo de su padre.

15. OSCAR WILDE

Los delitos contra natura figuraban por su gravedad en el Código Penal inglés justo debajo del asesinato. Cuando se corre la voz de la incriminación de Wilde, muchos de sus amigos se apresuran a la estación Victoria para no perder el tren de las cinco y media de la tarde con destino a Francia, siempre más tolerante. La Cámara de los Lores queda diezmada, al igual que la City; en los clubs se confeccionan listas negras. Las mejores familias tiemblan; lord Ronald Gower se instala en Le Meridien con un amigo. Ronald era un escultor diletante hijo del duque de Sutherland, propietario de condados enteros en Escocia, donde había acogido en ocasiones a Oscar, al igual que en su residencia londinense en el Mall. Esta era tan espléndida que la reina Victoria se despidió de la duquesa tras un baile diciéndole: «Abandono vuestro palacio para regresar a mi casa».

El príncipe de Gales a duras penas consigue silenciar sus cientos de escándalos de mujeres y juego, con lo que no está en condiciones de defender a su escritor favorito: «Bad, very bad», gruñe con su voz gutural al escuchar el nombre de Oscar. El profesor John Pentland Mahaffy, egregio helenista, de quien Wilde fue alumno en el Trinity College, y uno de los pocos dublineses a los que la aristocracia recibe, asegura que «aquí en Dublín no sabemos quién es ese tal Wilde». «Pobre Oscar —dijo un amigo—, está perdido porque van contra él todos los que tienen algo que esconder.»

Los colaboradores de la revista *The Yellow Book* amenazan con presentar su dimisión si Aubrey Beardsley sigue como director artístico; arruinado, Beardsley se refugia en casa del bueno de Roffalovitch, poeta israelí de escuela homoerótica de quien Wilde decía: «Quería abrir un salón, pero solo ha conseguido abrir un *saloon*». Roffalovitch será, sin embargo, el único que acoja a sus amigos.

El procedimiento judicial que tuvo como protagonista a Oscar Wilde es un «monumento de los anales criminales de Gran Bretaña»: así se expresa Harford Montgomery Hyde, abogado en el Middle Temple, para justificar la publicación íntegra de los tres procesos contra el escritor, iniciados el 3 de abril de 1895. Los antecedentes son bien conocidos: el octavo marqués de Queensberry, excéntrico lord escocés «conocido en todos los ambientes deportivos», había dejado una nota injuriosa para Wilde en su club en la que lo acusaba de hábitos inmorales; para ser exactos, de «alardear de sodomita». Wilde, que mantenía relaciones con el hijo del marqués, el joven lord Douglas, incoó contra el padre un pleito por difamación.

El primer día del proceso, fue Edward Carson quien dirigió el interrogatorio de Wilde. Leyó fragmentos del *Dorian Gray* en los que se hablaba de un hombre que «adoraba apasionadamente a un muchacho». Le preguntó si conocía ese sentimiento. El escritor respondió que nunca había adorado a nadie que no fuera él mismo y que, en cualquier caso, esas frases incriminatorias estaban extraídas de los sonetos de Shakespeare. Wilde era un acusado mucho más brillante de lo que se acostumbraba a ver en el tribunal, y el público —del que estaban excluidas las mujeres— se reía bien a gusto. El abogado de lord Queensberry intentó entonces intimidar al escritor con argumentos estrictamente estilísticos. En una carta a lord Douglas, Wilde había escrito: «Tus labios encarnados parecen pétalos de rosa». El letrado leyó despectivamente la frase, preguntando al escritor, «por el bien de su reputación», si le parecía artística una carta de semejante tono. Wilde perdió por vez primera la compostura. La segunda vez que Wilde pierda los estribos, las consecuencias serán catastróficas.

«En Worthing, ¿tuvo relaciones con un jovencito llamado Alphonse Conway?», prosiguió el abogado. «Sí», respondió Wilde, pero añadió que no sabía que vendiera periódicos en los muelles, simplemente lo había visto mientras ayudaba a unos pescadores a empujar una barca hasta el agua. Wilde estaba con Douglas y le había preguntado a su amigo si tenía alguna objeción en subir a su barca a dos de aquellos muchachos. Salieron al mar y entablaron amistad. Cuando le preguntaron por la edad del chico, Wilde respondió que Conway tenía más o menos dieciocho años.

El propósito del abogado era demostrar que Wilde se relacionaba con gente de clase inferior; si sus amigos son tan jóvenes y de origen tan modesto, ¿qué clase de interés lícito podrían despertar en un literato tan exquisito? El jurado solo podría deducir que buscaba una relación sexual y mercenaria. «¿La conversación de Conway era literaria?», pregunta el letrado. No, su conversación era, por el contrario, de lo más simple y fácil de entender. Había ido al colegio, donde, naturalmente, no había aprendido mucho. «Me encanta culturizar a la gente de pueblo —declara Wilde—, y adoro rodearme de chicos jóvenes, irreflexivos y libres. Lo prefiero, por ejemplo, a un interrogatorio en esta corte.»

Las preguntas continuaron en ese tono, con una ferocidad disfrazada de ironía por ambas partes. Los miembros del jurado admiraron la pitillera y el bastoncillo con pomo de plata que Wilde había regalado al joven, además de *El naufragio del Grosvernor,* que se presentan como pruebas. Efectivamente, Wilde lo había llevado a Brighton; efectivamente, le había comprado un traje de sarga azul claro. ¿Un sombrero de paja con una cinta amarilla y azul oscuro? «Este era, me temo, su desventurado gusto», admite Wilde. «¿Ha vestido usted al vendedor de periódicos para así poder llevarlo a Brighton?», quiere saber el abogado. No, lo que Wilde quería era que el chico no se avergonzara de su humilde vestimenta; le había dicho que su padre era ingeniero eléctrico, pero que había muerto joven.

Jueves, 4 abril de 1895. Segundo día de la vista. El abogado del marqués llama a declarar al testigo Alfred Taylor con la intención de demostrar que le procuraba muchachos al poeta. Taylor y los jóvenes proxenetas que declararán ante el tribunal lo harán en calidad de «testigos de la reina», lo cual quiere decir que, en caso de revelar los nombres de sus cómplices, quedarán exonerados de cualquier imputación: es decir, si denuncian a Wilde, no les pasará nada. Al ver a Taylor, Wilde deja de juguetear con sus guantes y cruza los dedos, nervioso. ¿Señor Taylor, abría usted la puerta?, ¿era usted quien cocinaba? «La cocina es un arte», objeta Wilde. «¿Otro arte?», comenta el abogado. «¿Sabía usted que el señor Taylor tenía en su casa un vestido de mujer, que era un travesti?» «No.» «¿Lo ha visto usted alguna vez vestido de mujer?» «No.» «¿Era escritor?» «No he visto nunca una obra suya.» «¿Conversaba con él de literatura?» «Por lo general, escuchaba.» El abogado deja en evidencia a un Wilde aparentemente sorprendido de que Taylor tuviera fama de presentar chicos a hombres más maduros. Pero sí, en efecto, le había presentado a varios jovencitos, a cinco. Tenían veinte, veintidós años. Sí, los llamaba por su nombre de pila. No, no tenían ocupación. Sí, les hizo algún que otro regalo. ¿Ellos le regalaron algo? «¿A mí?, ¿a mí? ¡No!» es la respuesta excesivamente desconcertada de Wilde.

«¿Qué placer encontraba usted en pasar el tiempo con un criado y un palafrenero?», pregunta la acusación. «Detesto a las personas sensatas y viejas», responde Wilde, mirando fijamente al abogado. El interrogatorio alcanza su punto crítico cuando preguntan al escritor por un sirviente de lord Douglas en Oxford, de nombre Grainger. ¿Alguna vez lo ha besado, señor Wilde? «¡Dios mío, no!», exclama el interrogado, y añade: «Era feo». «¿Y por qué habla usted de su fealdad? ¿Por qué, por qué, por qué?», lo acosa el abogado. Es aquí donde por segunda vez Wilde pierde los estribos: su pose majestuosa se viene abajo, no encuentra ninguno de esos juegos de palabras con los que meterse al público en el bolsillo. Desde ese momento, el juicio está perdido, y Wilde es prácticamente un hombre muerto.

Temiendo la aparición de nuevas revelaciones y la presencia de nuevos testigos, el abogado de Oscar Wilde retira la acusación.

Queensberry, absuelto, envía al fiscal copia estenográfica de las declaraciones de los testigos, con el fin de ofrecer pruebas de la conducta inmoral del mismo Wilde que antes lo había acusado a él de difamación. El fiscal espera algunas horas antes de enviar una orden de arresto contra Wilde, quién sabe si para permitirle abandonar Inglaterra. Pero el escritor se encuentra sumido en una especie de melancolía y no huye. Mientras se pone los guantes, pregunta al agente de Scotland Yard que ha venido a detenerlo si puede llevarse la novela que está leyendo. Se lo permite.

El primer día del segundo proceso, el 29 de abril de 1895, se escucha a los testigos de la acusación. Cuando lo interrogan, Charles Parker cuenta que en 1893 se encontraba sin empleo. Le había dicho a Taylor que, si cualquier viejo se encaprichaba de él, no pondría pegas. Tras una suntuosa cena en el restaurante Solferino, Wilde había dicho: «¡He aquí un muchacho que me gusta!», para luego llevárselo en un coche al hotel donde habría cometido sodomía con él. Parker cuenta también que Taylor se había casado, vestido de mujer, con un tal Mason, y habían celebrado un banquete de bodas.

Frederick Atkins, de veinte años, cuenta que estuvo en París con Wilde y que este le dio dinero para ir al Moulin Rouge, aunque se lo desaconsejó, diciendo que las mujeres son la ruina de los muchachos. Cuando volvió, Wilde estaba en la cama del hotel con un tal Schwabe, de veintidós años; ya de mañana, Wilde se presentó en la habitación de Atkins preguntando si podía meterse en la suya.

La descripción que el escritor hace del amor platónico entre dos hombres desencadena entre el público una tormenta de aplausos tal que el juez amenaza con desalojar la sala. Sucedió así: el abogado de la parte contraria le pregunta airadamente, citando el verso del propio lord Douglas, qué amor es ese que «no osa decir su nombre»; Wilde le responde que ese amor es el inmenso afecto de un hombre maduro por otro más joven, parecido al que unía a David y Jonatán, parecido a aquel sobre el que Platón fundó su filosofía, al que puede encontrarse en las obras maestras de Miguel Ángel o Shakespeare. Es un afecto profundo, puro, espiritual, perfecto. «Inspira y anima grandes obras, como las de Shakespeare o de Miguel Ángel y también las dos cartas escritas por mí» sobre las que se está debatiendo. No hay nada en ello que sea contra natura. Es intelectual y nace fatalmente entre un hombre maduro y otro más joven cuando el mayor tiene gustos intelectuales y el menor toda la alegría, la esperanza y los espejismos de la vida futura. *(Fuertes aplausos y algún silbido.)*

En el tercer proceso, el presidente del tribunal, Wills, dicta sentencia declarando primero que esta es la causa más horrible que le ha tocado juzgar. Todos los que hayan podido mancharse con actos de tal tipo deberían morirse de vergüenza. Wilde ha sido protagonista de una corrupción monstruosa y, en particular, de corromper a la juventud. La corte condena a Wilde y Taylor a dos años de trabajos forzados. Dos años es la pena máxima, fundamentalmente porque en esa condición no hay quien sobreviva más tiempo: es, a efectos prácticos, una sentencia de muerte. Por otra parte, el juez ha querido ser especialmente severo por una cuestión política. El primer ministro, lord Rosebery, nombrado en persona por la reina, se permite —eso se murmura— los mismos actos inmorales que Wilde. Los jueces quieren mostrarse implacables, pues, acusando al escritor y no al primer ministro, desvían la atención de este último y dan testimonio, en cierto sentido, de su inocencia.

Jerome K. Jerome, el autor de *Tres hombres en una barca,* pide «la cabeza de esos cerca de quinientos hombres entre nobles y gente de mundo que se mancillan con semejantes depravaciones y corrompen a la juventud». Henry James ve lo sucedido como algo atroz, pero también como la revelación «del horror de sentirse mal». Se suspenden las representaciones de las comedias de Wilde, pero el director del teatro donde está en cartel *La importancia de llamarse Ernesto,* con el fin de no perder los ingresos, se limita a borrar de la publicidad el nombre del autor.

En la cárcel de Reading se pesa a los condenados, pues la intención es lograr que adelgacen. Colgados de dos anillos, los presos deben mover con los pies una rueda gigantesca de radios de cuatro metros. Si se paran, los fustigan con un látigo de siete colas; no es raro que se rompan las piernas. Los someten al llamado *hard labour* tres horas al día, pero si no adelgazan, sometidos a la ración de una libra de carne por semana, se les hace trabajar más todavía. Viven en absoluto aislamiento; durante seis meses no tienen derecho a visitas. Cuando finalmente está en condiciones de hacerlo, Wilde divierte a los carceleros. «Marie Corelli tiene mucho talento, ¿no?», pregunta uno de ellos, que aprovecha la presencia de Wilde para instruirse: no termina de entender la popularidad de la escritora, tan biempensante que la mismísima reina Victoria la elogia y los pastores la citan en los sermones dominicales. «Amigo mío —responde Wilde—, si se juzgara a los escritores según su talento, sería ella la que estaría aquí, no yo.» En la prensa de la época eran muy frecuentes los concursos con premio; Wilde ayudaba a sus carceleros a participar, y uno de ellos ganó un piano de cola.

16. FRANK WEDEKIND

Las cerillas parecen constituir el centro de la pequeña autobiografía que Frank Wedekind escribió en 1901. Su estancia en la cárcel apenas se menciona, y se silencian las peripecias políticas de su padre. Es la condena del abuelo materno la que se adueña de casi todo el texto. El padre de su madre era un autodidacta. Había comenzado fabricando trampas para ratones en Hungría antes de fundar, hacia los años veinte, una fábrica de productos químicos cerca de Stuttgart. En 1830, organizó junto a Ludwig Pfau un complot político, y ambos acabaron encarcelados en la fortaleza de Asperg. Fue allí, «como testimonia la voz dedicada a su persona en el *Konversationlexikon*», donde inventó las cerillas de fósforo. Tras su liberación, fundó una nueva industria de productos químicos, para acabar perdiendo el juicio y muriendo en un manicomio en 1857. Es entonces cuando Wedekind nos revela su nombre. Se llamaba Heinrich Kammerer, un nombre que conviene recordar, pues volverá a aparecer en un momento clave de su autobiografía. Wedekind concluye recordando que a aquel hombre le levantaron un monumento, que estaba especialmente dotado para la música y que, si él y su hermana —Frank era el menor de seis hermanos y solo alude a la tercera, Erika— gozaban de algún don para dicho arte, se lo debían incontestablemente a su abuelo.

El padre de Wedekind tuvo que abandonar Alemania en dos ocasiones a causa de sus ideas republicanas: en 1849, tras el fracaso de la revolución, y en 1872, como consecuencia de la creación del Reich de Bismarck. Frank Wedekind, que en el fondo tuvo un destino similar y debió enfrentarse continuamente a la censura, cuenta la vida de su padre eludiendo sus implicaciones políticas. Nos dice de él que era médico y que viajó durante diez años por Turquía al servicio del sultán; da a entender que fue parlamentario en Fráncfort en 1847, pero pasa de soslayo por este episodio para hablar de su estancia en América —que fue realmente un exilio— con una actriz alemana dos veces más joven que él, «y no cree que esto carezca de significado». De vuelta a Alemania ocho años después, en 1864, su padre compra un castillo en Lenzbourg, Suiza, «un lugar soberbio, jamás he visto nada tan hermoso». Esto es todo lo que se nos dice de aquel nuevo exilio, voluntario esta vez.

El padre de Wedekind reaparece en su autobiografía únicamente para morir: una frase incidental, sin mayor comentario. En adelante, Frank Wedekind hablará solo de su propia vida literaria, de sus amigos, del cabaret, de las óperas… A sus experiencias políticas alude tan solo diciendo que en Zúrich contaba con una docena de amigos de gran categoría, pues la ciudad era un núcleo intelectual de primer plano que había traicionado su propio espíritu rechazando en referéndum las leyes de empleo impulsadas por los socialistas.

A pesar de ello, Wedekind sería desde 1896 comentarista político de la revista alemana *Simplicisimus*. Cuando «sobrevino el proceso» contra la publicación, y aunque el asunto se investigara con gran determinación y celeridad, él procuró mantenerse «al margen» para poder concluir con tranquilidad una obra de teatro. De hecho, cuando se presentó ante el juez para declarar sobre el caso seis meses después, acababa de escribir la última palabra de la obra. «La titulé *El marqués de Keith*». La crónica de Wedekind sobre su proceso, condena y estancia en prisión entre 1899 y 1900 se reduce a una línea: «En la fortaleza de Königsten, escribí la novela *Mine-Haha,* que está a punto de salir a la luz».

También salió a la luz Wedekind. Tras su liberación pudo dejar de vivir del teatro; solo en ocasiones actuaba como cantante, con su guitarra. En cierto punto de su autobiografía explica que para ejercer como actor usaba el nombre de su abuelo materno, Heinrich Kammerer; muchos escritores disfrazan (o potencian) su Edipo adoptando el nombre de la abuela materna, de Nerval a Baudelaire (Dufaÿs), de Céline a Palazzeschi. Cuando deja los escenarios, el apellido Kammerer desaparece. El padre de Wedekind había llamado a su hijo Benjamin Franklin, y este lo desechó rápidamente, sustituyéndolo por un anodino «Frank».

17. GUILLAUME APOLLINAIRE

Savinio se topó con Guillaume Apollinaire corriendo por la calle: se dirigía a la prefectura, le explicó, a que le firmaran su visado de estancia. A Savinio le conmovió aquella confidencia «rarísima», pues a Apollinaire le acomplejaba mucho ser extranjero y sus «nebulosos» orígenes. Había nacido en Roma, hijo de un tal Flugi d'Aspromonte —hijo a su vez del mariscal de campo de Fernando II de las Dos Sicilias—, quien no quiso reconocerlo. En cualquier caso, en París siempre le tocaba a Guillaume Apollinaire de Kostrowitzky (de madre polaca, aunque su abuelo materno era *cameriere di cappa e spada* en el Vaticano) cocinar espaguetis para sus amigos, al tiempo que amasaba el «cemento» de todas las líneas de fuerza artísticas de la modernidad.

Fue él quien llevó a Braque al Bateau-Lavoir, el estudio de Picasso en Montmartre; como todos, Braque se quedó estupefacto al ver las *Demoiselles d'Avignon.* Le obsesionaba ese ángulo en medio del rostro de las dos mujeres situadas a la derecha. «Es una nariz», aseguraba Picasso. Las orejas eran otra historia, que además guardaba relación con la semana, del 7 al 12 de septiembre de 1911, que Apollinaire pasó en la cárcel de la Santé. Y es que las orejas de las *Demoiselles* estaban inspiradas en dos pequeñas estatuas ibéricas que el secretario de Apollinaire, Géry Piéret, había robado del Louvre en marzo de 1907 y que, a través del poeta, había vendido a Picasso por la ínfima suma de cincuenta francos. Había sido Matisse —según aseguraba el propio Matisse— quien le había regalado a Picasso su primera estatuilla de arte africano, junto con un retrato de su hija Marguerite, que acabó convertido en diana para dardos. Eran los años del café de la Butte Montmatre, y allí estaban Utrillo, Modì, Braque, Van Dongen y Dupuy. Picasso, que consideraba a Braque un tipo «estimulante», decidió buscarle una chica, y Braque se vio de repente casado y feliz con su vida; a Apollinaire, Picasso le presentó a la pintora Marie Laurencin *(Sous le pont Mirabeau coule la Seine / et nos amours…).*

«Voy al Louvre, *mademoiselle* Marie, si quiere que le traiga algo…», decía Géry Piéret, un excolega del banco de Apollinaire e hijo descarriado de un magistrado belga autonombrado barón. Acorralado por los préstamos y las deudas, había acabado viviendo del poeta a título de secretario en el 37 de la Rue Gros, donde sometía a los visitantes a su arroz al hígado de cerdo, que solo a Apollinaire le parecía «exquisito». En mayo de 1911, Piéret roba una tercera estatuilla y la esconde en casa. El conservador del Louvre, cuando el *Petit Parisien* lo entrevista a propósito de los robos en su museo, dice del ladrón que es un «ignorante», que debe de haber tomado de la vitrina agujereada «un objeto al azar»: la pieza situada al lado sí era de gran valor. Pero el 21 de agosto, al funcionario le espera una sorpresa: desaparece del Louvre *La Gioconda.*

La noticia da la vuelta al mundo. Géry Piéret entrega la estatuilla robada en la sede de *Paris Journal,* revista en la que Apollinaire colabora como crítico de arte, y huye a Bélgica. El *Paris Journal,* del que se rumorea que ha pagado a Piéret por provocar este escándalo, publica la foto de la pequeña pieza con la redacción de la revista de fondo y luego la restituye al Louvre. El juez encargado de la investigación no tarda en relacionar a Piéret con Apollinaire: el 7 de septiembre registran su casa. «Han sido amabilísimos», escribirá Apollinaire: habían tenido la delicadeza de aparcar el coche una calle antes de la Rue Gros e incluso elogiaron la decoración (entre varios incunables y un delirio de libros, unos ídolos congoleños con grandes mamas vigilaban los primeros objetos cubistas). Picasso, que había vuelto apresuradamente de Céret —cerca de la frontera española— unos días antes, había encontrado a Guillaume agitadísimo, y ambos decidieron ir al Sena por la noche para deshacerse de las estatuillas robadas en 1907, escondidas en una maleta. Sin embargo, temiendo que alguien los hubiera visto, no habían osado lanzarlas al agua. Según la versión más fiable de los hechos, las entregaron al *Paris Journal* el día 5 de septiembre. En cualquier caso, la noche del 7 de septiembre arrestan a Apollinaire.

La portera lo ve marcharse estrujado entre dos policías. La acusación era «complicidad en el robo» de la *Mona Lisa.* A Apollinaire lo llevan «bajo la luna llena» a la prisión de la Santé. El «patio de honor» está lleno de enredaderas; una vez pasada la segunda puerta, escribirá el poeta, «supe que la vegetación se había acabado». Llega la hora de las formalidades: las huellas, la entrega de ropa de cama, pijama, plato, tenedor y cuchara, un frasco de lejía y el reglamento. Tras «interminables corredores», ordenan a Apollinaire desnudarse y le inspeccionan los orificios; una vez recuperada la pipa y las cerillas, con «la mente en blanco», aquella noche en la celda durmió muy poco a causa de la violenta luz eléctrica, siempre encendida. El mayor susto se lo llevó al retirar la manta y encontrar grabado sobre el camastro: «Dédé de Ménilmontant, por homicidio».

La celda está provista de un pequeño grifo de agua corriente situado sobre el pozo ciego; sueña que su leve chapoteo se convierte en la celda contigua en una «fuente», mientras el rumor «sin horizonte» de la ciudad se confunde con el chirrido del taburete encadenado al muro; todo allí es fijo, para evitar que los prisioneros arrojen cualquier cosa contra los guardias. Hay algunas concesiones: los paseos en círculo por el patio («en una fosa, como un oso») y un libro que ha de durarle una semana, *La cuarterona,* del capitán Mayne-Raid, una novela decimonónica de aventuras traducida del inglés. Sobre la comida, Apollinaire, que es todo un gourmet, se muestra categórico: quizá no sea abundante, pero es «sorprendentemente» buena. Consiste en una sopa «en la que navegan las legumbres», pan negro y, los domingos, 125 gramos de una «excelente» carne deshuesada (presumiblemente para que no haga falta cuchillo).

A la mañana siguiente, viernes, comienzan los interrogatorios a cargo del comisario Hamard, «cuya cólera es terrible», y del juez que instruye el caso, un tal Drioux; la prueba más dura es el cara a cara con Picasso, que prácticamente niega conocerlo. De inmediato, Apollinaire envía un telegrama a su abogado; mientras tanto, su amigo del colegio, Toussaint Luca, también letrado, le anuncia su visita para esa misma tarde, pero el juez no se lo autoriza, ya que no es ni familiar ni el abogado oficial. «Has hecho bien confiando en José Théry —le escribe su amigo—, quedo a tu disposición y cuenta con todo mi afecto.» Su hermano Albert, al que Guillaume se siente muy unido desde aquellos tiempos en que su disoluta madre se olvidaba de ellos, no tarda en ir a verlo el día de las visitas, los domingos; hablan a través de dos rejas a ochenta centímetros de distancia. Con los diez francos que Albert le lanza, Apollinaire compra en la tienda, además de pan blanco, quince piezas de fruta, queso gruyer, mermelada y un cuaderno en el que ordena los versos que ha escrito en diferentes soportes y que se convertirán, dentro de su antología *Alcoholes,* en el irónico brindis «À la santé».

Mientras tanto, su «secretario» Piéret escribe el 9 de septiembre desde Bélgica al *Paris Journal* una carta en la que exculpa formalmente a Apollinaire; sus amigos interceden por él llenando de firmas un escrito en su defensa; algunos periódicos apoyan también al poeta, pero los que aún lo atacan subrayan que, a fin de cuentas, es un extranjero («italiano») y le imputan la autoría de *Las once mil vergas,* novela «anal» de orgías burlonas y sanguinarias que se desarrolla en los compartimentos del Orient Express durante su trayecto por París, Bucarest, la Santa Rusia y de vuelta.

Apollinaire tiene treinta y un años: «Guillaume, que te has convertido / en Lázaro entrando en su tumba / en vez de salir de ella como él hizo», escribe de sí mismo, sumido «en el tedio extremo» de aquellos días. Excarcelado por fin el 12 de septiembre, el poeta redacta de inmediato un artículo, «Mis prisiones», una historia agridulce que aparecerá, obviamente, en el *Paris Journal.* La madre de Marie Laurencin, la novia pintora de su anárquica vida en Montparnasse, prohíbe a su hija que se vea con el exconvicto, y ella obedece («La angustia del amor te aprieta la garganta / es un cuadro colgado en un oscuro museo / que de vez en cuando vas a ver de cerca», reflexiona Apollinaire en «Zona», el poema que da a luz al siglo xx). El editor Pierre Victor Stock está muy satisfecho con tanta mala prensa. «¿Recibe visitas en su nueva residencia?», le había escrito cuando el poeta estaba en prisión: para él, Apollinaire no había entrado en la cárcel, sino en la fama. Y, tras su puesta en libertad, el director y futuro propietario de la editorial Stock, Jacques Chardonne, también le envía una carta el 13 de septiembre: «Querido amigo, no le escribí el primer día en que comenzó su aventura policiaca, convencido de que mi carta no le llegaría. Nunca he dudado de usted, y me gustaría haber sido el primero en manifestárselo. En cualquier caso, sale usted de prisión más célebre de lo que era cuando entró; sepa que cuenta con muchos amigos y que su libro es de los más buscados. Todo esto bien vale algo de aburrimiento. Imagino que su familia se alegrará de volver a verlo; no debe lamentar estos pocos días de aislamiento que son ya gloriosos». Sin embargo, el poeta quedó abatido, y durante largo tiempo no pudo tomar el autobús Pigalle-Halle-au-Vins, que pasaba por el Palacio de Justicia. Intentó conseguir la ciudadanía francesa en la guerra del 14, donde casi perdió la vida. Al cleptómano Géry Piéret Savinio se lo encontró en 1917 en Macedonia, donde hacía de correo militar. Volvió a verlo en 1924, dirigiendo un cabaret artístico en el que lo llamaban «la Marquesa», pero acabó como preceptor —se preocupa por precisar Savinio— en una familia de Spa. *La Gioconda* apareció finalmente en Florencia el 13 de diciembre de 1913; el ladrón, Vicenzo Perugia, ni siquiera fue extraditado y lo condenaron a una pena leve, un año y quince días, pues había actuado por patriotismo: en realidad era un futurista que pretendía sustituir la *Mona Lisa* por un cuadro de su autoría.

18. FILIPPO TOMMASO MARINETTI

Italia todavía era neutral. Fueron los futuristas, «unos niños de papá y Marinetti», quienes protagonizaron las primeras manifestaciones virulentas contra la aliada Austria, la potencia tirana de los pueblos irredentos. El 15 de septiembre de 1914, en Milán, en el estreno de la *Fanciulla del West* de Puccini, Marinetti —a raíz de la victoria francesa en el Marne— gritaba desde un palco: «¡Abajo Austria!, ¡viva Trieste italiana!». Desde más arriba otro futurista dejaba caer sobre el patio de butacas una tricolor de ocho metros cuadrados. «¡Calma, señores, calma!», rogaba desde el proscenio, a sus casi sesenta años, Puccini, pero todo el mundo volvió la mirada a otro palco, donde Boccioni prendía fuego a una bandera austriaca. La versión que Marinetti da de lo sucedido puede leerse en *I futuristi primi interventisti. Manifesto dell'Orgoglio italiano* («Los futuristas, primeros intervencionistas. Manifiesto del orgullo italiano»):

> En septiembre de 1914, durante la batalla del Marne y en plena neutralidad italiana, nosotros, los futuristas, organizamos las dos primeras manifestaciones contra Austria y a favor de la

intervención. El 15 de septiembre en el Teatro Dal Verme y el 16 de septiembre en la plaza del Duomo y en la Galleria, quemamos once banderas austriacas... Teatro Dal Verme a rebosar. Acaba el primer acto. En el escenario, esa pandilla cretina de cantantes va de un lado para otro mendigando el aplauso del público con sonrisas de pedigüeños. En el fondo de un palco, la barriga de Mazza da a luz a una bandera tricolor de ocho metros cuadrados. La atamos al asta de dos bastones unidos. Me hago ver para agitarla: ¡Abajooo Austriaaa! De otro palco se asoma Boccioni con una bandera austriaca. Un futurista la quema. Un retal cae ardiendo sobre la crema de los pronunciados escotes en sus asientos. Gritooo. Gesticulo. Torbellino. Pausa. ¡Basta!... ¡Fuera!... ¡Son los futuristas!... ¡Viva Marinetti!... ¡Abajo Marinetti!... ¡Bravo!... ¡Fuera!... ¡Bien hecho!... ¡Abajo Austria!... ¡Imbéciles!... ¡Locos, más que locos!... ¡Bellacos!... Silencio... (Puccini, iluso, sube al escenario) ¡No, no, queremos la marcha real!... ¡Abajo Puccini!... Mientras tanto, Mazza, con solo el brazo derecho extendido, mantiene cerrada la puerta del palco que cuatro carabineros, dos inspectores y tres acomodadores intentan desesperadamente abrir. Yo gritooo: «¡Abajo Austria!». Seiscientas veces, con el ritmo y sonoridad del cañón de una montaña.

La noche siguiente, un apabullante número de *carabinieri* a caballo acorrala a once futuristas en el interior de la Galleria Vittorio Emmanuele de Milán; los once acaban en la cárcel de San Vittore con bombín y esmoquin:

Debíamos ser treinta. Éramos solo once. La Galleria estaba preñada de gente. Aire tibio de otoño. Todas las mesitas fuera. Alegría pacífica de familias numerosas degustando sus helados lentamente. ¡Somos pocos para intentar una protesta!, ¡es una locura!, sentencia Boccioni. ¡No, no, ya verás! Vamos a reventar todo esto. Vamos. Gritad todos con fuerza: ¡Abajo Austria!... Pronto el escuadrón de policía se lanza contra nosotros. Puñetazos enfurecidos. Diez, veinte, cincuenta estudiantes me agarran para liberarme. Patadas, puños, bofetadas, bocados. Consigo abrirme paso hacia el centro de la Galleria, un cerdo lleva amarrados dos foxterrier frenéticos. ¡Boccioni, Boccioni, vete por la derecha! ¡Dentro, dentro, entre las mesas! ¡Lo pusimos todo patas arriba! Caos universal. Todo se cae y estalla. Gritos. Se llevan a mujeres desmayadas. Heladería voladora. Insultos amenazas disputas. Plaf plaf de bofetadas. Caras pálidas. Caras moradas. Las narices, rojos grifos. Bastones en alto. Mis amigos sacan de sus calzones banderas negras y amarillas y las queman. Hogueras de alegría en cinco, siete, ocho lugares de la Galleria. Carreras desorientadas de policías. Hacemos saltar como torpederos el mar de mesas y volteamos a diestro y siniestro oleadas de madres, de padres enloquecidos, espuma de niños pisoteados. Colautti, achaparrado pero altísimo sobre la punta de sus pies, vehemente, engrandecido con su bastón agitado en lo alto, grita a dos gordinflones neutralistas: ¡Eso, eso, comed en paz!, ¡comeos vuestros helados! Y toma leñazos sobre la mesa, que salpica platos, vasos, frutas y dulces. La manifestación se hincha, lo inunda todo. Tres pitidos. Fuga. Tres pitidos. Pausa. Piiitos. Doscientos carabineros. Una compañía de infantería llega a la carrera. Otra cierra las dos alas nocturnas de la Galleria. Estamos atrapados. Yo me escabullo. Me vuelven a atrapar. Me deslizo de sus manos como una pastilla de jabón. Me vuelven a atrapar, detenido. Y todos camino de San Fedele. Nos cruzamos con un pelotón de *bersaglieri.* ¡Viva el Ejército!... ¡Abajo Austria! En el patio oscuro de la comisaría oigo gritar a Boccioni. Imagino los rodillazos miserables en la espalda y dándome la vuelta le arranco dos dientes de un trompazo al comisario. Esposados, los once a San Vittore.

Fiel a la causa del futurismo, Marinetti siempre dirá haber publicado desde la *cellulare* de Milán, en la que está encarcelado con Boccioni, Russolo y otros, el *Manifiesto futurista de la guerra.* Es el propio Boccioni quien nos narra con realismo la detención de 1914: «Queridísima mamá —escribe el 19 de septiembre—, hace tres días que me hallo en la cárcel de Milán con Marinetti, dos pintores, dos actores y dos abogados. Estoy en una celda de pago, y la comida me llega de fuera, excelente». Todos hacen gala de «una gran amabilidad»: le han proporcionado quince libros; come, bebe, duerme y lee; hace gimnasia por la mañana y por la noche; cuenta con velas y tinta, puede escribir cuanto le place. «Este reposo me hacía falta, pero —se lamenta— solo durará unos pocos días.» Le pide a su madre que se lo tome como ellos, «alegremente». Al llegarles su liberación, el 22, dos automóviles los esperan en la puerta y todos se dirigen al Savini a festejar el final de tanto «chinche, pulga y tedio».

Se sabe que Boccioni murió pronto, en su tan ansiada guerra. Tras enrolarse en 1915, Marinetti ha de operarse de una hernia en la ingle. Tenían idea de partir todos juntos, Boccioni, Sant'Elia, Sironi y Russolo, con el Cuerpo Nacional de Voluntarios Ciclistas, pero en la inspección médica rechazan a Marinetti: hernia inguinal. La operación se complica al sobrevenirle una flebitis, al tiempo que la policía desvela que el tal Marinetti es un famoso revolucionario, por lo que es necesario pedir ayuda a los abogados. Pero finalmente parten y, en su bautismo de fuego, Sironi, que está en una tienda junto al lago de Garda con Marinetti y Boccioni, contrae gingivitis; mientras tanto, Russolo, futuro maestro de los *intonarumori,* estudia abstraído el ruido de las ametralladoras, morteros y granadas. En 1912, la guerra en Turquía ya había resultado extravagante: con su impecable Isotta Fraschini averiado en Sofía y el caballo requisado, Marinetti se presentó en Adrianópolis sobre un carro tirado por búfalos; allí concibió la aniquilación de la sintaxis con su obra maestra *Zang Tumb Tuuum.*

Aunque en su nombre mueran Boccioni y Sant'Elia, la patria sigue siendo «eléctrica» para Marinetti; es la patria la que lo empuja de nuevo a la cárcel de San Vittore en 1919. Condenado a veintiún días el 20 de noviembre tras el fracaso electoral del Partido Fascista, Marinetti se encargará de dramatizar las condiciones de su estancia en prisión, la cual, en realidad, siempre estuvo endulzada por las devotas chocolatinas de Eva Kuh —la esposa futurista de Giovanni Amendola— y sería fértil para él en poemas y ensayos. «Podíamos, más bien debíamos, ser masacrados en la cárcel de San Vittore por orden o taciturna aquiescencia de Nitti, ansioso por disfrutar una victoria gubernamental socialcomunista en su propio provecho»: lo escribe en el *Aeropoema vissuto della rivoluzione fascista* («Aeropoema vivido de la revolución fascista»), compuesto tras la guerra de Etiopía y conservado en Yale. «Pensaba en la inminente fatalidad de ser asesinados en la cárcel.» Lo cierto es que sobrevivirá a la prisión y a las guerras que emprenda, en las que siempre luchará con todo su corazón. Ha engordado y no tiene un pelo en la cabeza bajo el bicornio de académico del régimen cuando, en 1935, solicita luchar en Etiopía. Tiene cincuenta y nueve años; perplejos al verlo, lo alistan con el grado de centurión. Con el uniforme kaki de las tropas coloniales y un revólver que le ha regalado el dócil y melancólico Govoni, Marinetti desembarca en Massaua. Puesto que como oficial tiene derecho a una cabalgadura, avanza «perennemente observado por las montañas ardientes», erguido sobre su mula Caterina. Su *Poema africano della Divisione 28 Ottobre* («Poema africano de la división 28 de octubre») constituye el culmen de sus muchos discursos destinados a la declamación pública. Cumplirá los sesenta años en Etiopía, entre el bullicio festivo de cien cucharas que los soldados golpearán contra sus escudillas.

A los sesenta y seis aún está dispuesto a ir como voluntario a Rusia. Para declamar sus versos, ahora debe usar una lente de aumento. Participa, en el curso medio del río Don, en la reconquista de la aldea de Sviniuka, con sus cabañas de lodo y paja. Instruye a un futurista llegado con la última leva, el napolitano Buccafusca, con quien comparte su isba: siempre hay que colgar las botas por los cordones en lo alto para que no se las coman las ratas.

19. DINO CAMPANA

Al margen de su detención en Berna por haber intentado abrazar en plena calle a una «atractiva señora» y los dos meses de cárcel en Bruselas por culpa de una nihilista rusa, el poeta Dino Campana fue arrestado en Italia en tres ocasiones, siempre por el mismo motivo: su cara de alemán. Las dos primeras veces fue en Livorno, donde el periódico local, *Il Telegrafo,* informó del asunto en dos sueltos firmados por su director, Athos Gastone Banti; al poeta no le gustó lo que leyó y reaccionó desafiando a un duelo al periodista: «Usted no es más que un grotesco mestizo negro completamente idiota, y cuando me ha llamado alemán me han entrado ganas de pegarle una patada en el culo», comenzaba Campana, que, inspirándose —como cualquiera puede comprobar— en el artículo 130 del código caballeresco italiano, pretendía limpiar con las armas la deshonra de la crónica de Banti del 22 de junio de 1916; es decir, en plena guerra. Banti comenzaba de este modo: «Precedido del autobombo en los más grandes periódicos, hace unos días ha aparecido por aquí, inesperadamente y para nuestro fastidio, un tipo feo y extraño, de cabello pelirrojo y aire sospechoso, de quien se supo después que era Dino Campana, poeta florentino».

«Se dirigió al mar —seguía el artículo—, merodeó por la explanada, preguntó a algunas mujeres dónde estaban la Academia

Naval y los astilleros. Hizo más preguntas y lo arrestaron. En nuestra opinión el asunto tiene algo de chistoso; en primer lugar, porque no creemos que precisamente un espía necesite preguntar dónde están los astilleros o la Academia, que se anuncian no solo a los poetas, sino a cualquiera que sepa leer, pues tienen letreros claros y bien visibles; y luego porque el caso de este pobre literato, que escribe hermosos versos para luego acabar en los brazos de un policía, nos da pena».

«Espiar —le responde Campana—, espiar es lo vuestro, raza de perros fulleros, que es lo que sois los livorneses.» Este tipo está fuera de sí, se lamenta el pobre Banti; la nota de Campana continuaba: «¿No tiene motivos suficientes para enfrentarse a mí o es que quiere que vaya a darle una bofetada, macaco?».

Los padrinos de Banti —pronto se convertiría en «*cavaliere* Banti»— serán más formales a la hora de concretar hora y lugar del duelo. El conde Torci Ottieri dell'Aciaia y el general Merli se ponen a su disposición a través de un telegrama: a las dos en punto de la tarde del 24 de junio en el Círculo Filológico. Pero de los padrinos de Campana no puede decirse lo mismo: el pintor japonés Takeda recibe la notificación de la cita pasadas las dos; y el escultor Mario Moschi, que ya había firmado la tarjeta del desafío, está desaparecido, a pesar de haberse ofrecido a acudir de manera espontánea. El pleito caballeresco, en un principio retrasado por las dificultades de Campana para localizar a sus padrinos, finalmente queda en nada.

Un poderoso pensamiento invade en el verano del 17 la mente de Campana: Sibilla Aleramo. «El amor estalló en un delirio salvaje», escribe Sibilla, pero sus amigos, que la ven aparecer con los ojos morados, le desaconsejan que siga con un novio que la obliga a vivir «alternando día y noche la violencia y la desesperación». Campana va a buscarla a Ca' di Janzo, donde Sibilla se ha refugiado, «extenuada y presa del pánico». Pero en Novara el poeta enferma y desiste. Le escribe un telegrama: «Enfermo vuelvo Milán pido verte otra vez telegrafía hotel Manin / Perdón / Tuyo, Campana». En la propia oficina postal lo detienen.

Sibilla sale hacia Novara armada con una carta de recomendación del futuro senador Enrico Gonzales para el delegado regio en la ciudad. Visita a Campana tras los barrotes a las cinco de la tarde del 13 de septiembre de 1917. Desde la misma estación de Novara, le narra el encuentro a Emilio Cecchi. «Quiero escribirle una carta "histórica". ¿Acaso no han inventado los hombres la historia para justificar la vida? Querido amigo, he venido hasta aquí para ver a Campana, que está en la cárcel. Lo arrestaron hace tres días por el motivo de siempre (su cara de alemán). Lo he vuelto a ver así, después de nueve meses, a través de una doble reja de malla. Nunca había entrado en una cárcel. Ha sido una conversación de media hora.» Hasta los carceleros quedaron conmovidos viendo a Campana «sollozando» y a Sibilla «paralizada».

A la salida hacía mucho viento, y Sibilla, en la puerta, sintió que la libertad era «la cosa más terrible que hay en el mundo. Le he envidiado, quizá, sí, quizá le he envidiado porque él se quedó dentro con alguien que al menos lo escuchaba llorar». Sibilla pide a Cecchi que escriba también él al pueblo de Campana, Marradi, donde el comisario le ha prometido que hará regresar al poeta con una orden de excarcelación. «Dígale que siga trabajando. No he podido prometerle nada; pero era suya y sigo siendo suya, usted lo sabe.»

Lo cierto es que la necesaria orden de la comisaría de Novara para poder repatriar a Campana estaba ya lista para esa fecha. El poeta, de treinta y un años, es descrito en ella con la cara rosada y la barba, las cejas y el cabello rubios: el aspecto que tantos problemas le había causado.

El paso por la cárcel no tranquilizó su impetuosidad. En septiembre, Pino Conti, de diecisiete años, cuenta la «bronca de Pilsen», una pequeña cervecería alemana en Florencia. Campana, con gran calma, se subió a una mesita y se puso a hablar con un tono inusual, propio de un tribuno: «Mirad que aquí estamos en plena guerra, esta guerra terrorífica, trágica. Sabed que el culpable de esta guerra soy yo, que la causa es mi amor con Sibilla Aleramo».

El 4 de junio, Campana se declara de nuevo culpable ante Leonetta Cecchi Pieraccini, quien refiere la situación del poeta a Emilio Cecchi. «El suyo era un estado de excitación verbal e imaginativo tal que rayaba en la locura y a menudo se zambullía en la locura misma. En resumidas cuentas, su planteamiento es este: él es el gran culpable, él es el responsable de la guerra. La guerra es la degradación de la poesía italiana, y la degradación de la poesía italiana es obra de Papini. Hace cuatro años, cuando se conocieron, Papini succionó magnéticamente el espíritu de la poesía italiana que aún no estaba podrida, la conservada por Campana. Pero este maleficio tuvo lugar a través de la persona de la mujer de Papini y también a través de Soffici.[6] Soffici es un espíritu controlador: no es un Mefistófeles, es un Berlicche. Papini dio comienzo a una nueva forma de poesía con la energía absorbida de Campana, pero acabó por hacerla desaparecer. Fue despilfarro, putrefacción; fue la guerra. En este punto, no sé muy bien cómo, relaciona todo lo anterior con el asunto de Sibilla; francamente, no sé si soy capaz de seguir sus ideas; se me hace casi imposible expresarlo con palabras. En definitiva, Sibilla, amante de Papini, absorbe también ella, a través de su amante y de la esposa de este, la sangre de Campana, con lo que el círculo se cierra. (…) Haría falta la pluma de Dostoievski para poder ser fiel, y solo de manera aproximada, al ímpetu de toda aquella fantasía excitada.»

«Las explicaciones que daba de sus tormentos tenían a menudo toques de magia, de satánica poesía.» Sus palabras, según escribió Conti sobre el incidente del Pilsen, «le salían como de la ventana de una prisión».

En una carta de 1916 que es en cierto modo su testamento, Campana confió a Emilio Cecchi que sus paisanos de Marradi lo consideraban un desecho de la sociedad solo porque en varias ocasiones lo habían visto regresar a la ciudad piojoso y andrajoso, razón por la que, con una crueldad «carroñeramente italiana y clerical», iban a la policía con el cuento de que era un anarquista peligroso que quería matar al rey y a los profesores, y por ello le habían impedido acabar sus estudios de química pura en Bolonia. Campana huyó a la montaña a escribir en dos meses sus *Cantos órficos,* que «debían justificar su vida, ya que era un fuera de la ley».

6. La mujer de Giovanni Papini fue Giacinta Giovagnoli. Ardengo Soffici (1869-1974) fue un poeta y pintor italiano.

20. FRANCIS SCOTT FITZGERALD

En un pequeño Renault, Scott Fitzgerald y Zelda parten en dirección a Roma. Estamos en noviembre de 1925. No han previsto que es Año Santo. Con gran consternación, descubren que por todas partes los periódicos y la gente solo hablan de la canonización de santa Teresita del Niño Jesús y de Bernadette, o del papa Pío XI; todo es más caro y no hay modo de encontrar apartamento. El hotel Quirinale está infestado de turistas y pulgas, y se mudan a una pensión en la falda de la escalinata de Piazza Spagna, pero a Scott le resulta difícil escribir en una habitación de hotel. Por lo demás, cuando acaba de trabajar comienza a beber, y entonces pelea ferozmente con Zelda hasta «cuatro días seguidos, pero estamos terriblemente enamorados». Lo cierto es que está escribiendo una novela sobre peleas conyugales y, sobre todo, corrigiendo el borrador de *El gran Gatsby;* en esos momentos espera conseguir con ella un «éxito inaudito». El semanario *Liberty* le ha pedido publicarla por capítulos a cambio de unos magníficos quince mil dólares, pero después la ha rechazado por considerarla inmoral, «demasiados amantes, demasiado adulterio». Es entonces cuando entra en escena la revista *College Humor.* Scott recela del tono amarillista de la publicación, que podría perjudicar la novela resaltando el lado escandaloso de su vida con Zelda. Rechaza sus diez mil. Al editor le llena de admiración su decisión, consciente como es de hasta qué punto se encuentra sin fondos. De esas estrecheces, por cierto, nacieron en su momento dos artículos que el *Saturday Evening Post* le había pagado muy bien, «Cómo vivir con 36 000 dólares al año» y «Cómo vivir con casi nada al año»; ahora la revista le pide un artículo relacionado con Italia. Sin embargo, «odio Italia y a los italianos con tal virulencia —escribe Scott Fitzgerald— que no puedo escribir sobre ella en el *Post,* a menos que quieran un artículo titulado "El papa Sifilítico VI y sus degenerados", o algo por el estilo». Al final escribirá, de mala gana, «Cuánto cuestan los macarrones», tan flojo que la revista lo rechaza. Sin embargo, en él figuraba la historia de su paso por la cárcel, una estancia destinada a convertirse en celebérrima, pues una primera versión de *Suave es la noche* se abre con esta desventura. Scott acabaría por eliminarla, pero todavía diez años después hablaría de aquello en una carta como «la cosa más bochornosa que jamás le había sucedido».

Fue cosa de los taxistas romanos. Al ver que era extranjero e iba borracho, le pedían tarifas exorbitantes. Una noche, cuando regresaba con Zelda al hotel, Francis llegó a las manos con uno de ellos, pero en medio del jaleo su puño fue a parar a un señor que se había interpuesto y que resultó ser un policía de paisano. A Scott lo arrastraron hasta el cuartelillo, lo «aporrearon» y lo encerraron en una celda. «Permanecí despierto toda la noche asesinando gente —escribirá Scott—, imaginaba anfiteatros llenos de la flor y nata de los italianos, yo estaba escondido en el escenario con una ametralladora. ¿Preparados? Se alza el telón y… ¡pum, pum, pum!» Había estado con Zelda en Cinecittà, donde se estaba rodando *Ben Hur* con Ramón Novarro y doscientos cincuenta mil extras, y les habían impresionado aquellos recintos monumentales de cartón piedra, «más imponentes y nobles que los originales».

A Zelda le costó trabajo sacarlo de allí. Se consolaron visitando Capri, donde cenaban en la mesa de Maksim Gorki con Romaine Brooks, Axel Munthe y toda la colonia anglosajona: allí se encontraban tan a gusto que no se marcharon ni siquiera para la publicación del libro, el 10 de abril. Solo cuando llegó el telegrama del editor —«VENTAS INCIERTAS MAGNÍFICA EDICIÓN»— pusieron el Renault en ruta de Nápoles a Marsella. Allí el dueño de un taller los convenció para que le quitaran el techo al auto; de este modo, y para gran alegría de Zelda, partieron hacia París en su descapotable. Pero llovió, y llovió tan fuerte que abandonaron el pequeño Renault en Lion y llegaron a París en tren.

21. CHESTER HIMES

En la esquina de la avenida Cendar con la 76 alguien había almacenado armas y municiones en el local reservado a los negros de la YMCA, la Asociación Cristiana de Jóvenes. La información venía de un amigo de Benny que había trabajado en la Guardia Nacional de Ohio. Benny era un ladronzuelo amigo de Chester Himes que alimentaba por él una fuerte admiración, y Chester se sentía en la obligación de merecerla. Por eso decidió ayudar a Benny con su plan de robar la caja de colts para luego revenderla a los negros de las cercanas fundiciones de Warren. El amigo llevaría el coche, y Benny y Chester tendrían que entrar en el almacén y coger las armas.

El robo en sí fue como la seda. Pero, al escapar, las dos ruedas traseras revientan, por lo que la banda se ve obligada a hacer autostop hasta Warren. Una vez allí, Himes se pone a buscar por el gueto un lugar donde hospedarse, mientras los otros dos compinches van a la caza de un mecánico. Dejan las armas en un albergue y luego los tres salen a buscar compradores. Por la noche van a beber, y Chester está a punto de llegar a las manos con un parroquiano a cuya novia había mirado demasiado. A las tres de la madrugada, la policía irrumpe en la habitación del albergue y arresta a Benny y a Himes.

El juez era una mujer. La madre de Chester dijo que su chico no era el mismo desde que su hermano se había quedado ciego en el colegio por un experimento de química; en el hospital de blancos al que se habían apresurado a ir lo rechazaron por ser negro. Para poder cuidar de él adecuadamente la familia había tenido que dirigirse al norte: el padre se había visto obligado a abandonar su puesto de profesor y ahora hacía pequeños trabajos, sufría depresión y no hacía caso de Chester. El chico había ido a la universidad, pero trabajando por la noche en un hotel se había caído por el hueco del ascensor; además, lo expulsaron de la facultad (la madre no dijo que fue por llevar a sus compañeros blancos a un burdel de negros). La juez parecía conmovida por toda aquella historia y, dado que las armas se habían recuperado y el robo no había implicado allanamiento, decidió no castigarlo, a pesar de las airadas protestas del fiscal.

A Benny le caen treinta días de cárcel. Al salir, roba con Chester un enorme automóvil nuevo y ambos se dirigen a la Universidad de Columbus. Contento de volver a su ambiente, Chester roba la tarjeta de crédito de un estudiante y se va a la ciudad de compras; lo descubren. En esta ocasión es el padre quien está presente en la vista: serán dos años de suspensión de sentencia y cinco de libertad condicional. A finales de ese mismo mes, arrestan a Chester por atraco a mano armada: se había comprado un inmenso revólver de once milímetros —«algo parecido a una artillería portátil»— del que estaba muy satisfecho. Había oído a un chófer presumir de la riqueza de su patrón: reloj de platino, grandes cantidades de dinero disponible en casa («era la época en la que los negros, aún con mentalidad de esclavos, se sentían orgullosos de los bienes de quienes les daban trabajo»). Chester rompe una ventana, entra en la mansión, coge el dinero y las joyas y huye en el Cadillac de sus víctimas, eufórico «con el dulce runrún del auto de lujo sobre el manto virgen de la nieve, con los copos inmaculados que caían translúcidos alrededor». El automóvil se queda atascado en aquella «nube fantasmagórica», y Chester decide ir en tren hasta Chicago, donde le ofrece un anillo a un perista de quien había oído hablar vagamente, Sam el Judío. Sam examina la piedra y se retira a la trastienda; la policía llega pocos minutos después. El interrogatorio en comisaría no dura mucho: colgado cabeza abajo del dintel de una puerta con esposas en los tobillos —le resbalan gotas de sangre por las piernas, cortadas por el metal—, los policías lo golpean con la culata de sus pistolas, envueltas en los sombreros de fieltro. «Habría podido aguantar más si me hubiera desmayado…», escribirá Chester. «Al final, confesé.»

Pero Himes descubrirá más tarde que había confesado el robo equivocado. Lo que sucedió en realidad fue que la policía, la aseguradora y la víctima de un robo diferente, sucedido anteriormente en el Blackstone Hotel, ya habían llegado a un arreglo económico para cerrar el caso, y solo necesitaban que alguien confesara algo, un culpable, una víctima. Sea como fuere, el 18 de diciembre de 1928, Chester —que aún no tenía veinte años— es condenado a veinticinco años de trabajos forzados en la penitenciaría de Ohio, en Columbus, una de las prisiones más duras del mundo, en la que permanecerá hasta 1934.

En las memorias de Himes, dos volúmenes de seiscientas páginas, solo dedica seis a la prisión. «He olvidado casi por completo la cárcel, tengo que volver a leerme para recordar algo». Sabe que jamás volverá a sufrir tanto y que, si ha sobrevivido, es porque sabía jugar. Se convierte en el amo de las apuestas entre los presos de color. Mantiene el orden y frena en seco a los tramposos. No es corpulento —pesa setenta y cinco kilos—, pero sí violento: «En mis accesos de furia podría haber pulverizado el mundo entero con las manos». Pero el auténtico motivo por el que le tienen respeto es porque escribe.

Contará la historia de un asesino, Metz, que estaba haciendo un curso de escritura. ¿Pero no hace falta talento?, le pregunta Chester. «Bah, lo que hace falta son ganas de escribir historias», le había respondido Metz. «No se puede estar todo el tiempo sin hacer nada.» En una entrevista de los años sesenta, le preguntan a Chester cómo ha llegado a ser escritor, y él responde del mismo modo: «Tenía mucho tiempo». En el tedio de la cárcel, «los sueños se hacen grandes como secuoyas».

Su madre lo anima, le lleva una máquina de escribir, papel y pluma. Insiste ante los responsables del establecimiento para que le permitan trabajar. «Fue en la cárcel donde comencé a escribir», dirá Chester sin darle importancia. A partir de 1931 envía sus historias a revistas para negros, y se las aceptan; en 1934 publica una novela corta en *Esquire* firmada con su número de preso, 59623. Desde entonces y hasta su liberación definitiva en 1936, sus escritos —por ejemplo, la historia del incendio que en 1930 había causado en la cárcel trescientos muertos— aparecerán únicamente en la famosa revista de moda masculina, donde colaboran también Hemingway, Dos Passos, Fitzgerald y Bertrand Russell. Nadie sabe aún que es negro; será en 1936 cuando se descubra gracias a un dibujo que lo identifica como colaborador externo de la revista. Su admiración por el *hard boiled* de Dashiell Hammett y su hábito de leer *pulp* no habrían bastado para alimentar su ciclo de Harlem —los célebres policías Coffin Ed y Gravedigger— de no ser por toda la violencia carcelaria de la que fue testigo: una noche, Chester se despertó al oír un gorgoteo, la sangre de una garganta cortada en la litera de abajo. Los detenidos se mutilaban por las razones más insensatas. Los personajes de sus primeras historias, «caras planas y ojos globulosos», son prisioneros apenas novelizados: el enano de cabello pelirrojo Starlight, que presume de haber tenido contacto con la mafia y de haber sido asistente de McArthur en la guerra; Metz, un exjoyero que ha asesinado a su esposa e inicia a Chester en la escritura; y Duke Dido, un homosexual que se enamora de él y lo conquista —¡a Chester, a quien tanto le gustan las mujeres!—, pero que, al ser trasladado a la sección de los invertidos, se ahorca… «Todo es la historia de mi experiencia, con pelos y señales.»

22. HANS FALLADA

«Esta no es la primera vez que está usted en la trena», se sorprendió el guardia mirando la cama, dispuesta tal y como mandaba el reglamento carcelario, y luego a Hans Fallada, todo un modelo de decoro burgués germano. Fallada había tenido, en efecto, una juventud más bien ajetreada, no tenía inconveniente en reconocerlo, pero desde entonces se había convertido en un escritor famoso y le fastidió que el otro intuyera su pasado.

Había estado en la cárcel ya en 1923, seis meses, y luego en 1926, dos años y medio, por apropiación indebida; cosas de sus adicciones. Ahora corría el año 1933 y se encontraba en prisión por conspirar contra la persona del Führer. Tanto él como sus amigos siempre se habían mostrado un tanto irreverentes con el régimen: se contaban entre ellos chismes maliciosos sobre Göring. Su editor, que le ofrecía contratos leoninos pese a su aspecto de nunca haber roto un plato, había enseñado a su hija de cuatro años a saludar en público con su voz aguda, en vez de con el obligado «¡Heil Hitler!», con el grito «¡Bandera roja, acabaréis en la fosa!», al tiempo que alzaba al aire su pequeño puño. Era un comportamiento poco prudente para un editor a quien los periódicos nazis llamaban «agente de las sinagogas»; a Hans Fallada, autor del éxito mundial *Pequeño hombre, ¿y ahora qué?,* lo llamaban en las mismas páginas «el perfecto *goj*»[7]. Pero la culpa de que Hans se hallara ahora en esta desagradable situación la tenía un colaborador de la editorial, el escritor Ernst von Salomon, que «no era hebreo, como cabría imaginar». El apellido Salomon era una germanización del francés Salmon, que significa «salmón». Los Salomon eran tres hermanos, cada uno muy diferente del otro: un distinguido empleado de banco, un comunista condecorado por Stalin en persona y luego el Salomon de Fallada, que de un modo u otro había colaborado en el asesinato de Rathenau, el gran industrial, ministro de Weimar y profeta de la asimilación de los judíos, un «conspirador judeo-comunista» finalmente eliminado por los nacionalistas. Por tal razón, Salomon había recibido en su momento un trato muy favorable en la cárcel, y por las noches solía salir a tomar algo por la ciudad en compañía del director de la prisión, que era de extrema derecha, para contar sus peripecias a los parroquianos: que había pertenecido a los Freikorps o que había combatido contra los obreros en Berlín y contra los bolcheviques en el Báltico. De todo ello daría cuenta Fallada en su novela *Los proscritos.*

Una tarde de febrero de 1933, Salomon fue a verse con Hans Fallada en el campo; Fallada, en otro tiempo administrador de fincas agrícolas, había comprado, gracias a su *Pequeño hombre, ¿y ahora qué?,* una parcela de tierra junto al Spree. La razón exacta que llevó a Salomon hasta allí era algo de lo que Fallada ya no se acordaba, aunque es muy posible que pasaran las horas poniendo a caldo a este o aquel escritor y riéndose de Hitler y su partido. Así que cuando un día, al volver a casa, Fallada la encontró repleta de hombres de las SA —un trajín de veinte, veinticinco camisas pardas—, pensó enseguida en Salomon: ¿qué habría hecho esta vez? Lo cierto es que mucho tiempo después tuvo que reconocer que quienes realmente lo habían denunciado fueron los dos viejecitos

7. *Goj,* en español traducido de modo no académico como «goy», es la palabra que en yidis designa al gentil.

a los que había comprado la finca, dejándoles —generosamente, según creía él— un cuarto de la misma. Es muy posible que los ancianitos, resentidos, hubieran denunciado las conversaciones de aquella tarde: desde el porche tapado por un enrejado de rosas la acústica era inmejorable.

Fallada mostró a los SA todos sus documentos: estaba orgulloso del orden teutónico con el que guardaba su correspondencia. Los paramilitares se sintieron decepcionados al no encontrar nada de interés, pero no se desanimaron y finalmente se interesaron por una hoja en la que estaba apuntada la palabra «ametralladora». Fallada estaba trabajando en una novela sobre presos; la «ametralladora», les explicó, es una forma peculiar de castigo para los que llegan tarde, son golpes que se le dan a un preso tras envolverlo en una manta. «Se llama ametralladora», aseguró Fallada al advertir la manifiesta incredulidad de los milicianos. Lo salvó uno de ellos, que aseguró que también los SA usaban esa tortura y que, en efecto, se llamaba así. En cualquier caso, lo hicieron callar y lo subieron a un viejo automóvil para llevarlo arrestado a Berlín. A mitad de camino el comandante ordenó parar, y todos se dispersaron para hacer cada uno sus necesidades por el campo; luego volvieron y con aire indiferente le preguntaron a Hans si no quería él también desahogarse. Declinó la invitación amablemente: no lo necesitaba, gracias. Se pusieron serios, insistieron. Fallada, agarrado febrilmente a su asiento, gritó: «¡No, a mí no me van a disparar en la nuca diciendo que quería escaparme! ¡Dispárenme aquí, manchen la tapicería!». En ese momento vio cómo se acercaba en sentido inverso el auto del médico del pueblo: «Pero, señor Fallada, ¿qué diablos hace usted aquí?». «Me dirijo al juzgado con estos señores. Dígale a mi mujer que estoy bien, por favor.» «De acuerdo», respondió el médico sin moverse de allí. Incómodos, los camisas pardas volvieron a subir y se pusieron en marcha. Fallada pudo comprobar con alivio cómo, manteniendo su misma velocidad de caracol, el enorme coche del médico seguía a la comitiva.

Una vez en el cuartelillo, el municipal a cargo se negó a hacerse responsable de la custodia de Fallada. El comandante de los SA tuvo que firmar muchos papeles y encerrarse con él para convencerlo. Al final lo llevaron al más asqueroso estercolero que había visto en su vida; las obscenidades escritas en las paredes no lo distrajeron tanto como para ignorar los miasmas infernales procedentes del orinal. Maldita prisión preventiva… Fallada pasó el tiempo dando patadas contra la puerta y protestando a gritos; no había donde sentarse que no estuviera infestado de chinches. La puerta se abrió al llegar la noche y lo condujeron al juzgado. «¡Qué bien, al menos allí hay calabozo!», pensó con alivio. Cuando llegó el momento, el juez le informó de que estaba acusado de conspiración contra la persona del Führer. Lo absurdo de todo aquello hacía que no se sintiera inquieto; solo podían mantenerlo en prisión preventiva. Esta vez Fallada tuvo derecho a una celda limpia, pero, acostumbrado a la pulcritud perfeccionista de su «buena mujer», se puso de inmediato a fregar las ventanas. También le dejaron conservar su ropa de civil. De ahí la sorpresa del brigadier ante su aspecto tan cuidado y la cama, que parecía hecha por un experto.

«¿Juega al *tressette*?», le preguntó también su custodio; luego lo llevó a escondidas a una celda con dos judíos muy simpáticos, profesores de una escuela de agricultura (arte ignorado por Alemania, un país al que ellos «soñaban con hacer que se olvidara del dinero para transformarlo en Palestina, en un país de campesinos»). Escribió Fallada: «Ay, sí que era buena aquella pequeña cárcel de Furstenwald junto al Spree». El brigadier, que había apreciado su vestimenta, tenía mejor gusto que aquel editor de una revista que un día lo había llevado a rastras a una tienda y lo había obligado a ponerse una corbata que eligió él mismo: «¡El resto, tírelas! Con esas corbatas que lleva jamás conseguirá escribir una buena historia, ¡créame!». Fallada dejó a sus espaldas aquella pequeña y amable prisión gracias a su «paciente» esposa, quien, cuando supo que estaba embarazada, fue a ver a un abogado que de inmediato se mostró entusiasta: «¡Las cosas no podrían pintar mejor, señora! El presidente de la junta es un compañero mío del colegio».

En otoño de 1944 lo encerraron de nuevo, en esta ocasión en un psiquiátrico penitenciario: había disparado a su mujer. Convivían en la nueva granja de Carwitz con tres hijos, la suegra y varios evacuados por los bombardeos; Hans dormía en el granero. Un día que estaba borracho disparó con una pistola de bolsillo a su esposa; ella se la quitó, la tiró al lago y luego, con muy buen criterio, llamó al médico. El doctor se encargó de que a Hans se le pasara la cogorza, y marido y mujer declararon que lo del tiro no había sido en realidad un intento de homicidio. Todo habría acabado ahí de no ser porque un fiscal «celoso en exceso» insistió en que interrogaran a Fallada en el juzgado de la vecina Neustrelitz. Decretaron el «ingreso temporal» del imputado en un hospital psiquiátrico. El 4 de septiembre, Hans entra indefinidamente en el manicomio provincial. «Cohabito con ochenta y cuatro hombres, en su mayoría psicópatas, casi todos asesinos, ladrones y maniacos sexuales.» Desintoxicado a la fuerza, se consuela con un remedio que había aprendido cuando estuvo encarcelado en 1924: escribir. Tenía por entonces treinta años; encerrado en la cárcel de Greifswald, esa tarea daba sentido a sus días: «Sería duro si por la noche no tuviera la alegría de poder escribir». Ahora, en el manicomio, pide papel y pluma. Consigue 184 páginas de doble hoja a rayas. En ellas Fallada escribe *El bebedor* y algunos relatos breves, así como una fábula para niños. Y con una caligrafía minúscula, ilegible para los guardias que acudían continuamente a vigilarlo, emprende la historia de su vida cotidiana bajo el nazismo: los pequeños abusos, las insoportables vejaciones y atrocidades; la obligación que tenían los escritores de ofrecer una literatura optimista y positiva, el final feliz nazi de los guiones cinematográficos. Cuenta también anécdotas hilarantes sobre la vida de los artistas y de los editores, pintando escenas costumbristas llenas de chismes y colorido. Debajo de todo ello, se trataba de defender su decisión de permanecer en Alemania cuando todos se marchaban: «soy alemán», esa era su justificación. Cuando se acaba el papel, Hans da la vuelta al pliego y recomienza escribiendo en los intersticios de las líneas, una y otra vez, siempre temblando porque sabe que arriesga no solo su vida, sino también la de todos aquellos a quienes nombra. El 8 de octubre de 1944, que cayó en domingo, le conceden pasar un día en casa acompañado de un enfermero. Pegado a su piel esconde el manuscrito; no ha acabado aún su divertidísima historia, pero consigue dejarla a buen recaudo; sería publicada en 2009.

Fallada es un escritor que hace gala de un sentido del humor siempre elegante y por ello gusta de mostrar las extravagancias y contradicciones de la vida. Su retrato del editor Suhrkamp es un delicioso ejemplo. Peter Suhrkamp era hijo único de un campesino de la región de Oldemburgo; pastoreando sus ovejas había descubierto las *Historias de calendario* de Hebel, y a partir de entonces se abrió ante sus ojos el turbulento mundo de los libros. A golpe de sacrificio, pero también con un corazón duro como el acero, se convirtió, tras sobornar a un antiguo gran editor judío, en el director de todas las prestigiosas publicaciones que aún hoy llevan su nombre. Se hizo nazi y persiguió a los autores hebreos y filosemitas, arruinando sin pestañear más de una vida. No obstante, ayudó infatigable y diestramente a un Fallada a la deriva tras su tercera estancia en prisión. Un día fue a verlo: «Escúcheme, Bertolt Brecht se esconde en mi casa, estoy haciendo una colecta para él. ¿Cuánto da usted? Es posible que no lo recupere». Brecht había escapado de su detención porque precisamente había ido a afeitarse al establecimiento frente a su casa; al salir del barbero vio a la policía en el portal y así, tal y como estaba, sin sombrero ni abrigo, fue a casa de Suhrkamp. Este hizo una colecta, desempolvó un antiguo automóvil y acompañó personalmente a Brecht al otro lado de la frontera. Arriesgaba su posición, que tan desesperadamente había alcanzado a costa de vender su alma, y, por supuesto, arriesgaba su vida. «Este era Peter Suhrkamp, no era peor ni mejor —anota Fallada—, y tampoco los demás somos muy diferentes.»

23. JEAN GENET

«Escuche, *mon général* —dijo Jean Genet a su superior en Siria (era oficial de enlace y su obligación consistía en tenerlo al tanto de los movimientos del enemigo)—, si debo darle mi informe en posición de firmes y a seis pasos de distancia, nunca conseguiré explicarle lo que sucede. Mire, yo necesito moverme.» Genet comenzó a explicarse con grandes aspavientos, y el general lo mandó al calabozo. Es muy probable que la historia fuera inventada, que Genet la contara porque le avergonzaba no haber conseguido que lo enviaran al calabozo una sola vez en sus tiempos como soldado (excluyendo, por supuesto, sus penas por deserción). Sin embargo, en su vida civil alternó el vagabundeo y las fugas con los orfanatos, los reformatorios infantiles, los campos de concentración y los de deportación, pero, sobre todo, con todo tipo de cárceles; tanto es así que Michel Foucault pasó largo tiempo entrevistándolo para su *Vigilar y castigar,* un libro sobre el sistema penitenciario occidental.

Abandonado por su madre nada más nacer, el Estado confió a Genet, mediada la correspondiente compensación económica, a unos padres adoptivos en un pueblo del corazón de Francia. Eran gente muy cariñosa; Jean, sin embargo, les robaba. Del pequeño estanco de la madre comenzaron a desaparecer primero los caramelos y luego el dinero, que el niño gastaba con sus amigos en el colmado vecino. En el colegio era un alumno brillantísimo y, si en clase desaparecía cualquier cosa, todos sabían quién había sido: acostumbraba a robar el suministro que llegaba a la escuela, distribuyendo con la mejor intención cuadernos y lápices entre sus compañeros. Lo consideraban un pequeño delincuente, pero gozaba de respeto: era muy discreto, recitaba con pasión, el maestro leía en público sus redacciones y, aunque se dirigieran a él en dialecto, respondía invariablemente en francés. Hasta cumplir los treinta siempre llevaría consigo una gramática que consultaba continuamente y consiguió acabar el colegio con apenas cinco años. En sus cartas siempre había algún error, pero cuando en 1942 escribió *Nuestra Señora de las Flores* creó una de las obras maestras de la lengua francesa.

A los doce años, tras perder a su madre adoptiva, dejó de robar y de animar a sus amigos a hacerlo, pero siguió siendo muy asocial, hasta tal punto que —como explicaría uno de sus compañeros de clase— ni cuando se hizo famoso quiso acudir a un plató: «Todos los escritores van a televisión, pero a él nadie lo ha visto nunca: siempre estuvo al margen de la sociedad».

Como era el mejor estudiante de la región, enviaron a Genet a un magnífico centro de formación profesional para ebanistas en Montévran, a treinta y cinco kilómetros de París. El 3 de noviembre de 1924, a las dos semanas exactas de su llegada, Jean se escapó. En la denuncia presentada inmediatamente a fin de comenzar la búsqueda, junto a sus rasgos físicos y su vestuario, se mencionaba su «aspecto afeminado». Había llegado de su pueblo con el pelo largo «como para hacerse un moño». El pequeño Genet sobrevivió durante su escapada robando y entregándose a la prostitución barata; sus clientes homosexuales le daban apenas cincuenta céntimos. Sea como fuere, el 10 de noviembre fue capturado en Niza. Cada vez que se fugaba, Genet intentaba alcanzar un puerto; por aquella época, su propósito era llegar a Egipto o a Hollywood, pues quería dedicarse al cine.

Teniendo en cuenta su inclinación por el arte, las autoridades lo confiaron a un magnífico cantante y compositor ciego de Montmartre, René de Buxeuil. Buxeuil sintió curiosidad al saber por boca de su esposa que cada vez que el chico salía, cosa que hacía todas las noches, iba maquillado; finalmente el músico lo devolvió a las autoridades, pues le había prestado 140 francos y Genet regresó habiéndolos derrochado en una feria. Tras fugarse de nuevo, esta vez del reformatorio de la Rue de Vaugirard en París el 9 de febrero de 1926, lo arrestaron dos días después en Marsella. Volvió a escapar un mes después, y en esta ocasión lo encontraron en la propia París, pero dentro de un tren que se dirigía a Burdeos. El juez determinó que «mantuvieran bajo custodia» a aquel vagabundo de quince años hasta nueva orden. Fue en la cárcel de la Petite-Roquette, cerca de Père-Lachaise.

La Petite-Roquette era una cárcel de menores levantada siguiendo el modelo del panóptico ideado por el filósofo inglés Jeremy Bentham: las celdas estaban dispuestas en forma de abanico, lo que facilitaba su observación desde un único punto. Los pequeños presos no se veían entre sí, pero los guardias, situados en el centro, sí podían mantenerlos vigilados ininterrumpidamente. Tenían derecho a una hora de paseo en círculo y en absoluto silencio. «A pesar de estas precauciones, todos tenían su amiguito», aseguraba Genet. «Nos enviábamos notas de amor por las ventanas, colgadas de un hilo; a veces las pasábamos por debajo de la puerta.»

Para evitarle el reformatorio, las instituciones optaron por destinarlo a la colonia agrícola de Mettray. Genet llegó a ella esposado a un agente. El establecimiento, para su sorpresa, estaba rodeado únicamente de parterres y árboles de laurel. Pronto descubrió que la fuga era imposible gracias a unas medidas muy sencillas: los campesinos de los alrededores recibían una recompensa por cada fugitivo que entregasen y, en caso de alarma, las mujeres debían retirar de inmediato la ropa tendida, pues lo primero que procuraban los fugados era sustituir su casaca, la cual, junto a la cabeza rapada, los hacía fácilmente reconocibles. El trabajo era extenuante. El lema de la colonia era: «Mejorar la tierra con el hombre, mejorar al hombre con la tierra».

Al llegar a Mettray, Genet se ganó el respeto de aquellos jóvenes delincuentes cantando las canciones típicas de Montmartre que había aprendido de Buxueil: «J'ai deux amours» y «Pars sans te retourner». A cada recién llegado se le asignaba un «duro», o «said», de quien se convertía en compañero pasivo. Cuando el primer amante de Genet, Villeroy, partió para embarcarse con la Armada, a Jean lo casaron con otro «duro» en la propia capilla de Mettray en presencia de doce parejas más: «El día más hermoso de mi vida —escribirá en *Milagro de la rosa*— fue aquella noche». El dormitorio era un pabellón a lo largo del cual se extendían las hamacas, que se retiraban por la mañana para sacar las mesas, con lo que la gran sala quedaba convertida en refectorio. Los muchachos se tatuaban a escondidas con instrumentos improvisados: uno vigilaba, otro —para que no gritara— acariciaba durante el proceso los pies del tatuado, a quien grababan dibujos según criterios de jerarquía: el águila era superior a la fragata. La fragata —nave de combate que en francés da nombre también al amante que adopta el rol femenino— aparece de manera destacada en la autobiográfica *Milagro de la rosa.* Genet hablará en ella de las incontables fantasías que le despertaba la maqueta de un barco que, en el corazón campesino de la antigua Turena, se alzaba con sus mástiles y sus velas en el patio central de aquella cárcel: los chicos aprendían a hacer nudos marineros y maniobras navales; Genet soñaba con ser un grumete a las órdenes del capitán pirata. «Fui feliz en aquel infierno —confesará—, había una moral feudal de la fuerza y del honor, ajena a esa civilización exterior contra la que los jóvenes se rebelaban.» De todos modos, el trabajo, trece horas al día, era durísimo; la comida, escasa; los castigos, continuos; para leer, apenas disponían de una hora por la noche. Tras un año y un mes, Genet se fugó de nuevo. Lo capturaron dos días después, y el Tribunal de Primera Instancia de Orleans lo dejó en libertad con el compromiso por parte del director de Mettray de castigarlo debidamente. Vuelven así los días de aislamiento en celdas gélidas donde los jóvenes, rociados con agua helada, mueren de pulmonía; o los paseos interminables en círculo por el patio, donde el ruido de los zuecos ponía música a los ayes.

Su puesta en libertad llega el 1 de marzo de 1929, cuando, alcanzada la mayoría de edad, Genet decide hacerse soldado. En octubre es cabo, rango en el que se mantendrá los seis años que dure su reglamentada vida militar en Siria, Marruecos y Francia, un periodo que en sus libros el autor tiende a pasar por alto. El 18 de junio de 1936 no se presenta a filas y es declarado desertor. Recorre por Europa más de ocho mil kilómetros. Lo expulsaban de cada país por el que pasaba; finalmente se decide a vivir de pequeños robos en Occidente, pues los policías orientales resultan demasiado eficientes. En su *Diario del ladrón* cuenta cómo atravesó Yugoslavia en compañía del austriaco Anton con una documentación inverosímil: las cubiertas de una cartilla militar francesa rellenas de cuatro páginas del pasaporte austriaco de Anton y adornadas con visados del consulado de Serbia; nadie puso pegas a aquel extraño pasaporte y, cuando lo arrestaron por disparar con un revólver a su amigo, los policías se lo devolvieron. Alemania fue el único lugar donde Genet no robó nada. El nazismo era ya de por sí cosa de delincuentes, «habría robado en vano», sin «infringir ninguna ley».

Cuando vuelve a Francia, lo sorprenden robando en los almacenes Samaritaine una docena de pañuelos junto a un cómplice. Es condenado y puesto en libertad, pero lo arrestan de nuevo tres días después tras una persecución por las calles de París, una detención que le dejará para siempre el recuerdo angustioso del ruido de los impermeables de plástico de los gendarmes. Desertor, ladrón de documentos, de objetos varios y de dos autógrafos de los reyes Carlos IX y Francisco I robados de un escaparate de la Rue Bonaparte, hallado además en posesión de una pistola que esconde en un guante, lo espera la cárcel de la Santé. «Recito *Hamlet* golpeando la cabeza contra la pared», le escribe a una amiga, pero añade: «Mis muros son transparentes».

Una de sus especialidades era el robo de ropa en grandes almacenes. «Hay que acercarse al mostrador con una mano metida despreocupadamente en el bolsillo agujereado del abrigo. La mano libre finge rebuscar entre las prendas y la otra desliza debajo del abrigo la que se encuentra más abajo del montón.» Era un reincidente de los Magasins del Louvre y del bazar del Hôtel de la Ville. En 1939, había comprado en la cárcel una felicitación navideña para enviársela a una amiga, pero, al percatarse de lo basta y granulosa que era aquella tarjeta, en vez de redactar la felicitación, se puso a escribir sobre ese miserable cartón y sobre la nieve. Es entonces cuando la literatura comienza para él. Durante la ocupación escribía en el papel marrón con el que debía confeccionar saquitos para el pan; cuando los vigilantes se daban cuenta y le confiscaban los manuscritos, él comenzaba de nuevo. Entre 1942 y 1947, escribe febrilmente sus primeras cinco novelas, entre ellas *Querelle de Brest.* Mientras tanto, Jean Cocteau lo ha descubierto y lo recomienda en una cena al editor Denoël: «Genet siempre ha vivido en la cárcel, así que es libre». Tras su enésimo arresto por robo de libros, Cocteau lo confía a un prestigioso abogado. En el proceso habla de él como «el mejor escritor de la era moderna». De este modo, en vez de a cadena perpetua, lo sentencian a cuatro meses de prisión. El 24 de septiembre de 1943 lo arrestan de nuevo por robar libros, pero en esta ocasión —por primera vez— se identificará ante la policía como «escritor». Este será, además, su último encierro. Sus amigos intelectuales se deciden a intervenir: ese joven «inestable» tiene dotes extraordinarias. También por vez primera, la policía quizá tenga más en cuenta su talento literario que la incompatibilidad de aquel maleante con la vida en sociedad. El 14 de marzo de 1944 está «fuera» para siempre, aunque conserva su aire de «proletario venido a más», mitad criminal, mitad celebridad literaria. Presentaba a sus amigos ladrones a los escritores: «Está tatuado por todos sitios; Gilbert, enséñales tus tatuajes». Y no perdía sus costumbres: en casa del sastre Jacques Fath se echó al bolsillo una caja de esmeraldas y diamantes situada sobre la chimenea; luego, en casa de Cocteau, se dio cuenta de que eran falsos. «¡Ay, ladrón, ladrón!», protestó, furioso, y se los dio al propio Cocteau para que los restituyera al estafador.

24. MALCOLM LOWRY

En Acapulco las mariposas salieron a recibir la barca; era el Día de los Difuntos y, ya mientras desembarcaba, Malcolm Lowry se tomó su primer trago. El 18, se estableció con Jan, su espectacular esposa, en Cuernavaca, setenta y cinco kilómetros al sur de la capital, donde el mezcal era de los mejores de México. Los amigos que fueron a visitarlo lo encontraron fascinante e ingenioso, como siempre, con un vigor ausente y aire indefenso, muy bronceado y con los pantalones, según su costumbre, a punto de caerse, sujetados a la cintura por una corbata. Ella pasaba y volvía a pasar con sus «tacones sin piedad ni fidelidad» delante del camastro andrajoso de la terraza donde Malcolm —veintiocho años— pasaba la mayor parte del tiempo, siguiéndola con una mirada de devoción vergonzosa y nostálgica. Pero debía de estar en condiciones de escribir, porque sus visitantes —los escritores Conrad Aiken y Arthur Carder Marshall— pudieron ver efectivamente el manuscrito de *Bajo el volcán.* Al principio se trataba de un cuento, aunque ya escrito con ese estilo lleno de incisos y elipsis. El protagonista es un cónsul inglés alcoholizado que conduce en compañía de su mujer y su hermano desde Cuernavaca a una fiesta en Chatapultepec. Junto a la carretera ven a un campesino herido de muerte. Jan era también escritora y sabía que su marido tenía el potencial de ser un genio, pero ella se marchaba durante semanas sin ni siquiera inventar un pretexto: se iba con jugadores de pelota o con *señoritas* o a casa de dos ingenieros de las minas de plata que la colmaban de regalos suntuosos. Un día, Lowry la acompañó hasta la parada de autobús con dos pequeños pendientes de plata por su cumpleaños, que era el día siguiente; ella los guardó en el bolso «como si fueran un reproche, que probablemente lo eran».

Lowry, por su parte, desaparecía para beber durante una noche, durante dos, manteniendo siempre su sentido del humor y su conversación errática, como de un visionario. Una noche que regresaba tambaleándose bajo una tormenta se cayó en un canal de desagüe, y sus amigos tuvieron que lavarlo, secarlo, cargar con él y meterlo en la cama. En la foto de la boda «mexicana» de Aiken —aún no del todo divorciado— con su nueva novia, Lowry aparece elegante con su *tweed,* su pipa y una taza de té con su platito; Jan tiene un aspecto menos impactante de lo que cabría esperar por su leyenda. Pero Lowry no tardaba en retomar sus recorridos por todas las cantinas de la ciudad. Un día Jan fue al hotel de la pareja: «Malc» había desaparecido con su despertador de plata. «Se lo beberá; él no me importa, pero el despertador… no tengo dinero para recuperarlo.» Era casi de noche, lo encontraron en el zócalo de una taberna. Jan lo asaltó pidiéndole el reloj, y Malcolm lo sacó con un gesto de mago del bolsillo de una gabardina inmunda; se trataba de un objeto extrañamente grande. «Pero ¿por qué lo has cogido?» «Querida mía —le respondió—, si no lo hubiera hecho, ¿cómo habría sabido cuándo dejar de trabajar?»

Cómo se las arreglaba Lowry para trabajar no estaba del todo claro. Jan volvió a marcharse con su traje de sastre blanco de falsa piel y sus zapatos rojos de tacón alto, en esta ocasión con su vecino, el cónsul inglés (quizá francés) en Cuernavaca. Cuando regresó de Veracruz, a comienzos de diciembre, fue solo para recoger sus cosas y volverse a marchar, esta vez para siempre. El día 15, tras quedarse solo, Malcolm se trasladó quinientos kilómetros más al sur, a Oaxaca: clima perfecto y mezcal inmejorable. «S.O.S. Estoy naufragando», escribe a sus amigos. «Gran parte de las quejas que escribo son exageradas, como siempre —admite—, pero esta vez menos de lo habitual.» Unos fascistas de Oaxaca lo han metido en la cárcel, aunque el lado cómico de la situación es que lo han confundido con otro: un amigo suyo, Sidney Carton, un comunista que era el comedimiento personificado. Para aquella gente todo agitador debe tener un aspecto desaliñado, así que han arrestado a Lowry en su lugar. Malcolm proporciona muy pronto otra versión de lo sucedido: la policía ha hojeado sus escritos y no ha encontrado ninguna coherencia en ellos, así que ha concluido que no es escritor, sino espía. «Por cierto, apesto —escribe también Lowry—; no estoy del todo seguro, pero creo que en las cárceles mexicanas te dan de beber de tu propio orinal, sobre todo si no tienes pasaporte.» Comer, dormir, trabajar resulta imposible: «Fuera solo está el sol, y dentro…» (no acaba la frase). Con su padre —industrial del algodón y petrolero— usa un tono ligero: «Me han alojado en una residencia por una fruslería». Luego entra en detalles: «Había expresado con moderación una opinión izquierdista, y me encerraron en una cárcel local. Como no tenía documentos que demostraran mi identidad, permanecí allí indefinidamente, durmiendo sin manta sobre el suelo helado, con una banda de criminales mucho más educados, me place decirlo, que las autoridades municipales». Muy poco después la propia Policía debió de darse cuenta de lo absurdo que era mantenerlo encerrado y lo liberaron «al vasto mundo», solo para arrestarlo de nuevo acusado de ser un espía «por culpa de las gafas oscuras». Escribe a su amigo Aiken: «He pasado la Navidad, el Fin de Año y el aniversario de mi matrimonio en la cárcel, arrestado por espía. Sufro de amnesia, depresión, corazón roto, tisis, cólera y envenenamiento por alcohol».

Lo ayuda un amigo, un zapoteco de aire imponente, Juan Fernando Márquez, metro noventa y cinco de altura, una talla imprevista por los etnólogos para los hijos de esa raza diminuta. Juan Fernando había estudiado química en Ciudad de México, y tenía parientes diplomáticos en Nueva Orleans, pero le gustaba comer tortitas en el valle de Oaxaca. Trabajaba como correo a caballo para el Banco Nacional de Crédito y Ejidal. Se llamaba «ejidos» a las parcelas de tierra que en época prehispánica eran propiedad común de los municipios, aunque por lo general se trataba de eriales. El presidente Lázaro Cárdenas había impulsado una reforma agraria que distribuyó entre los campesinos diecisiete millones de acres requisados a las grandes haciendas. El Banco Ejidal ofrecía créditos y enviaba a sus agentes a reclutar campesinos en los rincones más perdidos; los propietarios originales, indignados con la reforma, pagaban a bandas de sicarios para que persiguieran y mataran a estos «caballeros del pueblo». En sus desplazamientos, Juan Fernando también prestaba servicio como médico y traductor: en el estado de Oaxaca se hablaban catorce dialectos y Márquez los hablaba todos, «incluido el chinanteco, el popoloca, el zoco y el elegantísimo español arcaico de los conquistadores». Lowry lo acompañó en una de sus expediciones allá por 1937: Juan Fernando será el Juan Cerillo de *Bajo el volcán,* y el campesino que en la novela muere en la cuneta es en la realidad un agente de banca al que asaltan hacendados o militantes fascistas. En Año Nuevo de 1938 Lowry está en prisión y Juan está ahí para consolarlo: «Cuéntame tus calamidades y dime si tú también estás borracho». Malcolm continuó con su vida disoluta; contaba que había intentado suicidarse en el mar, pero, al avistar una barracuda, se aupó por instinto a una roca, donde finalmente llegó para salvarlo en un barco a motor la actriz de cine Gilda Gray, a la que él mantenía junto con su amante.

Fue su padre quien se personó finalmente para rescatar a Malcolm de todos sus apuros mexicanos. Arthur Lowry tenía intereses en aquel país y contaba con hombres de confianza. Pagaron las deudas del hijo y lo metieron en un tren hacia la frontera norte con un billete ya pagado hasta Los Ángeles. Aquí fue un abogado quien se encargó de acogerlo; el padre lo había contratado para que lo vigilara y acelerara su divorcio de Jan, que se encontraba en la ciudad. El abogado le ofreció a Jan una suma considerable; mientras tanto, Malcolm, que recibía una paga miserable, contrató a una mecanógrafa para que fuera a su hotel a pasar a máquina

Bajo el volcán. El cónsul americano, a quien le había dado el manuscrito para que lo leyera en México, se había marchado sin devolvérselo; por suerte, un amigo de entonces con dotes para el robo con violencia consiguió introducirse en el consulado y por encargo de Malcolm recuperó el texto.

Malcolm se olvidó de él al partir hacia Vancouver; su nueva y fiel compañera se lo llevaría más adelante cuando se le unió allí. Vivieron en cabañas de pescadores una ruda vida de pioneros, y un incendio volvió a poner en peligro su correspondencia. Pero continuó reescribiendo con tozudez *Bajo el volcán,* hasta que, en 1946, dos editores aceptaron la novela. Los quince años que Lowry vivió como un Robinson Crusoe en Dollarton, en la costa virgen de la Columbia Británica, resultaron sin duda productivos, pero su obra maestra nació de todo aquel caos mexicano.

25. GIUSEPPE BERTO

Apenas alcanzada la mayoría de edad, como alumno de alférez de complemento en Palermo, Giuseppe Berto tuvo a Tommaso Landolfi de camarada, pero no se daría cuenta hasta pasados unos años. Su aprendizaje del arte de la escritura tuvo lugar en Texas, en el campo de Hereford, lugar conocido por la apreciada raza de ovejas criadas en sus pastos. He aquí la historia.

Movilizado como *capomanipolo* de los camisas negras, desembarcó en Trípoli el 1 de septiembre de 1942. Se había enrolado a causa de un desengaño amoroso y también porque se había aburrido de ser secretario del Fascio y maestro de escuela. Lo cierto es que su guerra en África puede resumirse en largos baños en el mar de Cirenaica, dátiles, pescado y prostitutas; era el encargado de renovar el camuflaje de las trincheras y también de la intendencia, es decir, de hacer la compra. Mientras tanto, los italianos no dejaban de retirarse, aunque siempre confiados en la victoria final. Los camisas negras de complemento, los jornaleros calabreses y los sicilianos, alistados todos con engaños, solo querían volver a casa; el 13 de mayo llegó la rendición. Se entregaron a una patrulla senegalesa; primero los encerraron en un campo y luego los subieron en un camión con destino a Casablanca. Zarparon en julio, encerrados en la bodega de un navío de clase Liberty, el Santa Rosa, dedicado al transporte de tropas: diecisiete días de un calor infernal, luego otros tres en tren. Cuando bajaron, se hallaban en medio de una inmensa pradera texana: este será el origen de algunas divertidas historias y de un delicioso capítulo de la biografía de Dario Biagi. Apenas llegado al campo de prisioneros George Meade, en Hereford, Berto supo por un diario local, el *Amarillo Daily News,* de la caída de Mussolini. En el campo comenzaron a surgir distintas facciones que siempre andaban a la bronca: badoglianos, republicanos, antibadoglianos, monárquicos fieles al rey y monárquicos partidarios de la sucesión, anarquistas, fascistas republicanos... Los americanos, con el fin de evitar problemas, comenzaron por separar badoglianos de antibadoglianos. La comida era abundante, y Giuseppe Berto, con todo el tiempo a su disposición, descubrió que el campo le ofrecía «condiciones extraordinariamente favorables» para escribir.

Entre el toque de diana, a las seis y media, y el de retreta, a las nueve de la noche, no había nada que hacer: «liberados de la esclavitud de las necesidades», los prisioneros podían dedicarse a cultivar el espíritu, un instinto que la reclusión excitaba. «Éramos casi cuatro mil en nuestro *compound,* el *compound* número 4 del campo de Hereford, en Texas, que no tenía siquiera trescientos metros de ancho.» Los barracones, recién levantados, contaban con una magnífica calefacción; los tornados debían de ser frecuentes, pues los edificios estaban bien fijados al suelo. Cada uno estaba formado por cinco compartimentos que, a su vez, mediante tabiques de madera contrachapada, se dividían en tres pequeñas habitaciones para dos prisioneros cada una; los baños estaban recién estrenados, y había otros dos barracones destinados al entretenimiento y a la misa, respectivamente. Este último «era un barracón típico, como los nuestros», con la diferencia que en lo alto del techo tenía un pináculo que imitaba un campanil. Servía «colectivamente» para todo tipo de servicios religiosos, y en la puerta podía verse muy claramente un cartel con el horario de las misas protestantes, católicas y hebreas. Dentro había un harmonio, los típicos bancos de iglesia y un altar, delante del cual, cuando no se oficiaba, extendían una lona.

Un día, en aquel clima ocioso que favorecía irresistiblemente la espiritualidad, a un prisionero se le pasó por la cabeza la idea de convertirse. Todos en el campo se mostraron escépticos. La crisis de conciencia estaba excluida de aquel lugar. Consideraban la religión algo ya superado: «uno nace con una religión y luego se la guarda». Sospechaban que aquella conversión era más bien una forma de colaboracionismo, un modo de caerles bien a los americanos. Dos o tres jóvenes que «en Italia ya eran protestantes, valdenses o cosas por el estilo» iban y venían para ponerse de acuerdo con el pastor a fin de que se desplazara aposta desde el pueblo al campo para catequizar al aspirante. El día de la conversión, solo una veintena de prisioneros —a causa, claro, de esa desconfianza de la que hablábamos— se presentaron para que los guardias los escoltaran al barracón de las misas. Había muchos texanos con aspecto de campesinos acomodados acompañados de sus mujeres, todas con sombreros adornados de flores. «Leíamos los himnos del libro, y siempre que era decorosamente posible, girábamos la cabeza hacia atrás para mirar a las chicas.» A aquel catecúmeno *sui generis* le hicieron una serie de preguntas, todas muy elementales, a las que él respondió de manera previsible para satisfacción de los presentes. Así fue como la Iglesia baptista de Hereford lo acogió en su seno.

Entretanto, Giuseppe Berto también experimentó su particular conversión. Llegó al campo declarándose dannunziano. Un día le tocó a él radiar el diario hablado, que era una especie de recital público. Efectivamente, Berto recitó unas poesías de D'Annunzio; eligió las menos pomposas y obtuvo con ello la aprobación de solo unos pocos, entre ellos su compañero de cuartucho, Gaetano Tumiati, el futuro escritor, con quien poco después colaboraría en una de las publicaciones del campo. Allí nacieron al menos cuarenta revistas, ya fueran en forma de mural o como publicaciones de una sola copia; eran deportivas, humorísticas, artísticas... Desde *Poviere* (de *pow,* acrónimo de «Prisioner of War») a *Filospinato;* la más refinada era *Argomenti.* En el campo, el papel se podía comprar, o al menos reciclar a partir del que se usaba para empaquetar alimentos; como tinta se usaba el hollín rascado del metal de las estufas; para «imprimir» contaban con amanuenses *ad hoc.* En el primer número de *Argomenti,* Berto había publicado un texto en prosa con elegante estilo, por supuesto de tono dannunziano, donde exaltaba los cambios de estación en su pueblo. A su lado figuraba un cuento de Tumiati en forma de diálogo entre dos soldados que conducen por la línea costera que une Trípoli y Bengasi; las pausas, los sonidos y el paisaje aludían a aquello que ambos no podían contarse en sus confidencias; «así que al lector —se sorprendía Berto— en cierto modo se le invitaba a completar la obra del escritor», lo que proporcionaba unos estímulos, por así decirlo, «fermentadores»: estaba aprendiendo el estilo americano. Luego llegaron Faulkner, Steinbeck, Dos Passos, Hemingway. Berto se dispuso a recibir lecciones de Tumiati; «debo admitir que los americanos me gustan», confesó en una ocasión, pero era también porque se había enamorado de una enfermera. «Estaba atado a D'Annunzio y Dostoievski. Ahora he abierto los ojos.» Leían también a los italianos, Corrado Alvaro o Alba de Cespedes; también circulaba por el campo *Las ambiciones defraudadas,* de Alberto Moravia, pero Tumiati y Berto lo trituraron de común acuerdo. Trabajaban juntos en la misma mesa, «un plano inclinado de cartón situado bajo la ventana», por la que entraban «kilos» de polvo rojizo.

Al atardecer iban a tomar el fresco al banco del barracón de Armando Boscolo, el periodista; ya de noche, Berto localizaba, tomando como referencia las estacas de la valla, el punto exacto por el que se ocultaban las últimas llamaradas del sol: haría después lo mismo en Capo Vaticano, sirviéndose en esta ocasión de Aspromonte y las Eólicas como puntos de referencia. Había escrito una novela de quinientas páginas —que se convertiría en *El cielo está rojo*— cuando el campo, ya acabada la guerra, se convirtió en un *fascist camp,* destinado a unos pocos centenares de irreductibles, los que rechazaron colaborar con los norteamericanos. Fue el periodo conocido como «el hambre». «Durante la revista de la tarde, eran capaces de tenernos cinco e incluso seis horas bajo un sol que reblandecía el asfalto», y las raciones de comida habían disminuido por debajo del nivel de subsistencia. Los prisioneros freían con brillantina mochuelos, cuervos, serpientes, saltamontes. «Nos comíamos los perros y los gatos hervidos sin sal, era el único modo que teníamos de cocinarlos», contará Berto. El hambre duró ocho meses, que pasaron desplomados en los camastros; un día, poco antes de Navidad, llegó un camión con leche condensada, señal de que los prisioneros debían reponer fuerzas para afrontar el viaje de vuelta. Berto embarcó el 30 de enero de 1946, y hasta el último momento estuvo en tensión por sus manuscritos, que la censura no le devolvía; había entregado una copia a la Cruz Roja, pero no se fiaba.

Apenas regresó a casa, volvió a copiar a máquina la novela y se puso en contacto con ciertas amistades influyentes que había trabado en el campo para intentar publicarlo. No era el único que había cambiado radicalmente de oficio en aquellos dos años. Entre los carpinteros oficiales del campo —con tanto tiempo libre, todos procuraban emplearse en cualquier cosa— estaba Alberto Burri. Era médico, pero «había declarado que la humanidad le daba asco y que jamás movería un dedo para curarla». Al principio se había puesto a pintar colinas pobladas de hombres; pero, según cuenta Boscolo, «como no admitieron sus paisajes en la primera exposición que se organizó en el campo George Meade, participó con unas figuritas de ajedrez talladas en madera con una hoja de afeitar».

26. ROBERT DESNOS

En junio del 1945, un estudiante de medicina de Praga se ofreció voluntario para visitar la fortaleza de Terezin, usada en su momento por la Gestapo como campo de concentración y ahora convertida en un gigantesco hospital, donde habían acomodado a lo que quedaba de un convoy procedente de Buchenwald. No eran más que fantasmas enfermos de tifus, disentería, tuberculosis. Vio un nombre en la lista: Robert Desnos. ¿Sería posible que fuera el poeta francés, uno de los creadores del surrealismo? Ya en los años treinta había leído, traducidos a su lengua, aquellos poemas, unos versos que conferían ritmo al lenguaje deshilvanado del sueño y de lo inconsciente: «Resulta extraño que uno se despierte a veces en plena noche / En sueños alguien ha llamado a una puerta / y en la ciudad extraordinaria de la medianoche / los portones resuenan con fuerza de una calle a otra / Quién es el visitante nocturno de rostro desconocido / Es un reflejo en el espejo de nosotros mismos / que regresa / e intenta entrar en nosotros / Se da cuenta entonces de que hemos cambiado / de que la llave ya no hace girar la cerradura / de la puerta misteriosa de los cuerpos… / No llames más, visitante / ya no hay espacio ni en la habitación ni en el corazón / para las antiguas imágenes de mí mismo / quizá tú me reconozcas / yo no».

El joven doctor se inclinó sobre el enfermo para preguntarle si, en efecto, era Robert Desnos, el poeta. Vuelto en sí, Desnos abrió de par en par los ojos color agua y sonrió, y entonces algo parecido a un amanecer invadió el barracón que servía de enfermería. *C'est mon matin le plus matinal* («es mi mañana más matinal»), dijo, en parte para dar las gracias y en parte para expresar sus sentimientos. Era la magia de Desnos su sonrisa; en tal sentido, un superviviente contaría después «una escena legendaria» acontecida en Auschwitz. Los SS habían pasado revista sobre el suelo helado a los deportados; moriréis todos, les aseguraban. Desnos, al fondo, se había separado del grupo y, con su gusto por el futuro y la adivinación, comenzó a leerles la mano a sus compañeros, y lo hizo tan alegre y confiado en el porvenir que la esperanza reapareció como un milagro en todos aquellos rostros.

Desde muy joven Desnos tenía las mejillas hundidas y los ojos vacuos rodeados por unas siniestras ojeras. «Ojos de dormir despierto», decía Breton, quien, buscando para el surrealismo un nombre y un camino, empleaba métodos cercanos al psicoanálisis, la asociación de palabras, la narración de los sueños y la hipnosis. Fue precisamente Desnos quien, a finales de 1922, protagonizó aquellas memorables sesiones de sueño hipnótico en las que con voz terrible prorrumpía en imágenes de una poeticidad increíble y «amontonaba versos como manadas de bisontes»; los allí presentes, espantados, lo detenían despertándolo. «¡Poesía, oh lapsus!» es uno de sus versos: el pensamiento no controlado, a trompicones, nos revela nuestro deseo profundo. Desnos alterna y mezcla por ello en sus escritos amor y experimentación: en su *Langage cuit* (que no crudo), desarticula o pone del revés las frases esperando que el pensamiento anquilosado renazca sugerente o revelador; los senos de nieve se convierten en nieve de senos. También en 1923, en *Corps et biens,* París cambia, y solo el amor de Desnos, en la confusión de los tiempos propia del deseo, permanece como sentimiento sin esperanza, es decir, aún cargado de esperanza pero perdido para siempre, como el pasado: «Los aperitivos habían cambiado de forma y de color (...) / durante tanto tiempo tú me has amado».

Su «amor único» tuvo dos caras. La primera, Yvonne George, cantante celebradísima y disoluta, jamás le devolvería ese amor atento, vigilante y desgarrador que Desnos transmutaba con sus versos en mito. Por ella, para procurarle droga —no tenía un céntimo— llegó a aceptar la que le regalaba un *flic,* un policía, antiguo compañero de colegio. A Yvonne, Desnos dedicó *¡La libertad o el amor!,* del que la censura suprimió sesenta páginas por ofensas a las buenas costumbres y la religión; fue el mismo año en el que el grupo de los surrealistas se unió al comunismo; Desnos se escabulló, dijo que prefería el cine.

Luego llegó Youki, radiante esposa del pintor japonés Fujita. Los Fujita vivían a la moda en una casa fastuosa donde la mesa siempre estaba dispuesta para quien quisiera ir. Desnos vivía en un estudio destartalado que en otro tiempo había pertenecido al visionario pintor automático Masson, aunque en la pared colgaban los sueños minuciosos de otro pintor surrealista, su vecino Joan Mirò, por entonces un perfecto desconocido. Un día Fujita salió a comprar cigarrillos y desapareció en Japón. Youki decidió instalarse para siempre entre las desafiantes pilas de discos, libros y *trouvailles* de mercadillo de Desnos.

Al comenzar los años treinta, el periodismo, el cine y sobre todo la radio lo tienen ocupado, le divierten, lo mantienen vivo. En el nuevo piso del 19 de la Rue Mazarine, Youki besa uno por uno a los comensales reunidos en torno al mantel de hule negro: son diez, incluso veinte, cada noche. La simpatía de Robert es irresistible; en escasas ocasiones se enfada y larga a alguien escaleras abajo (y siempre se arrepiente luego). Al llegar la guerra y la invasión nazi, combate en el Ejército y en la Resistencia. La primera vez que lo encarcelan, en el campo de prisioneros de Jarne, lo salva un mayor francés. Había en Jarne una epidemia de disentería. El doctor puso cara de preocupación al examinarlo y expresó sus sospechas de que se tratara de cólera. El Estado Mayor alemán decidió devolver a casa a los apestados. Desnos se reencuentra feliz con Youki y la Rue Mazarine y vuelve a escribir poesía y artículos imprudentes. Céline lo ataca, lo llama «judío». Lo cierto es que ya en 1925 publicó un texto contra el antisemitismo al que acompañaba una elaborada imagen de su primera comunión; además, Robert escribía para la revista *Aujourd'hui,* a cuyo director, Henri Jeanson, la Gestapo había arrestado por negarse a lanzar una campaña contra los judíos. El nuevo director estaba desesperado con aquellos redactores insumisos —«¡Gaullistas, en esta choza todos son unos gaullistas!»— y, rojo de rabia, se marchaba a tomarse un whisky al Harry's Bar. Desnos colabora con la red Agir pasando informes militares; firma con seudónimos sonetos en *argot,* la jerga de la mala vida parisina, y acaba los poemas de *État de veille.* En la dedicatoria a un amigo escribe: «Estado de vigilia / Es un instante / entre objetos e ideas / aún por determinar / los determinaremos un día / Cita en 1945». Sus versos se habían hecho explícitos: «Os saludo, a vosotros que dormís / tras el duro trabajo clandestino, / vosotros que imprimís, que lleváis bombas, desatornilláis carriles, prendéis fuego / repartís octavillas, hacéis contrabando, lleváis mensajes, / os saludo, a vosotros que resistís». Con su nombre auténtico publicaba sin miedo a las consecuencias ataques a los miserables escritores que se habían unido al gobierno colaboracionista de Vichy. Cada mañana abría de par en par las puertas del bar que había debajo de su casa, el bistró entre la Rue Mazarine y la Rue Guénégaud, y decía sonriendo: «¡Estos están jodidos!».

Una mañana las calles de París aparecieron invadidas por afiches que anunciaban el estreno de una película cuyo guion era obra de Desnos, *Bonsoir mesdames, bonsoir messieurs.* Ese mismo día, la Gestapo se presentó para detener al poeta. Era el 22 de febrero de 1944, a las nueve y veinticinco de la mañana; tres hombres de paisano llamaron a la puerta. Desnos y Youki sabían perfectamente quiénes eran; una colaboradora de *Aujourd'hui,* por cuya redacción los nazis acababan de pasar, los avisó por teléfono. Pero Robert escondía en casa al hijo de una amiga, que se había negado a marchar a hacer el Servicio de Trabajo Obligatorio en Alemania, y Desnos perdió un tiempo valioso facilitando la huida del refugiado. Un jovencito rubio le preguntó a Youki: «¿Monsieur

Desnos?». «Aquí está», dijo Youki, y tuvo la impresión de que una sombra nublaba los ojos del muchacho. «Soy un oficial alemán —quiso explicarle—; me han encargado este trabajo propio de un policía, pero soy un oficial alemán.» Mientras tanto, Robert Desnos enseñaba a los dos esbirros unas pequeñas cajas en el altillo donde dormía. El otro, el oficial rubio, se fijaba en cambio en la biblioteca. Encontró de inmediato, en el dorso de un libro encuadernado, una hoja de papel que contenía la lista de sus amigos de la Resistencia; el primer nombre era el de Louis Aragon con su dirección de Lion. Youki lo miró desesperada; Robert se asomó desde el desván: «Es la lista de críticos que podrían escribir una recensión de mi obra», dijo con serenidad. «Ah», asintió el oficial, dobló la hoja y se la metió en el bolsillo. Luego le dijo a Youki que quería llevarse el reloj de su marido y que le preparara algunos útiles de aseo. «Pero ¿dónde lo llevan?», preguntó Youki, que empezaba a perder la calma. El oficial respondió que no tenía obligación alguna de decírselo, pero a continuación susurró: «Rue des Saussaies». Era la sede de la Gestapo, un amigo de la pareja había muerto hacía poco allí mientras lo interrogaban. Youki comenzó a sollozar; Robert, que no había escuchado la confesión del alemán a su pareja, estaba desconcertado: «Pero ¿qué te pasa? ¡Mira que ponerte a llorar así!». Luego, al ver que se lo llevaban, le ofreció su pluma Parker, la que tanto apreciaba, pues se la habían regalado sus amigos cubanos durante un viaje a Latinoamérica. «¿Me la guardas tú, cariño? Volveré a por ella.» La madre de Alain Brieux, que durante todo el tiempo había estado ahí, como embobada, se espabiló de repente y arrojó sobre la espalda de Desnos un abrigo de lana de los Pirineos que pertenecía a su hijo. «Ese abrigo me salvó la vida», escribiría en cierta ocasión el poeta a Youki.

En el silencio de la casa, las dos mujeres se miraron. Youki, sin dejar de llorar, vio apoyada delicadamente sobre una escultura la hoja que contenía, de la A a la Z, todos los nombres y direcciones de la Resistencia francesa e inglesa. La destruyó. Al día siguiente, se dirigió al despacho del jefe de gabinete del prefecto, que era un escritor, Maurice Toesca. Este acababa de hacerle un favor al *hauptmann* Huttemann, que tenía su oficina en la Rue de Saussaies:

Youki iría allí de inmediato. Pero todas las puertas estaban cerradas. Pasando desconsolada por el edificio de la Gestapo, vio que un guardia la miraba fijamente. Volvió sobre sus pasos y le puso una mano en la espalda: «Tengo que ver a Huttemann», le dijo. El guardia se echó a reír, la tomó de la muñeca —*Komm, Komm!*— y la empujó hacia delante. El centinela francés objetó: Huttemann no recibía a nadie sin cita previa. «Me está esperando», aseguró ella. Él hizo una llamada y, para gran estupor de Youki, le comunicó que podía pasar. Se quedó con su documentación, la cacheó para asegurarse de que no estuviera armada y le indicó cuál era el número exacto del despacho. Ciertamente, Toesca debía de haberla recomendado ante Huttemann, pues este se mostró educado con ella. En efecto, habían interrogado a Desnos. No, ya no se encontraba allí. Estaba en Fresnes. Si no era culpable, lo soltarían. Youki debía tener confianza y permanecer tranquila. *Heil Hitler!* Pero el expediente de Desnos, según Youki pudo comprobar más adelante, era sumamente negativo.

Desnos, que llama *footing* a las marchas de prisioneros, escribe a Youki: «Encuentro refugio en la poesía». Desde Compiègne llega la noticia de que lo deportan a Alemania. Youki se apresura y consigue verlo, envuelto en una pelliza, marchando en compañía de otros cientos por el andén de la estación. También él la puede ver a través de la barrera de guardias; le lanza una de sus famosas sonrisas, le dice algo, quizá «Hasta pronto». Desnos irá a Auschwitz, Buchenwald, Flossenbur, Floha, Dora y Terezin, en Bohemia.

El joven doctor de Praga, Joseph Stuna, iba y venía de aquel último campo de deportados a la capital para intentar encontrar, en medio de tanta penuria, alguna medicina con la que salvar a Desnos; en vano. Llamó rápidamente a una asistente, Alena Tesarova, que más o menos hablaba francés. Alena trabajaba dieciocho horas al día de un barracón a otro: hablaba yidis, francés, polaco, húngaro, holandés, rumano, griego. El 4 de junio, hacia las cinco de la mañana, cuenta Alena, el médico la llamó a la cabecera de un paciente francés tumbado sobre un jergón de papel, las manos largas y hermosas y «ya extrañas» sobre la manta, que sonrió al oír hablar a la enfermera en su propia lengua. Con su reencontrada mirada dulce de miope, habló de sus amigos escritores en Francia; se había informado sobre la literatura checa; «yo le presentaré a Picasso», le prometió. En cierta ocasión mencionó también su trabajo en la Resistencia: los nazis no habían descubierto su «crimen» más importante. Quería irse a vivir en el campo durante un tiempo, a realizar trabajos físicos; solo cuando todo lo que había visto hubiera «madurado bien» en su cabeza volvería a escribir. Alena le llevó una flor silvestre que había encontrado entre el alambre de espinos, y él ya no quiso separarse de ella. Un alemán de los Sudetes confesará tristemente: «Soy yo quien quemó al poeta Robert Desnos». Incineró también la flor en el horno crematorio, pero conservó sus gafas. La leyenda dice que encontraron en el bolsillo de Desnos un poema: «He soñado con tanta fuerza contigo, / y he hablado y caminado tanto, / y tanto he amado tu sombra / que ya no me queda nada de ti. / Me queda ser la sombra entre las sombras». Pero todos consideran su testamento político otro poema distinto: «Tú dirás adiós por mí… / al amigo que siempre he olvidado / a mi primera amante / a quienes han conocido a esa que sabes / a mis verdaderos amigos, y los reconocerás fácilmente / (…) / en cuanto a ti, a quien amo más que a cualquiera / aún no te digo adiós / te volveré a ver / pero temo no tener ya mucho tiempo para verte». Con la muerte de Desnos, de los ochocientos prisioneros que habían salido del campo de Dora quedaban con vida treinta y tres.

27. ROBERT BRASILLACH

No siempre es fácil ir a la cárcel, no basta con desearlo. El 14 de septiembre de 1944, Brasillach, recién salido del barbero, se dirigió a la Prefectura de París con su pequeña maleta de aspirante a preso. El patio estaba lleno de gente y reinaba la anarquía; en el interior, los pasillos estaban desiertos. Un celador que lo vio deambular por allí sospechó de él y le preguntó qué buscaba. Brasillach se presentó y explicó que había venido para entregarse. Con un respeto inusitado, el celador quiso saber si monsieur Brasillach deseaba ser recibido por el prefecto. Él respondió que no sería necesario. ¿Deseaba quizá ver al secretario? No, no valía la pena. ¿Entonces… al comisario Lefèvre? De acuerdo, a monsieur Lefèvre, sí.

Monsieur Lefèvre le ofrece un sillón y, cortés pero tajante, le dice que ese no es su cometido. ¿Por qué no se dirige monsieur Brasillach a la comisaría de barrio?, ¿o por qué no espera tranquilo en su casa? Quizá la Policía Judicial… Pero no es eso, la cuestión es que Brasillach tiene a su madre en prisión: es más, han arrestado a la madre para forzar al hijo a que se entregue, así que él insiste. Lefèvre decide entonces llamar personalmente a dos inspectores de la Policía Judicial («si es verdad que han arrestado a su madre, créame, no me agradan ese tipo de cosas»). Mientras tanto, quiere informarse: «¿En qué año se graduó de la Normale?». L'École Normale Supérieure es la universidad más prestigiosa de Francia; el comisario descubre con satisfacción que se licenciaron el mismo año, 1928. Sin esposarlo, confía a Brasillach a dos inspectores, que lo trasladan a la sala de clasificación. Camina arrastrándose, pues le han quitado los cordones de los zapatos y el cinturón. La madre queda libre de inmediato; a él lo envían al campo de Noisy-le-Sec, a cinco kilómetros de París.

En los dormitorios (en el suyo son doscientos presos) tienen lugar conferencias, se leen poemas de presos ilustres —Villon, Verlaine, André Chernier— y se montan obras de teatro; Brasillach escribe un coro a cinco voces. Cuando lo interrogan el 13 de octubre en Noisy, se interesan sobre todo por sus ingresos: cuánto ganaba en *Je suis partout,* el periódico del que era jefe de redacción y donde con firma anónima, «Partout et ailleurs», denunciaba con nombres y direcciones a judíos, gaullistas y miembros de la Resistencia. Resulta evidente que sus ganancias eran muy humildes, y en su informe de antecedentes penales, tanto en lo referente a sus actividades políticas como a sus malas costumbres, la anotación es la misma: «nada». Al día siguiente, lo trasladan a Fresnes imputado no de antisemitismo, sino de traición y de colaboración con el enemigo nazi.

Robert Brasillach tenía entonces treinta y cinco años, era de rasgos suaves, ojos oscuros y dulces. «El gusto del pasado no se aprende», había escrito en sus libros de memorias: ya había escrito sus memorias, él, que mantenía a los demás «a la distancia de una linterna mágica», que observaba todo con «nostalgia futura». Esos libros de recuerdos estaban escritos desde el «nosotros», pues estaban cargados de la memoria de toda una generación que «había visto pasar la Revolución rusa y la marcha sobre Varsovia y sobre Roma», a la que su época le parecía tediosa, por mucho que entre las dos guerras hubiera disfrutado del encanto del cine mudo, de Joséphine Baker, de la París cosmopolita en la que todos los chóferes eran príncipes rusos; también su época descubrió la droga, la homosexualidad, el viaje, Freud, la fuga de ideas… «En definitiva, todos los elementos de la dulzura de vivir.» Usaba la ironía y la distancia, casi la equidistancia, para describir el surgimiento extravagante y especular, a mediados de los treinta, del Frente Popular y del fascismo.

Pero la fama de Brasillach no venía de la mano de sus memorias, ni de las novelas —más bien aburridas— que le habían hecho acariciar el Goncourt, ni tampoco de su maravillosa *Histoire du cinéma:* «Charlot se mete en problemas porque imita las costumbres de los seres humanos. Al igual que un niño fabrica tartas de barro, él se come los cordones de las botas como si fueran espaguetis, reproduciendo escrupulosamente los detalles en contextos completamente diferentes». Era muy joven cuando, desde las páginas de *Action française* y luego en *Je suis partout,* Brasillach había desatado su vehemencia polémica —brillante y venenosa— en forma de literatura. Al tiempo que en lo político pasó del nacionalismo al internacionalismo fascista y al filonazismo, no dudaría en adherirse a las más atroces fórmulas del antisemitismo. «Privemos de la ciudadanía a todo judío, al medio judío, al cuarto de judío.» Cuando las deportaciones estaban en su momento álgido, escribió: «Es necesario apartar a los judíos *en bloc,* incluidos los niños»; los comparaba con ratas venenosas.

Encerrado en la celda 338 de la primera sección de la cárcel de Fresnes, Brasillach escribió poesías hasta el último día, el 5 de febrero. Debido a su seguridad, los nazis habían usado Fresnes para encarcelar y torturar agentes y resistentes ingleses; ahora, tras la liberación, se había convertido en el escenario de las purgas. Los carceleros acosaban a Tino Rossi, el cantante corso, para pedirle autógrafos; allí estaban también Louis Renault, el fabricante de automóviles, y el jefe de la Policía René Bousquet. Sacha Guitry, a quien habían arrestado en pijama de flores y sombrero de paja, respiraba aliviado: por fin estaba en una cárcel «seria» (al principio lo habían ubicado en el Velódromo de Invierno). Tres en una celda de tres metros por cuatro con solo dos jergones. Brasillach se encuentra allí con un amigo y un periodista católico. Con lo que tiene a mano —latas de conserva vacías, cerillas y papeluchos— consigue elaborar una *soupe à l'oignon* pasable; también se las apaña como puede (con restos de lápices metidos en el caño de su pipa) para escribir un diálogo entre hermanos enemigos, Eteocles y Polinices, y el diario de sus últimos meses, *Journal d'un homme occupé.* Divide las hojas, usa una caligrafía minúscula; ya sabe cómo esconder y sacar de allí sus textos, y cómo encontrar a los presos que conoce, por ejemplo a su cuñado: la visita del dentista es el método más expeditivo. En lo que respecta a la poesía, se identifica ahora con André Chenier, preso en las cárceles del Terror. «Mi país me duele», escribe: «Mi país me duele con todos sus exiliados / con sus prisiones tan llenas, sus niños dispersos, / los prisioneros aparcados entre alambres de espino, / y los que están lejos y ya no conocemos». A todos con los que se encuentra cuando se dirige al locutorio para verse con los abogados encargados de defenderlo, les anuncia circunspecto: «Me van a fusilar».

El 19 de enero de 1945, día de la vista contra Brasillach, el abogado de la defensa, Isorni, salió con tiempo. No quería encontrarse con el fiscal, que vivía en su mismo edificio; de hecho, era su inquilino. Normalmente iban al Palacio de Justicia en el mismo autobús; en el refugio, durante los bombardeos, sus mujeres se habían hecho amigas. Al llegar la liberación, habían bajado a la calle a levantar barricadas con adoquines y viejas camas; una mañana en que todos estaban cantando la Marsellesa por primera vez desde la ocupación, la mujer del fiscal, emocionada, había tenido dificultades para cargar con su hija pequeña, e Isorni la había cogido en brazos. Así fue como la niña escuchó la primera Marsellesa de su vida en brazos del hombre que defendería a Brasillach y a Pétain: uno, el más conocido intelectual filonazi; otro, el jefe del Gobierno colaboracionista.

Seis horas tardaron en decidir la condena a muerte de Robert Brasillach, uno de los hitos fundamentales de la historia intelectual europea. Isorni tenía por entonces treinta y cuatro años, y ya era un abogado muy conocido. «Gnocchi» lo llamaban en el colegio por culpa de su apellido italiano y sus rizos negros. En efecto, su madre había abandonado a un novio francés cuando descubrió que había firmado un manifiesto antisemita contra el capitán Dreyfus, y se había casado con un pintor italiano, uno de los grandes diseñadores de moda de París. Su hijo había sido el abogado más joven en ejercicio de toda Francia; lo tenían por adalid de las causas perdidas, también porque había conseguido «judaizar» su gremio, imponiendo en el Colegio un alto número de representantes hebreos. Una ley de 1940, que limitaba la práctica de la abogacía a letrados de padre francés, le había impedido ejercer. No obstante, dados sus excepcionales méritos, a Isorni le devolvieron su licencia, y en los tribunales de Vichy pudo defender a miembros de la Resistencia; la liberación le abrió un nuevo filón de clientes, todos difíciles: los excolaboracionistas. Había que contar con un pasado como el suyo para defender a Brasillach en 1944. Las salas de audiencias estaban influidas por el clima de ajuste de cuentas propio de la depuración.

Reboul, el fiscal, tenía treinta y nueve años; delgado y engominado, había estudiado dicción en el conservatorio y «dejaba caer las palabras como hojas de guillotina». Había ocupado con los partisanos el Palacio de Justicia y se había encargado de procesar a la Gestapo francesa, pero dudó mucho a la hora de asumir la acusación contra el escritor Brasillach. Tenía un guardaespaldas, pero cada mañana con el correo le llegaba un pequeño ataúd rojo.

En su requisitoria, Reboul insinúa que la relación de Brasillach con el nazismo ha sido de una naturaleza muy profunda. «Hemos establecido un vínculo con el genio alemán —cita Reboul de uno de los artículos de Brasillach—, habremos dormido en la misma cama que los alemanes, de lo que nos quedará un dulce recuerdo.» «¡Este sentimiento que no se atreve a decir su nombre es amor!», trona Reboul con tono de actor consumado; en esta ocasión, la cita es del juicio de Wilde. Por entonces se hablaba de «colaboración horizontal» cuando la fascinación homoerótica por el nazismo se convertía en entendimiento carnal con el enemigo. Brasillach, apoyando las manos en la balaustrada, explica cómo en el Instituto Alemán había conocido al señor Gallimard, el editor, y también, de hecho, al antinazi Duhamel. Aumenta la hilaridad entre los presentes a medida que el acusado cita más y más nombres: muchos periodistas tenían la impresión de que se estaban enumerando los candidatos a la Académie.

Insorni habló mucho de los méritos literarios de Brasillach, de su formación en las más grandes instituciones docentes francesas; estaba aburriendo al jurado, a dos electricistas y al tipógrafo, para quienes todo aquello sonaba «a árabe». El veredicto de condena a muerte fue por mayoría; probablemente el cuarto miembro del jurado, un ingeniero, se sintió impresionado por lo sucedido con la madre de Brasillach, encarcelada en condiciones horribles con el fin de obligar al escritor a entregarse.

Comienza entonces la peripecia del indulto. El escritor católico Mauriac, objetivo en su momento de las invectivas de Brasillach, que lo tildaba de «pájaro chirriante» (un cáncer de garganta lo hacía hablar con voz entrecortada), se pronuncia rápidamente a su favor desde las páginas de *Le Figaro* en nombre de la «caridad». Camus proclama, frente a una tragedia histórica inaudita, el derecho a la intransigencia. Sartre, a quien localizan en América mediante un telegrama, rechaza firmar la solicitud de gracia dirigida a De Gaulle. Sin embargo, sí lo hacen Honegger, Cocteau, Colette, Valéry y, tras una noche en blanco, finalmente también Camus. Muchos años después este reconocería, ya en frío, que Mauriac tenía razón: «Si Brasillach estuviera aún entre nosotros, habríamos podido juzgarlo. Ahora es él quien nos juzga».

La noche del 3 de febrero, De Gaulle repasó «con el silencio de un rey» la lista de firmas que Isorni había puesto a su disposición, así como la sobria carta de Brasillach: «Mi general, he sido condenado a muerte el 19 de enero por la Corte de París, tras haberme entregado el pasado septiembre después de la detención de mi madre. Hace treinta años que mi madre se enteró de la muerte de mi padre, el teniente Brasillach, caído en la batalla de El Herri, en Marruecos, el 13 de noviembre de 1914, en la división Laverdure. Por ella tengo el honor de solicitarle mi indulto». Para marcar distancias con el colaboracionismo, Francia necesitaba una lección: rechazado el indulto, Brasillach murió fusilado el 6 de febrero.

28. FRANZ HESSEL

Año 1935. Adorno escribe a Walter Benjamin: «A propósito de sus líneas sobre la moda, me ha venido a la mente el concepto de *changeant,* materia iridiscente, sin duda relacionado con procesos industriales. Quizá usted pueda profundizar en esta cuestión». A continuación lo dirige a los artículos de Helen Hessel en el *Frankfurter Zeitung,* «que seguimos siempre con gran interés». Pero Benjamin evitaba visitar a los Hessel, «pues la señora Helen tiene a veces el curioso deseo de flirtear conmigo, y yo me cierro en banda».

Helen Hessel es la mujer protagonista de *Jules y Jim,* la novela publicada en 1953 por Henri-Pierre Roché, y de la película dirigida por Truffaut en 1956. «Soy yo la chica que saltó al Sena por despecho, que se casó con su querido, con su generoso Jules, y que, efectivamente, disparó a su Jim», declara Helen tras haber asistido de incógnito al estreno del film.

De los tres protagonistas de aquel escabroso triángulo pasional, la más atlética era ella, con su manto de cabellos rubios que a menudo se liberaban como una crin sobre su ruda ropa de estilo militar. Aunque en cierta ocasión se batiera en el ring con Braque,

Roché era un dandi alto y delgado, con «un no sé qué de lánguido». Franz, hijo de banqueros judíos, era pequeño y redondo. Conoció a Roché en Montparnasse en 1906 y se hicieron amigos inseparables. Una noche, Franz Hessel le estaba hablando a su amigo de las mujeres de Mónaco, esbozando acaloradamente sus perfiles a lápiz sobre la mesita del café, y a Roché le entraron ganas de comprar la mesa; de hecho, se dedicaba al arte y fue asesor artístico de coleccionistas opulentos, como el rajá de Indore. Cuando la pintora Marie Laurencin se encarga de ilustrar los poemas de Hessel, Roché participa de la relación íntima entre ambos; los dos se repartían sin rivalidades a las mujeres, pero cuando Hessel conoce a Helen Grund, pintora de orígenes prusianos, advierte a su amigo: «Esta no».

La Primera Guerra Mundial dispersa al terceto, pero al final del conflicto Roché se refugia en casa de Helen y Franz, que se han casado y viven en un bosque cerca de Múnich. Roché y Franz se besan en la boca al verse y de inmediato retoman sus conversaciones de siempre; ante Helen, Henri-Pierre se siente ligeramente cohibido: el preludio de la pasión. Aflora pronto una inaudita mezcla de amor y amistad que Roché confía con meticulosa impudicia día tras día a su diario, las quinientas páginas de sus *Carnets* de los años 1920 y 21, las de la historia inmortalizada en *Jules y Jim.*

Su diario es el monumento literario de Roché; en él anota, desde los comienzos hasta mediados del siglo, sus relaciones, especialmente las amorosas. Ahí están todos los amplexos de más de doscientas aventuras, contados con una inagotable e irrepetible admiración y gratitud hacia el placer y las mujeres. Desde su primer amor por dos hermanas inglesas —que acabará convirtiéndose en la novela *Las dos inglesas y el continente*— hasta los periodos de relativo «orden», cuando la estabilidad del trío sienta los cimientos estables que permiten nuevas curiosidades, Roché arrastra por las soberbias páginas de los 346 cuadernos el enigma de su frivolidad y su eterna disponibilidad al sexo. En una Nochevieja en casa del director Abel Gance, el escritor Cendrars, con el único brazo que le queda tras la guerra, lo desafía a un partido de tenis con una pequeña bola azul; luego, en medio de las serpentinas, lo invita a bailar; Roché se deja. Nunca rechaza nada de la vida y habla con ecuánime amabilidad de Joyce, Picasso, Duchamp, Satie, Matisse, Picabia, Léger o Colette. Truffaut, al que Roché conoció a los setenta y ocho años, llamó a esa dócil pasión suya por la vida «dulzura». La secretaria contratada por Truffaut para transcribir los diarios acabó abandonando la empresa: la escandalizaba esa «dulce poligamia» que a ella no le parecía otra cosa que crueldad. Henri-Pierre conocía a todo el mundo y presentaba todo el mundo a todo el mundo, dijo de él Gertrude Stein. Picasso lo flagelaba: Roché es simpático, pero es solo una traducción.

En medio de tanta irreflexiva disipación, Roché busca asentar su pasión por Helen: quiere un hijo y un libro. Le pide que escriba ella también en el diario, quiere un amor retratado por primera vez con dos miradas. El diario de Helen es un maravilloso despliegue de dureza, violencia, profusión de sentidos. Roché anota la disciplina de los gestos amorosos, Helen la fiebre. «Siento claramente los contornos de mi corazón.» Tras el dolor causado por el descubrimiento de que Roché acaba de poseer a su hermana, Helen siente la necesidad de «tocar con los dedos cualquier cosa que amo. Las cartas de Rilke», al que había conocido. Después Roché la violenta y el amor vuelve a empezar. Leer los dos diarios juntos es un rompecabezas.

En 1955, cuando Truffaut descubrió en una estantería de libros de ocasión *Jules y Jim,* se dio cuenta de que era la primera novela de un septuagenario. Comprendió que la gracia de aquella historia incandescente solo podía venir de una larguísima sedimentación, de medio siglo de duración, y de la magia del «estilo telegráfico de un poeta que olvida su cultura y alinea las palabras como si fuera un campesino taciturno y práctico». Nacía así el ritmo aéreo y terso de la película; a veces Truffaut detiene un fotograma para transformarlo por un segundo en una fotografía, para mostrar que toda aquella vitalidad y aquel lúbrico brío tenían que ver con la memoria. Como en otras ocasiones, Truffaut comienza la película creyendo que sería divertida, pero «sobre la marcha me doy cuenta de que solo puede salvarla la tristeza».

El amor de Helen acaba cuando Roché le revela que está casado y tiene un hijo con otra mujer. Ella le dispara, pero ambos vivirán vidas muy largas; Hessel desaparece en 1941 en un *lager* francés. Quizá por ello, tanto en la novela como en la película, Helen asiste a la muerte de los dos en automóvil: Roché ha querido ofrecerle, por ternura, la posibilidad de un desquite.

Lo cierto es que contamos con un tercer punto de vista del triángulo más famoso del siglo XX: el del «Pierrot trastornado», Franz Hessel. Con el estallido de la guerra, mientras Pierre se marchaba a América con el objetivo de tejer tramas artísticas y amorosas, Franz, en principio exento, se enrola voluntario. En medio de las masacres de la Gran Guerra, evoca París, su patria adoptiva, objeto de la execración de la propaganda. Pero su *romanzo* es una *romanza,*[8] *Romance en París,* una evocación meditabunda y a cámara lenta que transforma a la indomable Helen en una criatura etérea y brumosa que circula por el texto en silenciosos cierres en fundido, sin cortes. Quien lo lea, se asombrará Roché, no podrá hacerse una idea de cuántos besos se han dado. Helen se presenta —«milagrosa»— en una fiesta disfrazada de hombre, y al final se retira, con el rostro marcado con una sonrisa «a la que convencionalmente llamamos arcaica», la que está grabada sobre el rostro de las primeras divinidades griegas, del Beato Angélico, de Leonardo. En la novela, estructurada en forma de cartas a un amigo —de nuevo y siempre Pierre—, la vida se diluye en el recuerdo de un sueño; la felicidad es la distancia. Pero solo estamos en 1920, y Franz habla de Helen y de París como si no hubiera de verlas más. No es así: Helen es su esposa, y él volverá a ver París en 1933, cuando se vea obligado a abandonar Alemania: de hecho, escribirá un nuevo libro sobre su amada ciudad. Son los años en los que traduce a Proust junto a Walter Benjamin, que redacta *El libro de los pasajes* parisinos mientras charla con él. También Franz escribe sobre París —su *Pariser Tagebuch* («Diario parisino»)—, aunque,

8. El juego de palabras en italiano consiste en que un *romanzo* es nuestra «novela», mientras que *romanza* es la composición musical para una voz, cargada de sentimentalismo.

en el caso de este amor, lo hará como observador desinteresado, como *flâneur* que se pierde mientras pasea por las calles de la ciudad moderna. Será Hessel quien identifique el secreto del *flâneur:* «Vemos solo lo que nos mira. Llegamos a conocer solo aquello que no hemos buscado comprender».

En el invierno de 1940, en el sur de Francia, los refugiados alemanes van a parar a los campos o se refugian en el interior. El 4 de enero de 1941, en Sanary-sur-Mer, nos hablan de un Franz Hessel «al que puede verse por el pueblo con una carretilla, una bolsa de la compra y cargando leña. El bondadoso anciano soporta el hambre y el frío con la misma serenidad de la que dio muestras durante su triste paso por el campo de Les Milles, o frente a la enfermedad en Saint Nicolas, en Nîmes». Dos días después, Hessel —de sesenta y un años— moría a consecuencia de las secuelas que le habían dejado sus dos estancias en Les Milles. Su mujer describió el cuartucho en el que trabajaba y en el que murió: «Sobre la mesa, una pequeña máquina de escribir, destartalada. Detrás se apilaban los libros. Al lado, los cuadernos, de colores vivos, aunque un poco descoloridos por el sol. Todo tenía el aire de una alucinación, pero no de desorden».

Desde 1933 Franz Hessel tenía prohibido publicar. El nacionalsocialismo no pudo expulsarlo de la ciudad de inmediato, ni impedirle continuar trabajando en la editorial Rowohlt, donde Ernst Rowohlt mantuvo a sus redactores judíos mientras pudo resistir a las presiones del Ministerio de Cultura del Reich; en el año 33, censuraron el cincuenta por ciento de su catálogo por motivos políticos, y en el 38 el editor emigró a Brasil. Durante ese tiempo Hessel había traducido a Casanova y a Proust y publicado, en 1929, *Paseos por Berlín.* La Cámara de Escritores le prohibiría escribir en 1935. Se negaba a abandonar Berlín, pues no veía motivo alguno para escapar a la misma suerte que corrieran otros judíos: vivía, escribió Benjamin, «como un ratón en un granero», y solo en noviembre de 1938 su esposa Helen consiguió hacerlo entrar en razón y lo obligó a marcharse a París, para luego ayudarlo a establecerse en la Francia meridional. Allí Hessel retomó el manuscrito de su último libro, *Alter Mann* («El viejo»), que había comenzado en Berlín en 1933. Pero en septiembre del 39, con el estallido de la Segunda Guerra Mundial, Francia considerará enemigos a los refugiados alemanes y procederá a su arresto.

Muy pronto internan a Franz Hessel y a su hijo Ulrich en el estadio de Colombes. A Franz lo liberaron de inmediato, pues a sus cincuenta y nueve años superaba el límite de edad establecido. Judíos y adversarios de Hitler dormían sobre las bancadas donde normalmente se sentaban los espectadores. Podían moverse libremente por el recinto o permanecer sin hacer nada; las condiciones higiénicas y la alimentación eran miserables. Cada vez que las sirenas anunciaban un bombardeo, Ulrich sufría un ataque epiléptico, de modo que pasaba casi todo el tiempo en la enfermería. Intercedieron por él amigos franceses, sobre todo Gabrielle Picabia, la mujer del pintor, y tres semanas después el chico pudo regresar con su familia.

En abril de 1940, Helen metió a toda la familia en su automóvil y puso rumbo hacia el sur de Francia. En Sanary se alojaron en la villa del refinado escritor Aldous Huxley, préstamo de una cuñada que poco tiempo después quiso recuperarla. Los Hessel se mudaron entonces a la casa de una vieja cantante de ópera de rostro exageradamente trágico. Ese mismo año, con la invasión alemana, internaron a Franz y Ulrich en el campo de Les Milles, cercano a Aix-en-Provence. Pero no resultaría tan fácil arrestar a Helen. Procuró que los gendarmes la encontraran desnuda en la cama «por azar» y comenzó a gritar que, si se la llevaban, habría de ser en ese estado, con lo que deshonrarían a Francia, pues era la madre de un oficial francés. Los agentes llamaron a un médico que certificó que era mejor no mover a aquella trastornada de allí.

Las tropas alemanas se acercaban, y los franceses decidieron trasladar en tren a los «enemigos extranjeros» a Burdeos. Luego, como la Wermacht se dirigía a esta ciudad, el tren decidió dar marcha atrás en dirección a Nimes, donde ubicaron a los prisioneros en tiendas de campaña en el campo de Saint-Nicolas. La impasibilidad «filosófica» de Franz irritaba sobremanera a sus compañeros de internamiento. Cuando el 27 de julio padre e hijo quedaron en libertad, el pintor Erich Klossowski y su esposa, la poetisa Hilde Stieler, los reanimaron con una dosis de cálida conversación. En cualquier caso, Franz quiso ir a ver a un compañero de encierro en Les Milles. «Parecía haber olvidado que era su cumpleaños», se sorprendió su hijo, incapaz de creer que a Franz ya no le importara celebrarlo.

El 6 de enero, a primera hora de la tarde, Franz se tumbó en la cama y lanzó un par de suspiros. Así murió. Helen envió el manuscrito de *Alter Mann,* a cuya culminación Franz se había entregado, a su amigo Alfred Polgar, que había trabajado en la editorial Rowohlt y se había refugiado en los Estados Unidos. Ese manuscrito no se recuperaría hasta 1984. En sus años de exilio y *lager,* Franz había contado de nuevo la historia de Helen, Franz y Pierre. El último *Jules y Jim* es *Alter Mann:* un viejo, quizá el padre de Helen, que desde una distancia ya casi sideral vuelve a evocar el ciclón de aquel mítico amor a tres bandas que conseguía «dilatar la extensión habitual de la amistad y del amor». Cuando, aún antes de los años veinte, los amigos de Franz Hessel «hacían de Freud» (un grupo sometía al sujeto a inquisitivas preguntas a las que se respondía con asociaciones de ideas), Helen les objetaba: «¿Pero es posible reconducirlo todo al sexo?». Una de las sentencias favoritas de Franz Hessel era: «Yo soy partidario de los hechos accidentales, los esenciales son siempre los mismos».

29. JEAN GIONO

Jean Giono acabó en la cárcel en dos ocasiones y bajo regímenes diferentes. La segunda vez lo encerraron en la fortaleza de Saint-Vicent-les-Forts, en la alta montaña; el paisaje era formidable. Fue en invierno, a 1400 metros de altitud, rodeado de cumbres mucho más altas aún, y hacía mucho frío. Un día Giono estaba charlando con un guardia que se quejó de que las mujeres y los niños —porque allí había mujeres y niños— se morían de frío. Giono dijo: «Es de tontos helarse en un lugar donde es fácil encontrar con qué calentarse». «¡Qué va!», se explicó el guardia. «Es que la leña nos la mandan desde Digne —desde la Prefectura—, y no nos llega regularmente. No llega leña suficiente para calentarnos a todos al mismo tiempo.» «Pero vamos a ver —dijo Giono—, todo esto está lleno de árboles. Aquí somos ochenta hombres, ¿por qué no vamos al bosque a cortar leña?» El otro replicó: «No puede ser, os escaparíais». Y Giono: «Pero ¿cómo quieres que alguien se escape de aquí?, ¿no te fías de mí? No, no me voy a escapar. Dame a los dos que yo te diga, me los llevo, y verás como no se escapa nadie».

Y así fue, le confiaron a los dos en los que él había pensado, y Giono se encargó durante su estancia del aprovisionamiento de leña. Al guardián que los acompañaba se le helaban las extremidades, pues estaba quieto vigilando, fusil en mano, así que no podía dejar de mover los pies, algo que lo ponía de mal humor. Llegó un momento en que le propuso a Giono: «Escuche, vengan a recogerme por la mañana a mi casa, así beben un poco de chocolate caliente». Su mujer les ofrecía una taza y él solía dejarle la carabina para que cazara conejos, aunque Giono no le había disparado a un conejo en su vida y no tenía la menor intención de comenzar ahora (veía muchísimos, eso sí, y le parecían muy simpáticos). Jean subía por la montaña con la carabina del guardián; talaban los árboles, cortaban las ramas y así se calentaban todos. Como puede verse, decía Giono, aquella cárcel era realmente encantadora.

Durante la Primera Guerra Mundial, Giono se encontraba en el frente como soldado raso. Resultó herido en Verdún. «Hacemos nuestras necesidades sobre las cartas que hemos guardado. Cuando uno acaba, pasa la inmundicia al que está delante y este la pasa al siguiente, que la tira fuera. Al que estaba el primero lo mató un tiro que le desgarró la garganta. Se me olvidaba decir que desde hace ocho días a ninguno de nosotros le quedan balas ni tampoco tenemos bayonetas. Cada vez se hace más fuerte esta necesidad terrible que nos arranca las vísceras, sobre todo desde que hemos probado a tragarnos bolitas de tierra para calmar el hambre. Nos cagamos en la mano y vemos sangre en las heces.» Llegada la desmovilización, Jean Giono volvió al banco.

La libertad le llegó a los treinta y nueve años, tras el éxito de *Colina,* con el que rozó el Goncourt; Francia no le concederá nunca un premio literario. Giono decide entonces dedicarse exclusivamente a la escritura, pero nunca abandonará Provenza ni el hábito de vivir «sin vanidad», el gusto por no poseer, la necesidad de ser un perdedor, su capacidad para sacar de la nada las situaciones más sorprendentes aun sin moverse jamás de un mismo lugar. Su escritura, cotidiana y regular, solo se veía interrumpida por largos y vigorosos paseos por la campiña, charlas con los campesinos y contundentes comidas sin vino, porque el vino entorpece el trabajo; sin embargo, su amada cocina tradicional de la Provenza acabó por causarle gota en el dedo, y los ataques lo dejaban sin poder escribir durante días.

Eran por entonces novelas bucólicas, crueles y grandilocuentes. Marcel Pagnol rebajaba su fuerza en películas demasiado conmovedoras a las que Fernandel añadía sus rasgos pastosos. Giono, que adoraba el cine de género —policiaco y *western*—, se encolerizaba sin remedio con el realismo convencional de las adaptaciones a la pantalla de sus obras, que transformaban su inmortal Provenza en una provincia de cartón piedra. No tenía mucha fe: «Escribir es un arte, el cine una industria». Su genio es solitario. No lo distraen las ideologías. Giono da cuenta en su diario de la visita de un amigo escritor que nunca lo había traicionado, André Gide. Era entreguerras, los breves años en que Gide, con el Frente Popular a punto de hacerse con el gobierno, se sintió comunista. Anota Giono: «Gide se muestra extraordinariamente preocupado por Dios. Dice: "No queremos de ninguna manera dejarlo a merced del proletariado"». Sin darse cuenta de que estaba hablando con el hijo de un zapatero remendón, Gide sentenció: «Es necesario que el proletariado se separe por completo de los intelectuales».

Giono se implicaría en un único trabajo colectivo, las conocidas como «estancias» de Contadour, que, en un deseo de reencuentro con el valor mítico de la tierra, lo reunían en Pascua y en verano con sus amigos; serían estas reuniones y, por otra parte, sus textos con mayor compromiso social, marcados por un pacifismo radical, lo que acabaría por crearle incontables problemas cuando terminó la Segunda Guerra Mundial. A Maurice Chevalier, anunció la radio, lo habían linchado en los bulevares de París; una segunda versión decía que al célebre *chansonnier* lo habían fusilado los partisanos de Dordoña. Tras caer en picado desde el Olimpo de las salas de cine, Arletty y Sacha Guitry, ahora arrestados, veían cómo el gentío a veces los insultaba y amenazaba y otras veces les pedía autógrafos.

Con la liberación, el estado de ánimo predominante era el ajuste de cuentas. Cuanto más famoso era un escritor, cuanto más grande, más se le debía castigar: era la doctrina de Claude Morgan, el teórico de las depuraciones. Y así, en septiembre de 1944, Jean

Giono se preparó para su arresto. Pasó largas jornadas esperando que llegara la policía. En la cárcel, según decían, vivían doce en cada celda y con solo una sopa de agua al día. Durante la ocupación nazi, la prensa clandestina de la Resistencia había añadido en sus listas negras, junto a los nombres de Robert Brasillach y Drieu La Rochelle —quien por entonces ya se había suicidado—, el de Giono. El día de la liberación, sus amigos de la Resistencia lo avisaron: lo iban a detener.

Pero Giono no huye. Tiene hospedados en su casa, debido a las penurias de la guerra, a dos primos comunistas, a un alemán perseguido por la Gestapo, a varios judíos y a muchos otros que se habían confiado a su buen corazón: doce, catorce personas a la mesa cada día, suspiraba su mujer. Sus diarios de por entonces son elocuentes. Los dos judíos eran increíblemente indisciplinados: Louise Strauss, primera esposa de Max Ernst, era amante de un desertor alemán y pretendía que Jean lo contratara como jardinero. El músico Meyerowitz se había dejado detener, y Giono se puso en marcha para rescatarlo. Bajo una lluvia torrencial, llegó a un campo de concentración en un taxi compartido con dos gendarmes que llevaban a aquella antecámara de la muerte a un judío. Giono había negociado la entrega de su amigo pianista a un precio de locura, si bien consiguió que le permitieran pagar a plazos. El caso es que Meyerowitz no se resignaba a permanecer escondido. Sin importarle la desesperación que su conducta causaba a Giono, salía a visitar a los campesinos, había contratado una cocinera, tocaba el órgano en misa y había hecho que le llevaran el piano a cuestas hasta su escondite.

Sin embargo, fue la Resistencia la que más sospechó de Giono. Si su militancia pacifista había irritado a la derecha, su adhesión a una federación de escritores animada por el surrealista Breton y de espíritu trotskista lo había alejado de los comunistas. Le reprocharían un encuentro con Gerard Heller, de la Propaganda-Staffel, y sobre todo un reportaje fotográfico publicado, sin que él lo supiera, en una revista dirigida por los alemanes, *Signal.* Le imputaban la publicación de una novela encargada por un semanario comprometido con la ocupación, *Le Gerle.* Eso era todo. Sin embargo, en 1943 una carga de explosivos destruyó la entrada de la casa de Giono, su vieja y robusta casa de campo, comprada en 1929 y que nunca abandonaría, como su querida Provenza. Al día siguiente, el autor del atentado fue a verlo. Era su amigo Martin-Bret, un líder de la Resistencia. Le pidió que lo comprendiera, que solo mediante esa acción había podido mantener su influencia sobre los militantes de la zona. Giono se afanó en dispersar las sospechas de la policía sobre aquel.

La primera ocasión en que se presentaron los gendarmes en su casa fue en octubre de 1943. Buscaban, cuenta Giono en su magnífico diario de la ocupación, a Lucien Jacques, su gran amigo de toda la vida, por un problema con el mercado negro. ¡Lucien Jacques!, ¡el pintor de débiles flores llenas de color, el poeta! Giono se muestra cauteloso. Asegura que su amigo es pobre y no sabría ni qué hacer con el dinero; luego comprende que se está equivocando («poeta, pintor, pobre, eso no le gusta a la policía») y tranquiliza a los agentes enumerando algunos nombres de las amistades tan importantes con que cuenta el artista. «¿Y usted a qué se dedica?» Giono les explica. «¿Tiene algo que ver con el francés?», le preguntan. «Bueno, es como hacer una redacción», asegura Jean. «Anda —a uno de ellos se le iluminó el rostro—, precisamente yo tengo que escribir una.» El argumento, según lo entiende Giono, es el siguiente: «Se miente a menudo a los propios superiores, algunas veces a los iguales, nunca a los que están por debajo». A partir de ahí, Giono improvisa un breve desarrollo: se miente a los jefes para evitar un esfuerzo, a los iguales para parecer superior, nunca a los que son menos, ¡basta con darles órdenes! El policía queda satisfecho de haberlo entendido. Pero Giono le insinúa: «¿No cree que es un poco extraño eso que le han propuesto escribir? ¿Y si después le dicen: "Así que usted miente a sus superiores"? A ver si todo es una trampa». El gendarme se rio silenciosamente: «No me sorprendería».

Aquella vez se marcharon. Pero con la liberación regresarían, en esta ocasión para arrestarlo de verdad; aunque, por otra parte, no era la primera vez. Ya en septiembre de 1939, con la declaración de guerra, Jean había estado en la cárcel, donde en cuestión de segundos se hizo el rey: todos lo adoraban por las fascinantes historias que contaba. «Papá está en la cárcel», presumían sus dos hijos en la escuela. También entonces fue por causa de su pacifismo. Giono había participado como soldado raso en la Primera Guerra Mundial, ya lo hemos dicho: una y no más. Así pues, en el 39, mientras Hitler invadía Polonia, Giono recorría Provenza arrancando los anuncios de movilización o pegando encima un letrero: «No». Tenía pensado encontrarse con el mismísimo Führer para hacerlo desistir del conflicto armado y se dedicó a hacer proselitismo pacifista. Durante tres meses estuvo preso en el fuerte Saint-Nicolas de Marsella. Allí, un oficial espabilado lo puso a escribir manifiestos de tono derrotista para difundirlos clandestinamente en Alemania. Al principio estuvo solo en la celda; la experiencia le resultó muy «refrescante». Cuando uno sabe que desde las diez de la mañana hasta las seis de la tarde, momento en que traen la sopa, no va a ver a nadie, al comienzo vive de la propia riqueza interior, «digo al comienzo, porque después las riquezas se agotan y se necesitan distracciones». Giono se divirtió estudiando las manchas de salitre en el techo, que veía como cartas geográficas de mares inverosímiles. Entonces, por fin, alguien le pasó un libro. Había sufrido mucho la falta de lectura, no para alimentarse de nuevas aventuras —para eso bastaba con la imaginación—, sino porque sus ojos estaban habituados a ver caracteres tipográficos y ya los echaba en falta. Cuando le dieron uno de tapadillo, el pacifista Jean Giono descubrió contrariado que se trataba de la *Historia del cañón de trinchera* del coronel Babillot. Resolvió el problema poniéndolo del revés y leyéndolo a la inversa como entretenimiento.

Pronto descubriría que aquella cárcel estaba llena de inocentes. A todo el que le preguntaba qué había hecho respondía: «¿Yo? Nada». Otro respondió: «Le di cinco o seis cuchilladas en el vientre a un tipo, pero con la punta así». Mostró cómo era ese «así»: evidentemente, eso lo exoneraba. «¡Pero el imbécil va y se muere! Y yo cabreado porque no quería matarlo, solo quería darle una lección». Giono, sin más interés que dar conversación, se quejó de la pila del patio, que todos usaban como retrete y de la que emanaba un aire fétido; luego se quejó también de un recluso flaco y larguirucho que iba escupiendo por todas partes. «¿Por qué no se lo dices?», le preguntó aquel asesino a pesar suyo, y a continuación se dirigió a los compañeros: «A ver, no hay necesidad de usar la pila, al primero que use la pila lo rajo. Y tú, deja de escupir». El flaco dejó de hacerlo, la pila cayó en desuso. Giono estaba extasiado: «¿Pero no te das cuenta —le decía al asesino a pesar suyo— de que eso que acabas de hacer es precisamente la ley?». Él no parecía alegrarse; no le gustaba la idea de hacer de policía.

El 8 de septiembre de 1944 finalmente acabó la espera de un nuevo arresto. La detención de Jean Giono fue una gran suerte para la literatura del siglo XX. En las semanas sucesivas a la liberación se pusieron en marcha en el sur de Francia tribunales populares que condenaron a muerte a dieciocho personas; a decir verdad, doce en rebeldía, pero cinco murieron ajusticiados. Si a Giono lo hubiera juzgado uno de estos tribunales, «los excesos pasionales de la depuración» habrían podido —según el biógrafo del escritor, Pierre Citron— matarlo a golpes.

Pero, sobre todo, era aquella injusticia lo que lo machacaba, la increíble acusación de colaboracionismo con el consecuente encarcelamiento, la prohibición de publicar, la penuria, la condena a vivir lejos de su casa, el rechazo de sus antiguos compañeros, que incluso le escribían para renegar de él, y luego, junto a todas esas calamidades, la muerte de su madre, que operó sobre su escritura una milagrosa desertificación. Ese amor hacia la campiña francesa, que había expresado en términos demasiado floridos, se hizo árido, secreto; la exuberancia se descarnaba; los «vacíos narrativos» se extendieron por toda su obra como una plaga. El esplendor de su estilo, que transformaba los árboles en mitos, forjó una alianza con la elipsis, y Giono se transformó en un nuevo Stendhal. Nacía el ciclo del húsar.

30. EZRA POUND

Los cazabombarderos destruyeron la iglesia, pero lo cierto es que los americanos tomaron Rapallo el primero de mayo de 1945 sin encontrar resistencia alguna. Ezra Pound bajó desde las alturas de Sant'Ambrogio con la generosa intención de ofrecer sus servicios a los aliados gracias a su conocimiento de Italia. En un café encontró a dos oficiales estadounidenses que no le hicieron ningún caso; un soldado raso intentó venderle una bicicleta.

A la mañana siguiente Pound estaba solo en casa. Dos partisanos, convencidos de poder recibir una recompensa si lo entregaban, llamaron a la puerta a culatazos. Pound estaba leyendo a Confucio; lo deslizó en su bolsillo junto al diccionario de chino y los siguió. Cuando le dio las llaves a la señora que vivía en la planta baja deslizó horizontalmente el dedo índice por el cuello, dándole así a entender que lo iban a matar. Bajando por la colina, se detuvo ante un eucalipto y se inclinó para recoger una semilla, que también fue a parar al bolsillo.

Los partisanos lo condujeron maniatado al Cuartel General. Pound intentó que lo llevaran a la Comandancia estadounidense. El 3 de mayo se encontraba en la oficina central de contraespionaje de Génova, donde Olga Rudge, la violinista que fue su compañera durante cincuenta años, pudo verlo la mañana siguiente, aún maniatado, en una gran sala llena de detenidos a la espera de interrogatorio. Pound permaneció allí dos días; a Olga Rudge le aconsejaron que volviera a Sant'Ambrogio y que estuviera disponible de cara a un eventual proceso. Un tiempo después se presentaron en la casa y requisaron como pruebas manuscritos mecanografiados, artículos y siete mil cartas.

Mientras tanto, en Génova, Pound concedió una entrevista al periodista americano Edd Johnson, ante quien afirmó que, si le dejaran ver a Stalin o al presidente Truman, podría ayudarlos a resolver los delicados problemas que se avecinaban con la posguerra. Churchill era la combinación perfecta de la máxima injusticia y la mayor brutalidad; Hitler era un mártir que no había obedecido lo suficiente los preceptos de Confucio. Mussolini, a quien no hacía mucho habían colgado en el *piazzale* Loreto, era un simplón que había perdido la cabeza.

Pasó algún tiempo, durante el cual se cruzaron telegramas entre Génova y Washington; las directivas del Departamento de Guerra eran tomar las máximas precauciones posibles para evitar la evasión o el suicidio del reo. Esposado a un soldado acusado de cometer estupro y matar a una mujer, condujeron a Pound al Disciplinary Training Center de Pisa. En el *jeep,* durante el trayecto, Pound no dejó de insultar a los americanos y de lanzar desafíos a la Policía Militar. El campo de Pisa estaba rodeado de alambre de espino y catorce torres de vigilancia dotadas de proyectores que lanzaban sus saetas de luz toda la noche. El recinto acogía, entre asesinos, violadores, dementes y desertores, a 3600 criminales del Ejército estadounidense. Algunos esperaban su juicio, otros ya habían pasado por él; cada día hacían catorce horas de trabajos forzados. La mayor parte de los reclusos vivían en tiendas levantadas en el interior del campo, pero además había diez jaulas de cemento con redes metálicas, destinadas a los condenados a muerte por la corte marcial o a los prisioneros más peligrosos. Pound fue a parar a una de estas jaulas de aislamiento, reforzada el día anterior a su llegada: unieron con sopletes de acetileno otra red metálica de refuerzo a las barras de sustentación de acero. Los demás prisioneros observaron el proceso especulando sobre el grado de peligrosidad del nuevo compañero, que ya no era ningún jovencito.

Vestido con un mono de camuflaje sin cinturón ni cordones para prevenir cualquier tentativa de suicidio, Pound se puso a dar vueltas por su jaula «de gorila» de menos de dos metros de lado. Un cartón alquitranado la protegía del sol; de noche, una luz la apuntaba directamente mientras él intentaba dormir tumbado sobre el cemento. Todos tenían prohibido hablarle, incluso el soldado que le llevaba la comida y el que vaciaba el orinal donde evacuaba. Tantas precauciones no tenían como objetivo frustrar sus posibles reacciones, naturalmente, sino evitar que simpatizantes fascistas intentasen liberarlo. Durante tres semanas, el poeta, de cincuenta y nueve años, iba y venía por su jaula para moverse un poco, o bien se quedaba mirando al vacío; principalmente leía a Confucio con su diccionario de chino a mano. Tras un chaparrón, le proporcionaron una pequeña lona y un camastro de campaña. Pero Pound ya había caído en la depresión; tenía pesadillas, alucinaciones y temblores constantes. Sufría pérdidas de memoria y dejó de reconocer todo lo que le rodeaba. También dejó de comer. Lo llevaron entonces a la enfermería. En cuanto se hubo recuperado mínimamente, consideraron la posibilidad de que lo examinaran los psiquiatras del campo.

Pound pensaba que Freud, al igual que Marx, era uno más de la conspiración judía mundial y, en cualquier caso, un «esnifador de sexo» de las «alcantarillas vienesas», «eflorescencia de una sociedad delicuescente que marchaba hacia la ruina». El psicoanálisis era «una superchería destinada a paralizar la voluntad de sus víctimas». Lo que escribían Freud y Proust era una «verdadera mierda» que hacían pasar por sabiduría «con el pretexto de que su mierda estaba maquillada de los arabescos más incomprensibles».

Los psicoanalistas del centro, que se llamaban Richard Finner y Walter Bates, detectaron en Pound signos de claustrofobia y falta de plasticidad en su carácter. A pesar de que el poeta presumiera en voz alta de saberlo todo de ciertos personajes de Washington, razón por la que —aseguraba— nunca lo procesarían, lo declararon sano de mente. Sus ataques de pánico hacían aconsejable su traslado a los Estados Unidos para internarlo en un entorno más confortable.

Él negaba furiosamente que sus intervenciones radiofónicas constituyeran un acto de «traición». Hemingway, que había pedido que le enviaran una transcripción, estaba indignado: «Esto es patológico». Para él esas retransmisiones eran «sin duda, la muestra de una vanidad absolutamente cretina». El vicedirector de la Office of War Information, Archibald MacLeisch, era un hombre sensato: «*Traición* es una palabra quizá demasiado seria y un tanto solemne para un hombre que ha hecho el ridículo hasta tal punto y con resultados tan inútiles». Pero, paradójicamente, Hemingway no cejaba en su furia: Pound era «un traidor demente e inofensivo cuyo lugar era la celda de aislamiento»; eso era, en efecto, lo que había hecho el Ejército estadounidense. No cabía duda de que estaba loco; merecía un castigo, aunque desde luego no una pena de muerte que lo convirtiera en mártir.

Esas emisiones de radio fueron más de trescientas. Agarrar el micrófono, contaba Pound, le había costado «dos años de batallas». El director de la Confederación Fascista de Profesionales y Artistas, Cornelio di Marzio, lo había presentado a unos funcionarios del Ministerio de Cultura que dirigían un programa de Radio Roma llamado *The American Hour.* Una antigua amiga, Nathalie Barney, le había regalado, entretanto, un aparato de radio; por entonces Pound escribía en *Libro e Moschetto,* una publicación fascista de Milán, sobre la necesidad de apreciar los valores estéticos del fascismo; en la revista *Meridiano di Roma* comparaba a Hitler y Mussolini con Confucio. En la edición japonesa del *Times* declaró que Churchill estaba senil, desubicado mentalmente y que era una mera pantalla de los Rothschild. Los empleados de la RAI se resistían a las propuestas de Pound, temiendo que fuera un espía y que transmitiera información codificada. Pero los diferentes informes se pusieron de acuerdo en que era «un loco amable», y finalmente le permitieron participar en el programa *The American Hour,* que se retransmitía en Inglaterra, Europa Central y Estados Unidos. Su primera intervención duró siete minutos; fue el 21 de enero de 1941. En ella pretendía disuadir a los americanos de intervenir en el continente, pues la democracia había nacido en América y era allí donde había que hacer lo posible para preservarla. Las sucesivas transmisiones fueron más generosas en invectivas y vituperios.

Las charlas radiofónicas de Pound tenían lugar cada tres días. Trabajaba junto a una hija de Dante Gabriele Rossetti; se quedaba en Roma una semana al mes para las grabaciones. Él no se consideraba —en eso estaban todos de acuerdo— un traidor, sino un americano que criticaba libremente al gobierno de Roosevelt. Una de sus peculiaridades era que se divertía cambiando de acento: fingía el del oeste, imitaba los relajados dejes del sur, masticaba el *cockney*. Su blanco preferido era Churchill —«ni el propio señor Churchill tiene estómago para explicar a los americanos por qué quiere que sacrifiquen sus vidas y para salvar exactamente qué»—, pero con el tiempo se intensificaron los ataques al propio Roosevelt. Había confiado el Gobierno a los cerdos. Había hecho de todo para que la guerra fuera inevitable. Estaba en manos de los judíos. Todos estos argumentos datan de diciembre de 1941, a raíz del bombardeo japonés de Pearl Harbor. Cuando Estados Unidos entró en la guerra, Pound, derrotado por los acontecimientos, suspendió sus intervenciones durante un mes. Cuando el corresponsal Reynolds Packard le advirtió de que su comportamiento podría fácilmente interpretarse como un acto de traición, Pound le respondió con el saludo fascista: no veía, dijo, por qué defender el fascismo podía considerarse una actividad antiamericana, ni siquiera, precisó, «una actividad contraria a la filosofía americana». Se consideraba americano al cien por cien, solo era contrario a Roosevelt y «a los judíos que lo apoyan».

A partir de enero de 1942 retomó sus charlas, y llegó a emitir 125 antes de que la Secretaría de Justicia americana lo denunciara. «Desde hace meses los Estados Unidos se encuentran ilegalmente en guerra —declaraba ante el micrófono— como consecuencia de las acciones criminales de un presidente cuyo estado mental no es el que cabría desear en un hombre que detenta un cargo de tanta responsabilidad. Ha roto las promesas que había hecho a sus votantes. En mi opinión, ha violado el juramento presidencial.» Pound, aseguraba su hija, había perdido el sentido del humor. Lo cierto es que cada vez se volvía más insensato. Recomendaba la lectura de *Mein Kampf.* El 15 de marzo de 1942 realizó las siguientes declaraciones: «Ningún Rothschild es inglés, ningún Baruch, Morgenthau, Cohen, Lehman, Warburg, Kuhn, Kahn, Schiff, Sieff o Solomon han sido jamás anglosajones. Y es por esta escoria por la que lucháis». El 30 de abril de 1942, propugnó medidas poco humanitarias: «No vale la pena desencadenar un pogromo. No sirve para nada. Pero si alguien tuviera la idea genial de hacer un pogromo contra los que mandan, quizá sí valdría la pena planteárselo. En cualquier caso, creo que son preferibles las medidas legales. A los sesenta judíos que han desencadenado la guerra se los podría enviar a Santa Elena como medida de profilaxis mundial junto a los oligarcas no hebreos para hacerles compañía».

En la nueva etapa de propaganda radiofónica auspiciada por la República de Salò el 1 de diciembre de 1943, Pound se pronunciaba con frases de la siguiente naturaleza: «Todo ser humano que no sea un gusano de tierra desesperadamente embrutecido debe darse cuenta de que el fascismo es superior, bajo cualquier punto de vista, a la judeocracia rusa, y reconocer que el capitalismo apesta». Escribía eslóganes y caricaturas antisemitas; le pagaban regularmente. Propuso ajusticiar a Ciano, que lo había aupado y apoyado, cuando oyó hablar de su complot antimussoliniano. En 1945 dejó de hablar por la radio, pero sus amigos americanos comenzaron a preocuparse por aquel «asno perdido», y a hacer gestiones ante las autoridades del Ejército para que lo protegieran y no fuera ajusticiado.

Tras la lectura del informe psiquiátrico, efectivamente, el comandante del campo, John Steele, ordenó que instalaran a Pound en la tienda de la enfermería. Le asignaron una cama de campaña en la parte reservada a los oficiales; le dieron una mesa y permiso para escribir, habida cuenta —justificaban los psiquiatras— de la naturaleza terapéutica y preventiva de la escritura. En poco tiempo, comenzó a discutir de economía con Steele, quien le había dado clases sobre la materia. Hacía ejercicio físico, y sus carreras alrededor del recinto pronto dejaron una huella sobre la hierba. Con el mango de una escoba jugaba partidas imaginarias de tenis y de béisbol. Con la máquina de escribir del dispensario ayudaba al resto de los detenidos a escribir la carta semanal a la que tenían derecho. Con esa misma máquina retomó la traducción de Confucio y *Los cantos. Los cantos pisanos* mezclan el mito con el perfume de la menta bajo el golpeo de la lona; Mussolini colgado por los pies de la libertad de expresión, «que sin la radio no es nada», mientras el prisionero, «el hombre en el que se ha puesto el sol», puede salvarse —«cuando el espíritu se rige por la oscilación de una hoja de hierba»— «gracias a la pata delantera de una hormiga». Enviaba a su hija nuevos cantos, y ella los pasaba a limpio con su máquina y se los devolvía: un castigo para los jefes del campo, que temían que fueran mensajes en clave.

En 1959, a petición de intelectuales de todo el mundo, le dieron de alta en el manicomio donde lo habían internado y lo trasladaron a Washington.

31. PELHAM WODEHOUSE

Nadie ha entendido jamás por qué, cuando estalló la guerra, los Wodehouse se quedaron en Francia, en su casa veraniega de Le Touquet. Con la ocupación alemana sus vecinos escaparon, invitándolos a unirse a ellos, y la hijastra de Wodehouse, Leonora, había organizado por su lado el modo de enviar una barca a recogerlos. Pero «Plum» (Pelham Grenville) Wodehouse estaba en mitad de una novela, y el inconveniente de llevarse a Inglaterra a su perro Wonder también tuvo algo que ver con semejante negligencia. El 26 de junio de 1945, Ethel escribiría a los amigos sobre cómo había sido el internamiento de su esposo.

> En fin, nos estábamos divirtiendo mucho en Le Touquet, con nuestro querido 85.º escuadrón, que llegaba cada poco para tomar el té y todos se quedaban a cenar cada vez que se les antojaba. Después de cenar, se enrollaban las alfombras y bailábamos. Oímos por la radio que había habido una pequeña invasión, pero nada serio, y creíamos que los alemanes ya habían sido derrotados, que no tenían ni botas, que estaban desmoralizados, pues por entonces la BBC era nuestra Biblia. No quedaba mucha gente en

Le Touquet. Cuando los alemanes llegaron con todas sus fuerzas, nuestra RAF desapareció y no se la volvió a ver. Empezamos a ponernos nerviosos, pero no mucho, y Plum continuó escribiendo su novela, y yo ocupándome de las rosas. Luego nuestros vecinos de ambos lados de la casa escaparon a toda prisa en coche, y nosotros decidimos partir al día siguiente, que era domingo. Solo teníamos dos automóviles muy pequeños: el Lancia, que debía conducir yo, y otro con todo el equipaje que conduciría mi joven secretaria, la hija del instructor de golf. Dijo que le gustaría venir con nosotros. Teníamos que salir a las dos. En el último momento la chica cambió de idea, e hizo falta mucho tiempo para encontrar otro coche, pero al final lo conseguimos; salimos. Tras unas quince millas, el Lancia se detuvo (habíamos tenido un desagradable accidente con este auto tiempo atrás, lo habían arreglado en el pueblo, pero, evidentemente, no demasiado bien). Total, que estábamos parados en medio de la carretera, que por entonces ya estaba invadida de gente, de coches, de todo tipo de cosas. Trasladamos el coche a una granja y regresamos a Le Touquet. Decían que todos los puentes estaban destrozados por las bombas, y además no podíamos meterlo todo en el otro auto, de modo que no sé cómo Plum consiguió regresar, feliz de estar de nuevo en casa, lejos de esas carreteras terribles. En casa nos encontramos con un Ford enorme y gente que conocíamos llevándose la gasolina que teníamos en el garaje. Llenamos de nuevo el depósito y volvimos a partir, solo para detenernos de nuevo a la altura del club de golf. Dimos todos marcha atrás y decidimos quedarnos quietos, ya que no se podía hacer otra cosa. Entonces comenzaron unos días más bien difíciles, los aviones alemanes sobrevolaban la casa toda la noche; pensábamos que íbamos a saltar por los aires en cualquier momento, pues no había refugios. Durante un par de días no pasó nada, pero luego los alemanes llegaron en sus motocicletas. Los vi, estaban muy nerviosos, aunque la verdad es que nadie les lanzó nada, ni un jarrón de flores. Tomaron posesión de Le Touquet. Nos dijeron que nadie debía salir del jardín después de las nueve, lo cual no era una tragedia; luego nos dieron la orden de ir cada día a informar al Kommander. Hacía un tiempo espléndido, no teníamos ni idea de lo que estaba sucediendo y ya no nos atrevíamos a escuchar la radio. Pocos días después llegaron tres coches; un sargento alemán y dos soldados entraron en la casa y pidieron ver todas nuestras provisiones. Se lo llevaron todo, teníamos un montón de cosas; luego le pidieron a Plum su tabaco, ¡luego mis cigarrillos! Estaba lívida. Luego les llegó el turno a las bicicletas, dos bicis nuevas que Leonora nos acababa de regalar. Luego fueron los automóviles; me encontré con cuatro alemanes en el garaje. Les dije que estaban rotos, y me respondieron que ellos podrían arreglarlos fácilmente. Luego la radio. Teníamos dos oficiales franceses en casa; acabaron en Alemania. Una buena mañana Plum acababa de marcharse a ver al *Kommander* (yo debía hacerlo solo los domingos); estaba preparando la comida en el jardín cuando he aquí que Plum se presenta de nuevo diciendo que fuera había un soldado alemán con un fusil que lo estaba esperando para llevarlo a un campo de concentración. Tenía diez minutos para hacer la maleta. Yo me volví medio loca, no conseguía encontrar la llave de la habitación donde estaba la maleta, y Plum se marchó con una edición de Shakespeare, un par de pijamas y un trozo de carne. Me quedé sola en casa dos días; después vino un mayor alemán diciendo que un general quería echarle un vistazo a la casa. Se sentó en la terraza disfrutando del paisaje toda la tarde, luego visitó el resto de la casa y anunció que no se iba a ir de allí, y sus soldados le trajeron sus cosas y se instaló en la habitación de Plum. ¡Los habría matado! Dos días después el mayor me dijo que tenía que marcharme. ¿Acaso tenía yo un sitio donde instalarme?

Acompañaron a Ethel en un minúsculo automóvil —pero con Wonder y Coco, sus perros— a casa de unos campesinos franceses; allí se dedicó a esperar el correo. Diez días después le llegó un mensaje de Plum donde le decía que no se preocupara, que estaba muy bien. Estaba en Lille.

«El campo fue una diversión inigualable», escribirá Wodehouse a un amigo. «Jamás se había sentido miembro de pleno derecho de ninguna asociación humana», precisa su biógrafo y también editor de sus cuadernos de prisión, Frances Donaldson: allí regía un código de honor adolescente, y todos eran razonablemente educados, se cedían el paso ante una puerta y susurraban un «I beg your pardon» apenas te rozaban (los dormitorios estaban separados por cuerdas para tender, «que te envolvían la cara con pantalones mojados»). En Toszek, un antiguo manicomio en la Alta Silesia, habían ofrecido a P. G. Wodehouse, en consideración a su fama y edad, una estancia individual, pero él la rechazó. Sin embargo, aceptó que el *Lagerführer* le alquilara (por dieciocho marcos al mes) una máquina de escribir y un cuarto donde trabajar, que compartía con un saxofonista y un bailarín de claqué.

En Loos, la prisión de Lille, Plum pronto aprende un par de cosas. Hay que dormir vestido sobre el jergón que te dan a la llegada; nada de sábanas. Los viernes por la mañana toca ducha (caliente). Reinan «la monotonía y nuestro olor: desagradable, típico de los franceses», dice al entrar en la celda un oficial alemán. El grupo de ingleses de Le Touquet, que incluye al barman, al propietario y a dos profesionales del club de golf, silba alegremente «It's a Long Way to Tipperary». La Ciudadela de Lieja está atestada de presos. Se supone que debían ser presos ingleses, pero, según anota Wodehouse, «aquí llaman "inglés" a cualquiera, desde un cazador de cabezas de Borneo hasta el hijo ilegítimo de un búlgaro de madre polaca». Casi todos los presentes solo hablan flamenco. «Pienso que, por lo menos, deberían liberar a los monos y a todo lo que ande a cuatro patas. Un cuerpo tan entrenado como la Gestapo podrá identificar con facilidad los casos sospechosos. Si tienen cola, que los dejen en libertad.» Camión, veinticuatro horas en tren... Están en Lieja de camino hacia Toszek. La primera revista —uno de los temas recurrentes en las conversaciones de la noche, junto con la comida, o más bien el hambre— es para partirse de risa. El sargento grita: en fila de seis. A excepción del dormitorio 52B, que ya está en perfecta formación y parece orgulloso de ello, la compañía se organiza de inmediato en filas de cuatro, luego de tres; finalmente, tras una caótica confusión, de cinco. Por desgracia, el viejo George, de la fila 23, ve al viejo Bill en la fila 42 y se dirige al trote hacia él para charlar un rato con un cigarro en los labios. Cuando llega el momento de regresar a su sitio, este está ocupado por otro; busca otro hueco y finalmente se coloca el sexto de una fila (de cinco). El sargento y el intérprete francés, «muy popular entre las masas», dan comienzo al recuento; hay algo que no cuadra. Falta uno. ¿Se ha escapado Joe?, ¿dices que con las llaves que le ha pasado la hija del carcelero dentro de un pastel de carne? Tajantemente no: si hubiera habido un pastel de carne, se lo habrían comido. Ah, míralo, por ahí viene el viejo Joe, dando brincos desde el bloque Rojo X, donde no tenía por qué estar, con su pipa en la boca y un aire indulgente que parece decir: «¿Qué, jugando a los soldados?». Tras abandonar los dormitorios de Lieja y luego los de Huy (viaje en vagones precintados, «puro Calcuta»), el 8 de septiembre llegan a Toszek, donde la situación recuerda a Hollywood: un lugar en el que cualquiera se siente humildemente complacido simplemente con que un director te sonría, e incluso eufórico si por casualidad un productor inclina levemente su cabeza cuando pasa: una sonrisa de un sargento alemán es como si te hubiera sonreído Frank Capra.

Lo que hiere como un cuchillo es ser incapaz de hacerle llegar ninguna noticia a su esposa. Vivir sin mujeres te hace regresar a comportamientos adolescentes. Un cabo alemán le estrecha la mano a Plum para darle las gracias por Jeeves, pero en general Plum tiende a sentirse como ese niño malo al que todos gritan. Cree que un alemán muy gordo lo está reprendiendo, y cuando está a punto de decirle «Yes, sir, very good, sir», se da cuenta de que en realidad le está ofreciendo su ración. Arroz y carne. Plum nunca ha visto un gesto tan conmovedor. La comida es el argumento constante de sus apuntes sobre el campo, día tras día («es sorprendente hasta qué punto el alma se obsesiona con la comida»). Los prisioneros están tan débiles que un ligero resfriado podría llevarse por delante a la mitad. En compensación, las enfermedades antiguas desaparecen: un tipo estilo Oxford dice que esta vida le ha curado por completo la rodilla, y Wodehouse no tiene más remedio que admitir que ahora puede doblar su dedo reumático: debe de ser de tanto pelar patatas (después le palpan los bolsillos para controlar que no se lleva ni un pedazo de patata cruda; algunos roban las mondas, que son plato delicado), o quizá sean las continuas revistas al aire libre, al amanecer y con el ocaso (uno de los presos dice que después de la guerra quiere comprarse un alemán, ponerlo en un jardín y contarlo todos los días). Hay más. Arrancan las etiquetas de los abrigos ingleses (no de los franceses: ¿será quizá para los paracaidistas alemanes que han de caer sobre Gran Bretaña?); cuando llegan los paquetes, los someten a control: dan la vuelta a los guantes, abren las cajetillas de cigarrillos y las latas de sardinas (luego cada preso se las tiene que tragar todas juntas). Decididamente, los alemanes han visto demasiadas películas de espías.

Es una entrevista lo que condena definitivamente a Plum. El 26 de diciembre de 1940 un periodista americano va a verlo; Wodehouse aparece en la fotografía en albornoz, viejo y extremadamente delgado: pesa treinta kilos. Sus amigos americanos, que lo recordaban con su aspecto de hombretón, se escandalizan y organizan una petición firmada por veinticuatro senadores, escritores y artistas de teatro en la que aseguran que los escritos de Wodehouse son de carácter «frívolo», nunca comprometidos. Pero lo cierto es que su artículo «My War with Germany», que retrata de modo humorístico la vida en el campo de concentración, sorprende al *Lagerführer.* En mayo se reúne con Plum: ¿le gustaría hacer algo parecido en la radio? Wodehouse responde que sí, muchísimo. La propaganda alemana solía hacer programas destinados a los ingleses; el 21 de junio de 1941, el mismo día en que Hitler declara la guerra a Rusia, decretan la libertad de Plum y lo envían a Berlín para que lleve a cabo sus programas humorísticos: ese era realmente su estilo, reírse con frivolidad de las tragedias, como un chiquillo castigado en el colegio. Faltaban cuatro días para que cumpliera los sesenta, fecha en la que, en cualquier caso, lo habrían liberado. Pero Inglaterra no estaba precisamente de humor para esas ligerezas radiofónicas: acusaron a Wodehouse de colaboracionismo y finalmente de traición. El intransigente George Orwell salió en su defensa, obviamente, al igual que lo hizo Evelyn Waugh, pero algunas bibliotecas eliminaron de las estanterías sus libros y Gran Bretaña lo declaró *persona non grata.* Wodehouse jamás se recuperaría de aquello, ni siquiera cuando la reina Isabel lo nombró caballero; lo exculparon cinco años después de su muerte. En el campo de concentración escribió tres libros y varios cuentos, además de *Júbilo matinal,* obra maestra de la saga de Jeeves.

32. GIOVANNI GUARESCHI

«Yo no me muero ni aunque me maten», repetía Guareschi en el *lager* de Czestochowa para reafirmarse. El 9 de septiembre de 1943, los alemanes habían rodeado el acuartelamiento de Alejandría, sometiendo a los oficiales a la siguiente disyuntiva: colaborar con Alemania o tomar el camino del campo de concentración. Guareschi eligió la segunda. Los propietarios del cercano hotel Europa, que por pura coincidencia lo vieron en la estación, pudieron dar el recado a su mujer: estaba convencido de haber cumplido con su deber y le pedía que estuviera tranquila.

En Czestochowa, el 20 de septiembre, le sucede a Guareschi algo inesperado. Cuando llegan los oficiales, un capitán de la Gestapo los pone en fila y los envía al santuario de la Virgen Negra. A los menos pudientes se les entrega un muy útil abrigo, con la peculiaridad de que llevaba un parche cosido en la espalda o en el pecho para ocultar el agujero de una bala: el de Guareschi estaba en el mismo corazón.

Los seiscientos mil soldados italianos eran los últimos prisioneros de guerra que habían llegado. Su estatus era incierto. El 23 de septiembre, con la instauración de la República Social, habían pasado a ser traidores. El 13 de octubre, con la declaración de guerra a Alemania a cargo de Badoglio, se convirtieron en enemigos. Como suele suceder, cuando una nueva realidad resulta huidiza, se le inventa una palabra: IMI, Internados Militares Italianos.

Guareschi estaba en el barracón 18, una enorme cabaña de madera oscura, «larguísima y muy baja, al amparo del infinito cielo polaco». En su *Diario clandestino* contó que el lugar estaba habitado por todo tipo de especímenes, «de la pulga al poeta, de la rata al funcionario». Guareschi comprendió que a aquella situación no había más remedio que echarle fantasía. «Con nada —explicó, minusvalorando su papel— supimos reconstruir nuestra cultura. Surgieron los diarios hablados, las conferencias, la iglesia, la universidad, el teatro, los conciertos, las exposiciones de arte, el deporte, el artesanado, las asambleas regionales, los servicios, la bolsa, los anuncios clasificados, la biblioteca, la emisora de radio, el comercio, la industria. Todos se encontraron de repente desnudos: todo había quedado fuera del recinto de alambre espinado, también la fama y el estatus, bien o mal obtenidos. Cada uno se encontró solo con las cosas que había dentro. Con su verdadera riqueza o con su pobreza. Cada uno dio lo que podía dar, y así nació un mundo en el que cada uno era apreciado por lo que valía y cada uno contaba por sí mismo.»

Con Guareschi estaban el poeta Roberto Rebora, el actor Gianrico Tedeschi, el músico Arturo Coppola, el dibujante Giuseppe Novello. Todos juntos iban de un barracón a otro leyendo los textos que creaba Guareschi: era como si aún tuviera que publicar un número nuevo de *Bertoldo;* llamaba a aquel trabajo, con el que convertía el *lager* en literatura, entre cómica y melancólica, su «Bertoldo hablado». Recuerda las hojas y los carteles encolados en las puertas de las letrinas: «Cambio *Divina Comedia* y arroz por cigarrillos»; «pimiento griego exquisito por gramática inglesa o cepillo de dientes nuevo»; «quiero leer *Florise* de Pignatelli, a cambio prestaría otra novela»; «ofrezco para lectura el libro de sexología *Sesso e amore* del prof. De Napoli por uno de electrotecnia». Debajo había un nombre, por ejemplo el del subteniente Lo Cascio Rosario, y un número de barracón: B23A. De vez en cuando aparecía el capitán, que hacía gimnasia al aire libre, y todos lo miraban inmóviles, con cansancio. O quizá Rebora, siempre dispuesto a dar una conferencia sobre el hermetismo: «Rebora habla muy complicado. Ha dicho que no la ha entendido ni él mismo». Con el maestro Coppola, Guareschi componía canciones que acabaron por hacerse muy populares en el campo. Para la Navidad del 44, crearon mano a mano, desde un piso a otro de la litera, el *Cuento de Navidad.* «Y si no os ha gustado —concluían— no me lo toméis a mal / os haré otra la próxima Navidad»; pero en la Navidad de 1945 pudieron representarla en el Angelicum de Milán. Eran operetas que no se sabía bien si te dejaban triste o alegre, recordará en su diario, oculto durante dos años en los calzoncillos de Antonio Rossi, compañero de catre de Gianrico Tedeschi. «Siempre llueve» es el título indignado de uno de los textos. Algunos tienen un aire un tanto simplón, pero proustiano: «Sentado en el borde del castillo —debe entenderse que es la cama—, Arturo toca, y el fuelle de su acordeón se abre como un libro, y de sus páginas salen recuerdos como flores secas dispersas entre hoja y hoja. Y la música los reverdece».

Escribe a sus familiares: «La moral muy alta. La salud no cuenta». Ellos, por su parte, intentan que vuelva a casa; su esposa le habla de cierto amigo influyente que podría encontrar el camino adecuado para salir del *lager.* «Te envío la dirección de un amigo de Gigi Carones que se encuentra ahora en Alemania. Se interesa mucho por ti, tiene cartas que pueden ser de importancia para tu caso.» Carones era el prometido de Moma, la secretaria de redacción de *Bertoldo.* Un amigo influyente, el doctor Boselli, escribió desde Berlín una larga carta en la que pretendía persuadir a Guareschi de que mantener el juramento al rey no tenía demasiado sentido, ya que las fidelidades del rey eran «inescrutables». Guareschi no debía dejarse llevar por la «putrefacta descomposición» física y moral. Giovannino Guareschi escribió a casa con toda imparcialidad que no pensaba hacer nada. Él no se adhería a la República Social. «Estoy aquí no por un capricho, sino por vosotros. Ya lo comprenderás.» Sus órdenes fueron que les dieran las gracias a Moma y Gigi, pero que desistieran.

Cuando desde Czestochowa y Beniaminowo en Polonia lo trasladen a Sandbostel y luego a Wietzendorf, en Alemania, en cada uno de esos lugares reiniciará Guareschi su esfuerzo por reconstruir la cultura. Su cara, entretanto, había cambiado. Se dio cuenta un día en que el maestro Coppola le hizo un retrato. Comparó el dibujo con la foto de su carnet de identidad. Antes tenía unas facciones sin sombras, «una cara desierta con dos ojos estúpidos y estáticos como los de los maniquíes». Ahora era como si hubiera recibido un rostro, un rostro con sus sombras, ahora los ojos se le habían desembrujado y tenían vida. «Estoy empezando a gustarme. Me miro en el espejo y me digo: "Quien no muere se reencuentra".»

La liberación del *lager* no estuvo exenta de incertidumbre. El 16 de abril a las cinco y media, llegaron al campo los libertadores en una escena poco épica: eran solo tres, un mayor americano, un cabo escocés y un soldado canadiense. Desarmaron a los alemanes y entregaron las armas a los presos franceses. Con los italianos no sabían bien qué hacer, pues se empeñaban en mantener su fidelidad a una tal Orden Permanente Número Uno, que obligaba «a los militares a mantener el orden y la disciplina de conformidad con lo prescrito por el reglamento del Ejército Real italiano, a fin de no incurrir en las sanciones previstas por el Código Penal en situación de paz y de guerra». Así que los apartaron. Pero la cruda realidad es que aquellos días el verdadero sufrimiento de los militares italianos era la obstrucción intestinal; en este sentido, sirva el dato de que las reservas de patatas estaban bajo mínimos.

Poco tiempo después, los alemanes, que aún no estaban convencidos de su derrota, volvieron a dar señales de vida: rodearon el campo con ametralladoras pesadas. A primeras horas de la mañana del 18 de abril, regresó el mayor Cooley, que se sorprendió al ver que la guardia francesa de las puertas estaba desarmada. No se lo podía creer: los carros de combate ingleses rodeaban por completo el pueblo, ¿cómo es posible que los alemanes no se hubieran dado cuenta de que habían perdido la guerra? Al fin, el 22 de abril, los prisioneros se vieron dueños de una ciudad vacía, Bergen. Guareschi se dio cuenta de que de pronto era el amo y señor del colmado Hermann Shoert y recuerda que, tras el tercer kilo de azúcar, comenzó a sentir un hambre terrible. Los ingleses, movidos por la caridad, quisieron ahorrar a los presos, que claramente estaban muy débiles, la penosa marcha del traslado, y decidieron hacerlos volver al campo. Estos comenzaron a mirar sus mochilas, hechas y desechas en poco tiempo, con desesperanza. Guareschi escribe a la familia: «Queridos míos, estoy libre por llamarlo de algún modo, pues los ingleses nos han vuelto a traer al viejo campo de concentración, ¡que está más mugriento que con los alemanes! Eso sí, nos dan más de comer». También las pulgas y chinches se lo pasaban mejor, ya que había llegado un enorme número de soldados de todos sitios. Guareschi, con Coppola y Gianrico Tedeschi, da comienzo a las retransmisiones de Radio B90. Un sistema de amplificadores garantizaba la difusión de sus programas, que seguían siendo un «*Bertoldo* hablado». En la «radioextravagancia», en un acto titulado *Cinco años después,* escenificaba una Italia en manos de los aliados; en el fondo algo parecido sucedió.

Al final Guareschi consiguió partir definitivamente el 28 de agosto. Se alegraba de abandonar el campo y Alemania, pero le impresionó experimentar un extraño vacío.

En cambio, su vida estaba a punto de volver a llenarse con el más popular de sus personajes. A primeros de septiembre, los supervivientes se detuvieron en Pescantina, cerca de Verona, parada obligada de los trenes militares que bajaban por el paso del Brennero. La Comisión Pontificia de Asistencia a las oleadas de internados de regreso acogió a Guareschi y sus compañeros en la persona del padre Paolino Beltrame Quattrocchi. Era un benedictino, y debía de ser muy vivaracho, pues acabó convirtiéndose en don Camilo. El *lager* tuvo otra consecuencia: desde su paso por él, Guareschi exhibiría un poderoso bigote, propio de un campo de concentración, que habría de quedar como rasgo emblemático de su nuevo rostro.

Traduciendo la Italia de la reconstrucción en las discusiones entre don Camilo y Peppone, Guareschi se hizo casi rico y sin duda muy famoso; discutió fraternalmente con la gente del cine que llevaba sus héroes al celuloide; Gaetano Afeltra le ofreció —a él, que era de derechas— la dirección de un periódico socialcomunista, *Milano-Sera;* luego Angelo Rizzoli le confió un diario de su propiedad, *Candido.* Y así fue como Guareschi consiguió que lo encerraran, aunque esta vez por su propia y espontánea iniciativa.

«Alguien se obstina en ver en *Candido* ciertas tendencias destructivas —escribió en cierta ocasión Guareschi—, lo cual no es cierto en absoluto, pues *Candido* es de derechas de la manera más decidida e inequívoca.» Cerraba la edición a horas imposibles, sembrando el pánico entre los tipógrafos. El 18 de enero de 1954, toda la redacción se había marchado y él, en solitario, lanzó un ataque contra De Gasperi. Publicó una carta de 1944 escrita por el estadista democratacristiano al coronel británico Arthur Desmond Bonham-Carter, acuartelado en Salerno, en la que, en un folio con timbre de la Secretaría de Estado de Pío XII, instaba a que «no se ahorren acciones de bombardeo sobre la periferia de Roma y los objetivos militares señalados». De Gasperi declaró, por su parte, que el documento era falso; Rizzoli, el editor, se distanció de la iniciativa de Guareschi, quien publicó otra carta, más o menos del mismo tono que la anterior, que De Gasperi había enviado a un jefe partisano. Los ladrones entraron en casa de Guareschi, pero no robaron nada. En el proceso, De Gasperi declaró que no veía por qué razón habría tenido que escribir cartas, cuando en el Laterano había instalado un radiotransmisor (esto último sí era una noticia, pero la prensa la pasó por alto). El tribunal no admitió los testimonios presentados por los defensores de Guareschi y rechazó el peritaje caligráfico de las cartas. El abogado de De Gasperi, que tiempo atrás había defendido al escritor contra Einaudi por una viñeta sobre el *nebbiolo* (vino tinto piamontés, «el vino del presidente»), se desmarcó con un argumento insuperable: «No creo en la buena fe de Guareschi, lo conozco bien, ya lo defendí en otra causa».

Lo condenaron a un año. Scelba, en cuanto comprendió que Guareschi iría de verdad a la cárcel, corrió de inmediato a su casa para persuadirlo de que apelara la sentencia. Guareschi se encerró en su estudio a fumar tres horas, dejando a su esposa el encargo de entretener a su amigo, quien no cejaba en su propósito.

El 26 de mayo, Guareschi entró en la cárcel de San Francesco, en Parma, con el mismo petate que había usado en el *lager.* No podía escribir para el periódico, pero sí el guion de una película que consiguió sacar de allí a escondidas. Oculto en un liceo situado frente a la cárcel, un fotógrafo consiguió sacar unas fotos para la revista *Epoca,* de Enzo Biagi, de una visita que la señora Guareschi le hizo a su esposo. Entretanto, De Gasperi murió, pero a Guareschi ya se le había pasado el enfado hacía tiempo: «el odio —afirmó— exige mucha energía, y no vale la pena».

Lo liberaron el 4 de julio de 1955. Tras zafarse de fotógrafos y periodistas, consiguió llegar a casa. Allí lo esperaba de nuevo el problema de todos los que regresan de prisión: tras cuatrocientos días de ternuras conyugales por carta, volvía a encontrarse con las habituales discusiones con su mujer.

33. JORGE SEMPRÚN

«¿Qué quieres que haga, ponerme yo también a cantar? ¿Y si canto "La Paloma"?», preguntó Jorge Semprún. Estaba en el apocalíptico Buchenwald, el 14 de abril de 1945, tres días después de su liberación. El achaparrado Albert, un judío húngaro al mando de las labores de auxilio, se había quedado petrificado cual estatua de yeso. Luego había echado a correr. «Quédate ahí, ¿entendido?», añadió con euforia. Habían terminado la que debía ser su última inspección en busca de supervivientes, apuñalados por tres filas de ojos de hombres muertos en las literas del Campo Pequeño; ahora paseaban al aire libre, bajo el sol, cuando un lamento los detuvo en seco. Se oyó un rumor que no parecía un ruido humano, pero de pronto percibieron una melopea rítmica en aquellos versos guturales. «¡Yidis!», murmuró Albert, y luego: «¡El *kaddish*!». Para entonces ya había acudido raudo al barracón de donde provenía el canto. Era la oración por los difuntos. No podía ser, ya no quedaba nadie, era imposible que hubiese ningún superviviente. Dos minutos después estaban junto a aquel camastro del que procedía la voz y extrajeron del montón de muertos acumulados en él al cantor del *kaddish*. Lo tumbaron al sol; Albert salió pitando a la enfermería para buscar una camilla. Semprún se quedó ahí preguntándose cómo era posible que hubiera soltado aquella broma de «La paloma», tan poco adecuada. *Kommt eine weisse Taube zu Dir geflogen,* le vino a la cabeza, y se puso efectivamente a cantar en voz baja «La paloma» en alemán. Entonces se acordó de todo. Había sido un año y medio antes, otoño del 43, en una emboscada en los matorrales de Semur-en-Auxois. Los soldados de la Wehrmacht solían ir por la noche a refrescarse en un recodo del río. Semprún estaba allí apostado con un camarada. Un alemán llegó en motocicleta y puso los pies en la greda aún con la metralleta al cuello. Respiraba «la dulzura de la Francia profunda», y comenzó a cantar en voz baja: *Kommt eine weisse Taube...* Su infancia española se apoderó de Semprún, lo dejó paralizado; después, irritado por el peligro que conllevaba dejarse llevar por los sentimientos en un tiempo que se le antojaba de excepción, se puso a disparar con inusitada violencia. Empezó a gritar de desesperación, mientras su compañero intentaba llevárselo de aquella hierba sobre la que se removía agitado.

Albert llegó con dos camilleros; el canto en yidis ya no se escuchaba, pero el médico francés se mostró optimista: «No hay razón para que no pueda salir adelante».

En los recuerdos que Semprún tiene de Buchenwald, casi todos cantan o recitan. «Yo a usted lo he visto, sí, lo vi el otro día... Se estaba desgañitando, ahí solo, en la plaza de pasar revista», comentó el soldado americano que hacía guardia como si nada aquel día soleado de abril de 1945. «Eran versos», respondió con desapego Semprún. «¿Poetry? ¡Coño!», exclamó entonces en español el teniente, uno de esos soldados americanos de Nuevo México que abrumaban a Semprún obligándolo a regresar a su lengua materna. También el teniente sabía recitar poemas y dio de inmediato prueba de ello: comenzó a declamar enfáticamente en castellano, con acento mexicano, un poema de Rubén Darío. Abrió los brazos hacia un imaginario horizonte oceánico por el que desfilaban manadas de elefantes de combate engalanados para el desfile: «... y el rey mandó desfilar / cuatrocientos elefantes por las orillas del mar...». Solo cuando Semprún terminó de recitarle a voz en cuello otro poema —«Libertad», de Char— se dio cuenta de que desde una torreta otro soldado americano dirigía hacia ellos sus extraños binoculares. Semprún alzó la mano en señal de saludo.

Había recitado mucha poesía en sus años en el *lager,* pero siempre en el edificio destinado a las letrinas comunes, una enorme nave de cemento atravesada en toda su longitud por una viga doble de madera que servía de asiento para que defecara aquella muchedumbre, cosa que hacían espalda contra espalda sobre un riachuelo central. A pesar del olor, aquel era un lugar seguro, pues el comandante de las SS era un maniaco de la higiene y nunca pisaba aquel lugar. Fue así como se convirtió en un espacio de convivencia en el que intercambiar novedades y alguna que otra risa, celebrar alguna reunión de la célula comunista clandestina o compartir una colilla. Semprún había descubierto allí a amantes del *jazz* y de la poesía. Uno recitaba a Baudelaire, otro devolvía el gesto con Heine; Semprún contribuía con «La hilandera» de Valéry. Era un modo de seguir resistiendo.

«Los pájaros», dijo Semprún deteniéndose mientras paseaba bajo el sol de 1945 en compañía del teniente americano Rosenberg. Ahora también los pájaros cantaban. En los años del *lager* no los hubo: los humos del horno crematorio los habían alejado de allí, pero ahora habían vuelto; en abril ya trinaban regularmente. Tras haber convivido con los alemanes, a Semprún el ejército americano le pareció poco marcial. Una orquesta tocaba *jazz* para los soldados de color, una orquesta clandestina: Jiri Zak, un checoslovaco, la había reunido buscando músicos comunistas. Semprún le explicó a Rosenberg que, si se le hubiera ocurrido escribir sobre Buchenwald, habría comenzado por Léon Blum. El teniente le preguntó por qué. Blum había estado dos años en Buchenwald, pero retenido en las casas de los SS, sin sospechar de la existencia del campo. Pero el verdadero motivo, aclaró Semprún, es que Léon Blum había escrito, por increíble que pareciera..., ¡unas *Nouvelles conversations de Goethe avec Eckermann* («Nuevas conversaciones de Goethe con Eckermann»)! ¿Y qué había de increíble en ello?, le preguntó Rosenberg. Se encontraban a los pies del Etterberg, a pocos pasos de la casa de campo de Goethe y a escasos kilómetros de Weimar, en la zona donde habían tenido lugar aquellas conversaciones entre ambos autores sobre la esencia de su amada civilización europea.

Pero Semprún no escribió nada al respecto. Entró anónimamente en la rutilante posguerra, eligiendo «el silencio susurrante de la vida frente al lenguaje mortal de la escritura». Temía que contar todo aquello diese renovadas fuerzas a la angustia de una época. Será la lectura de Carlo Levi, quien, por el contrario, cuando escribía sobre todo aquello se sentía «crecer como una planta», la que lo arranque de su retraimiento, de aquella inmortalidad desenvuelta del resucitado.

34. ALEKSANDR SOLZHENITSYN

La celda «más esplendorosa» de toda su carrera carcelaria fue para Solzhenitsyn la número 75 en Boutyrki. En ella entró a eso de las tres de la mañana, tras las once horas que duraron los protocolos de ingreso, pero estaba vivamente iluminada bajo sus dos cúpulas por sendas lámparas eléctricas. Todos dormían, excepto las moscas; la brisa de julio no entraba por las ventanas tapadas con «muserolas», y los inquilinos, que tampoco eran muchos (al fin y al cabo, no más de ochenta en una celda concebida para veinticinco prisioneros), habían empujado la mesa-armario, característica de Boutyrki, contra la pileta, que era sin lugar a duda la presencia más significativa de la estancia. En un lateral aún quedaba algo de suelo, y fue allí donde Solzhenitsyn se tumbó, sorteado durante el resto de la noche por los compañeros que frecuentaban la pileta.

Al grito de «¡en pie!», que entraba por la mirilla al amanecer, todo se ponía en movimiento. Una vez apartados los camastros transversales, la mesa-armario desplazada ahora hacia la ventana, comenzaron a interrogar a Solzhenitsyn: ¿era un novato? Un señor de cierta edad, bien plantado y de nariz picuda, se le acercó:

«Profesor Timofeev-Ressovski, presidente de la Sociedad Científico-Técnica de la celda 75. Nuestra sociedad se reúne todos los días junto a la ventana de la izquierda, tras el desayuno. ¿Podrías preparar una disertación científica?, ¿sobre qué?».

Pillado por sorpresa, Solzhenitsyn se quedó rígido, enfundado en su largo gabán (lo habían arrestado en invierno, y él mantenía la misma indumentaria aunque las estaciones cambiaran). Luego consiguió responder; durante dos noches se había podido entretener con un libro que había llegado al campo de manera clandestina: el informe oficial de la Secretaría de Defensa de los Estados Unidos sobre la bomba atómica (era 1946). El libro se había publicado en primavera: ¿alguien en la celda lo había leído? (pregunta retórica, pero la cortesía obliga).

Reconvertido en físico nuclear, sosteniendo en alto con una mano un viejo paquete de cigarrillos como encerado y en la otra un trozo de pizarra de origen ilegal como tiza, con los dedos desollados, Solzhenitsyn dio comienzo a su conferencia. Prisionero desde hacía un año y desconocedor de lo sucedido con la bomba atómica, Timofeev-Ressovski intervenía con decisión ante las lagunas científicas de Solzhenitsyn, arrebatándole el paquete y trazando líneas y números nacidos de sus vastos conocimientos. Era biólogo, uno de los más grandes genetistas del mundo, pero también había trabajado en uno de los primeros ciclotrones europeos para la irradiación de las moscas de la fruta, y hablaba como si hubiera sido uno de los físicos del mismísimo grupo de Los Álamos. Era aristócrata y cosaco, razón por la que padecía de más apetito que los demás. Su historia era muy sencilla: en 1922 lo habían enviado a un centro de investigación en Alemania, y su implicación en el trabajo que estaba desarrollando era tal que en 1937 se negó a volver a su patria. En 1945, al entrar en Berlín, los rusos lo detuvieron junto con su amigo Carapkin por haber rechazado en su momento la repatriación; pero Timofeev «se jactaba» de no haber cometido un solo error en su vida.

«¡Ah, aquella sí era una buena celda!» Estaban Nikolai Semenov y el ingeniero Karpov, creadores de la gran central hidroeléctrica sobre el río Dniéper; el eminente físico Viktor Kagan, siempre tan sarcástico; el compositor Volodja Klempner; y luego el flujo incesante de prisioneros de guerra que hablaban de los Balcanes, de Francia... Tomofeev-Ressovski consagraba cada velada a homenajear con conferencias y conciertos la cultura de un país: Italia, Dinamarca, Noruega... Se celebró un curso sobre Le Corbusier, otro sobre Gógol, otro sobre la vida de las abejas. Luego estaban los poetas: quizá la métrica no estuviese muy afinada, pero lo cierto es que en aquella celda todos se emocionaban. Solzhenitsyn tuvo por primera vez la tentación de escribir versos también él.

Ese chico, Surukov, preso por el artículo 58, ¿no había estado en la prisión de tránsito de Krasnoiarsk en la misma celda que un tal Machotkin, el aviador del polo? «¡Sí, sí! Le pusieron su nombre...», comenzó a responder el muchacho. «A una isla del golfo de Tajmyr», lo interrumpió un excitado Solzhenitsyn. «¿Sabe si lo dejaron partir a Dudinka?» Surukov asiente: «Sí, ¿cómo lo sabía usted?». Solzhenitsyn sonríe; nunca ha visto al piloto, pero conoce bien su historia: lo condenaron a diez años, pero no han podido quitarle su nombre a la isla, y así aparece en los mapas del mundo entero. A Machotkin luego lo enviaron con los ingenieros a Bolsino, ya no le dejaban volar. Por otro preso que venía de la zona, Solzhenitsyn supo que el aviador se había ofrecido para pilotar un avión al polo norte. Entonces el escritor se apresuró a contactar en los baños de la cárcel con otro joven prisionero al que estaban a punto de enviar con los viejos compañeros de Machotkin en sus tiempos de Bolsino y que ahora se hallaban en Rybinsk, un campo herméticamente cerrado, para que supieran que su camarada aún volaba. En el archipiélago Gulag había doce millones de prisioneros, pero bastaba con tener algo de memoria y de curiosidad: las noticias corrían como la pólvora. Un día Solzhenitsyn se sorprendió al escuchar en una celda menos animada que la suya una magnífica voz de barítono que cantaba a Schubert: *La gioventù di nuovo mi opprime.* Carapkin, Sergei Románovich, se presentó el cantante. «¡Anda, pero si yo le conozco!», lo desconcertó Solzhenitsyn, que no lo había visto nunca. «Usted es el biólogo que se negó a volver de Berlín.» «¿Pero cómo ha podido saberlo?», le preguntó el barítono. «¡Ay, qué pequeño es el mundo! En el 47 estuve con Timofeev-Ressovski…» Solzhenitsyn hacía todo lo posible por no olvidar nunca nada; tenía muchas cosas que contar.

A pesar de toda esa red de relaciones personales y otras cosas igualmente interesantes, lo cierto es que la palabra «soledad» domina las reuniones que la Unión de Escritores dedica a Solzhenitsyn. Han pasado veinte años. Encerrado en gulags hasta 1956 por una frase sobre Stalin que escribió en una carta y apenas rehabilitado, Solzhenitsyn se ha dedicado a escribir sobre los campos de concentración estalinistas. Ahora es tiempo de deshielo, y en 1962 *Un día en la vida de Iván Denísovich* aparece publicada en la revista *Novyj Mir;* la obra empieza a compararse con *Memorias de la casa muerta,* de Dostoievski. En cambio, cuando a la revista llega *Pabellón de cáncer,* el editor tiene sus reparos en publicarla y solicita una autorización oficial. Solzhenitsyn somete el texto mecanografiado al juicio de la sección moscovita de la Unión de Escritores, el 16 de noviembre de 1966. El presidente comienza la sesión atacando su victimismo, relativizando sus méritos: «Todos nosotros, por la naturaleza misma de nuestro oficio, estamos condenados a la soledad»; al fin y al cabo, todo aquel que escribe vive, en cierto modo, en una celda de aislamiento. Sin embargo, uno de los presentes parece salir en su defensa y cuenta que un día iba paseando por el campo con Tiniánov cuando un camión avanzó hacia ellos levantando una nube de polvo; él se echó atrás de golpe, queriendo escapar, y Tiniánov le espetó: «¿Por qué haces eso? No sirve para nada. El polvo es como el tiempo; lo respiramos queramos o no». La novela de Solzhenitsyn —continúa el improvisado adalid del autor— se desarrolla en 1955; el autor respira inevitablemente su tiempo, la triste época precedente al encomiable XX Congreso, y esa es la razón de que se perfile en ella de modo tan definido un personaje negativo, Rusanov. Otro de los reunidos pregunta cómo es posible que el antihéroe sea un personaje atractivo —literariamente, se entiende—, mientras que no hay modo de que el héroe destaque. Todos hablan de *Pabellón de cáncer* como de una obra maestra; sobre el borrador que circula entre los asistentes a la sesión, un censor ha escrito en rojo, quién sabe cuándo: «Ah, menos mal; todo pasa después de

Stalin». Aun así, la novela no obtiene la autorización. Se publicará en el extranjero.

En otra reunión de la Unión de Escritores, esta vez de la sección de Riazán, donde Solzhenitsyn había enseñado matemáticas, vuelve a salir el tema de la soledad. El camarada Solzhenitsyn no participa en las reuniones, no entusiasma a los jóvenes literatos. «Todos nosotros amamos a nuestra madre patria; la obra de Solzhenitsyn se publica en el extranjero. Si en el extranjero hicieran de mi obra una máquina de guerra, ¿qué haría yo? Vendría a pedir consejo a mis camaradas. Por el contrario, él se ha aislado.» Solzhenitsyn insiste en que desde 1967 venía advirtiendo a la Secretaría del peligro que suponía que *Pabellón de cáncer* se publicara oficialmente en Occidente, pues ya en la Unión Soviética estaba circulando de manera clandestina pero fluida. En la primavera de 1968, cuando percibió indicios de que el libro estaba a punto de salir en el extranjero, Solzhenitsyn escribió a la *Literaturnaja Gazeta, Le Monde* y *L'Unità* para aclarar que no autorizaba su publicación al otro lado del Telón. La carta a *Le Monde* fue interceptada; la dirigida a Vittorio Strada, de *L'Unità,* también. El autor se vio obligado a argumentar durante largo tiempo ante el servicio aduanero a favor de la necesidad de aquella carta: hacerla llegar lo antes posible a su destino era un asunto de interés para la URSS. Así fue como *Pabellón de cáncer* apareció en *L'Unità;* en cambio, *Literaturnaja Gazeta* prefirió esperar: evidentemente, quería que la novela se editase en el extranjero y así tener un pretexto para prohibirla en la Unión Soviética. «Su tiempo reglamentario se ha terminado», interviene el presidente. «¿Cómo me puede hablar del reglamento? Está en juego mi vida», replica Solzhenitsyn, incrédulo. «No podemos concederle más tiempo; es el reglamento», le confirma la mesa. El escritor insiste, la sala está dividida. «¿Cuánto tiempo más necesita?», le vuelve a preguntar el presidente. «Tengo muchas cosas que decir, pero deme al menos diez minutos más.» «Dele solo tres», interviene una voz. Se vota: diez minutos.

Solzhenitsyn retoma su discurso, hablando ahora más rápido que antes. Cita dos versos de Nekrasov: quien ignora la cólera, no ama a su patria. «¿Cómo explica que en Occidente le publiquen encantados?», lo interrumpen. «¿Y usted cómo me explica que en mi país se opongan a ello tan obstinadamente?», responde. Han de quitarle el polvo a la esfera del reloj: ya no estamos en aquellos tiempos, añadirá, en los que expulsaron a Ajmátova de la Unión de Escritores de la URSS; la realidad es que a él lo expulsarán pocos días después. «¡Vamos, tengan valor, voten!», concluye Solzhenitsyn su discurso el 4 de noviembre de 1969. «Tienen la mayoría, cierto, pero recuerden una cosa: la literatura volverá a esta asamblea.»

35. CURZIO MALAPARTE

Cada vez que llegaba a un lugar nuevo, Malaparte ladraba a los perros. Se empeñaba en conocer uno a uno a todos los chuchos de la zona; se hacía su amigo a fuerza de ladridos; se agrupaban todos bajo su ventana y comenzaba el concierto. Ya fuera en Venecia o en Chamonix, lo tomaban simplemente por un excéntrico; pero a los pescadores de Lipari, donde lo confinaron en 1934, les daba unos sustos de muerte. Aquel caballero alto y engominado, tan elegante que Trotski lo llamaba «el dandi», por la noche salía a la terraza a ladrar; pronto los perros empezaron a devolverle el saludo, tratándolo con la mayor de las familiaridades. Los pescadores se dirigieron a los *carabinieri* para que forzaran a Malaparte a desistir de su costumbre, pero no consiguieron nada, y a partir de entonces todos lo llamarían «el Perro».

El chucho al que Malaparte más amó en su vida fue precisamente uno de Lipari, Febo II. Lo conoció cuando aún era un cachorro que se esforzaba en seguir a un grupo de perros callejeros, «esos pobres perros roñosos que durante el día van rebuscando con la cola baja en la arena que rodea las barcas varadas en el Porto di Levante, buscando cabezas de pescado». Era un «galgo del

Stromboli», una raza incierta descendiente de perros abandonados en la isla, que solían regresar a un estado salvaje. Pero para el escritor era «la criatura más noble con que se había encontrado en la vida»; hablaba con emoción de cómo había sido su primer encuentro; juraba que no había querido tanto a ninguna mujer ni a ningún amigo. «Perro como yo» es el título de uno de los artículos que envía al *Corriere della Sera* desde su destierro. Cuando Febo II estaba lejos, le mandaba postales que había mantenido pegadas a su cuerpo para que se impregnaran de su olor, y atormentaba a sus amigos pintores para que le hicieran retratos. En *Piel,* el perro muere viviseccionado en un «silencio de nieve», pues los médicos le han cortado la úvula. En realidad, Febo II murió en Capri en su cama, es decir, en la cama de Malaparte; cuando pasaba por su tumba, el escritor casi nunca olvidaba lanzarle un «guau, guau».

Cuando en la prensa aparecían ataques a Malaparte, los periódicos y jerarcas fascistas desempolvaban su verdadero nombre, ciertamente poco italiano: Kurt Erich Suckert. «Estoy desempleado, me han largado de Turín con una orden de expulsión; cuando regresé en junio de 1931 me condujeron a la comisaría, de nuevo bajo sospecha», se lamentaba el 8 de abril de 1933 ante el director del *Corriere della Sera,* Borelli, tras ser apartado, generosa compensación económica mediante, de la dirección de la *Stampa.* Prometió «no asociarse con gente de mente retorcida»; la realidad era que los antifascistas parisinos lo habían devuelto a Italia sospechando que fuese un espía y un agente provocador. «En vez de agradecerme que yo, con la notoriedad internacional que me he forjado, me calle y finja aprobarlos..., esos señores me boicotean como si fuera un expatriado.» Mientras tanto se dedicaba a provocar a Balbo, uno de los *quadrumviri* de la Marcha sobre Roma, con «un cúmulo de infames difamaciones», por las que el mismo Balbo pidió venganza al Duce el 7 de junio, dejando a voluntad del líder «el tiempo y el medio para perjudicar a aquel vulgar delincuente». La acusación, gravísima, de «haber desempeñado actividades antifascistas en el extranjero», acabó rebajándose durante la instrucción a la de «difamación a un ministro en ejercicio».

El 17 de octubre condujeron a Malaparte a la prisión de Regina Coeli. Desde la celda 416 del pabellón 4, se preocupa por encima de todo de que pongan naftalina a su ropa de verano, aunque con el tiempo surgen nuevos intereses. «¿Podrías ocuparte de que me lleguen sábanas limpias?», escribe continuamente a Borelli tras tres semanas de cautiverio: el encarcelamiento se prolonga de manera desesperante, nadie lo interroga ni tiene el gesto de comunicarle cuál es el motivo de su arresto. «¡Si al menos tuviera papel y pluma para tener ocupada mi mente, para escribir de literatura, de arte, de poesía, y así olvidar dónde me encuentro y desde cuándo!» Después serán amables con él y le permitirán al menos cultivar su espíritu. «Tengo en mi corazón algunas poesías que me gustaría pasar a papel.» ¡Ojalá le enviaran algún libro! Solo cuenta con uno de la biblioteca, el *Quirina e Floriana* de Giorgio Caprin. «Perdona si esta carta resulta poca cosa, pero me tiembla la mano y me tiembla el corazón.»

«¡Y pensar que allá fuera todos creían que yo era una especie de agente del Duce, y aquí en Italia me encierran en prisión!», se lamenta. En Alemania prohíben sus libros, son condenados y quemados públicamente al más puro estilo nazi; «han secuestrado y destruido las copias del editor», protesta. Y así, los exiliados comienzan a cambiar de opinión sobre él. El diario antifascista *La Libertà* escribe el 12 de octubre de 1933: «No podemos dejar de reconocer que, en medio de la grey fascista, él sobresale sin esfuerzo por su ingenio y su cultura».

El 17 de octubre, Malaparte comienza a ponerse realmente nervioso. Y pensar que había vuelto a Italia —escribe al director Borelli— con el propósito de comprarse una finquita en la Toscana. «La prisión es una escuela formidable», declara programáticamente; pero cuando por fin le dan papel, pluma y tintero, se da cuenta de que en la cárcel es imposible escribir. «Las ideas se deshacen en mi cabeza. Pongo en fila una palabra tras otra, pero el párrafo no es coherente, y me doy cuenta de que estoy escribiendo sandeces.» Diez días después está preparado para una sentencia de confinamiento; da igual dónde sea con tal de salir de allí. Es el 13 de noviembre cuando lo condenan: cinco años, la máxima pena.

Malaparte, que amaba el lujo no sin una buena dosis de ingenuidad (solía decir: «Cuando entro en un gran hotel, mi corazón se estremece de alegría»), se siente alterado: es terrible lo de ir a parar a una isla, lo ataca el pavor; tiene las fuerzas justas para solicitar humildemente que lo conduzcan al lugar de su confinamiento no detenido, sino acompañado: «Ruego me ahorren al menos la última humillación de conducirme hasta allí esposado y entre dos carabineros». El 30 de noviembre, las autoridades trasladan a Malaparte a Lipari, tal como había pedido: lo acompañan dos agentes de paisano y su madre («por supuesto, por supuesto», concedió aquella tarde un comisario que entró inesperadamente en la celda junto a los agentes que iban y venían). El tren sale en quince minutos, le informaron. Cuando se abrió el portón de Regina Coeli, se sintió perdido y solo; instintivamente, se giró buscando a los policías. Allí estaba también el brigadier de la Polizia di Stato, Petrolini, quien dos meses antes lo había conducido desde jefatura a prisión. Era la hora, a eso de las siete de la tarde, de que sonara rabiosa la campana tocando a silencio; de inmediato subía el zumbido de la muchedumbre de presos, un murmullo que se hinchaba ante la idea del sueño inminente. Luego se encendía la pequeña lámpara colgada en lo alto de la puerta; la luz rojiza se extendía lentamente por la celda, colmaba poco a poco los desconchones del enlucido, la palangana, el cubo de los excrementos, la botella de la orina. Tendría grabada dentro aquella celda que había sido suya durante dos meses; pensó en un pájaro que se hubiera tragado su propia jaula.

Su mirada se había acostumbrado a formas precisas, a la geometría clara y cercana de las paredes, del taburete, de la escudilla; ahora, esa fuga desordenada y vaga de luces, de ruedas, de rostros, de sombrillas, le proporcionaba un sentimiento de pesadumbre. Vio a su madre; llevaba un ramo de flores. «Te acompaño hasta allá», dijo la señora, firme y serena, con el acento milanés propio de los momentos difíciles. Ese «allá» era Lipari. El puente del pequeño barco que hacía el servicio entre Milazzo y Lipari estaba a rebosar de cabritillos, cestas de verdura, mujeres agazapadas vestidas de negro, hombres de rostro agrietado con el cabello «dorado» por la incesante lluvia de azufre que el Estrómboli y el Vulcano esparcen por el archipiélago de las Eolias. Malaparte ayudaba a su madre a moverse por allí. Un toro negro, atado con gruesas cuerdas, dirigiendo sus ojos blancos «donde el cielo refleja el juego róseo y cándido de las nubes», subrayaba con sus mugidos cada golpe de mar que se ensañaba contra los pobres flancos del buque. «¡Qué bonito es!», dijo la madre, ya en mar abierto.

«Demasiado mar, demasiado cielo para una isla tan pequeña y un espíritu tan inquieto», comenzó pronto a lamentarse Malaparte. La policía le permitía cualquier cosa. «Los había embrujado a todos aquel demonio: lo escuchaban como a un oráculo», decía la novia aristócrata de Turín, que solía ir a visitarlo. En cambio, el resto de los condenados seguía considerándolo un fascista y no confiaban en él. La escritura no llega: en los siete meses transcurridos desde su llegada a Lipari garabatea apenas una decena de páginas y algún poema. Su corazón y su espíritu funcionan; es la cabeza la que se dispersa. «Mientras el espíritu crecía, se hacía más profundo y amplio, mi cerebro sufría una especie de contracción progresiva, empequeñeciéndose a medida que pasaban los días de un modo tan evidente que me daba miedo... Imposible escribir dos líneas decentes. Lo *sentía* todo, no *entendía* nada.» La realidad es que envía al *Corriere* artículos de fondo que le pagan a muy buen precio; también le suben el sueldo. Mussolini permite a finales de junio de 1934 un traslado a Ischia, pero no es suficiente. Malaparte pide a Ciano —a quien había conocido diez años atrás en el mundillo de la prensa y que lo tenía en alta estima— que lo envíen a la Toscana. Ciano consigue para su confinamiento un destino sorprendente: Forte dei Marmi, la playa de moda, donde el propio conde pasaba sus vacaciones y Malaparte se dedica a pasear por la arena en traje de baño, mientras intenta meter en cintura a su galgo de Lipari. «Un destierro de risa», dice Moravia, quien fue su huésped en villa Hildebrand, al igual que Savinio y otros literatos de lo más variado. Y es que, después de alquilar una villa, Malaparte decidió comprar otra frente al mar y en el enclave de moda, la Capannina. El escultor alemán Adolf von Hildebrand la había mandado construir a finales del XIX, y los interiores eran obra de Arnold Böcklin; en ella se habían alojado Thomas Mann y D'Annunzio. Contaba con un amplio jardín de pinos al que Malaparte había añadido dos cabañas de estilo hawaiano. Parece que Malaparte respira: «Comienzo a volver a verme con gente de categoría, tras un año entre desterrados, pescadores y pastores». En Forte dei Marmi se consolidará su amor con la mujer «más rica de Italia», como llamaba de modo quizá poco elegante a Virginia Agnelli. El 12 de junio de 1935, Mussolini lo exculpa con un acto de clemencia; Malaparte permanecerá vigilado, pero regresa a él «la fiebre del trabajo»: colabora con diarios fascistas y funda una revista fiel al régimen. Con el tiempo regresa también el espíritu y publica en el *Corriere,* al mismo tiempo que el Duce funda su Imperio africano, dos artículos sobre la figura de Aníbal, el héroe africano que recorrió el camino inverso. En 1936 publicará *Evasiones en la cárcel* narrando la historia de su confinamiento: su cuerpo había salido de la cárcel, pero su alma seguía encarcelada. La vida del Forte acabó saliendo de su corazón cuando consiguió la villa de Capri. Finalmente decidió convertirla en un hotelito para ricos, que pretendía dirigir personalmente con la ayuda de su hermana María. Albergó con placer la idea de convertirse en anfitrión; obtuvo del Ayuntamiento la correspondiente licencia y movilizó a sus amistades romanas para conseguir el permiso de venta y consumo de licores. Pero en el último momento no hizo nada y acabó alquilándola por temporadas.

Se estableció en Roma. Antes aún de que entraran en vigor las leyes raciales, le prohibieron que recibiera en casa a sus amigos judíos, Cagli, Moravia, Carlo Levi. Cada vez que llegaba de visita a la ciudad cualquier personalidad extranjera, especialmente alemana —Hitler, Göring, Goebbels—, las autoridades lo encerraban en el calabozo unos días por motivos de seguridad. En efecto, ya en el 32 había adivinado lo que sería la dictadura hitleriana —*regrettable,* se limitaban a decir de ella aún las democracias europeas—; sin embargo, *Muss / El Gran Imbécil,* de 1943, un retrato satírico de Mussolini, pero por encima de todo denuncia del tenebroso Reich, no había visto la luz. En agosto de 1941 escribía para el *Corriere della Sera* crónicas de la guerra en el frente ruso;

en Ucrania lo encarceló la Gestapo por el contenido «antialemán y filosoviético» de las mismas.

En 1944 arrestaron a Malaparte a menudo. El 25 de julio se encontraba en Escandinavia, pero regresó raudo a Roma esperando que a él, a fin de cuentas un exconfinado, lo esperase un prometedor destino. No había pasado una semana cuando la policía de Badoglio se presentó en su palacio de Via Gregoriana para detenerlo. En Regina Coeli solicitó y obtuvo el permiso para residir en la misma celda que fuera su hogar una década antes. «La prisión, de nuevo la prisión, siempre la prisión, en Italia», se lamenta en *Kaputt.* En esta ocasión lo liberó casi de inmediato, como quien no quiere la cosa, un Gobierno que tenía la mente en otros asuntos. Malaparte escapó a Capri; conversando en el tren hacia Nápoles, un soldado le preguntó de qué frente venía: «¿Regina Coeli, ha dicho?, ¿es un convento?». A Malaparte le parecía muy evidente de dónde venía: no había podido lavarse, y pensaba que todo el mundo sabía identificar el olor a grasa de los chinches.

En Capri estuvo tranquilo, aunque escribió al nuevo ministro de Cultura, Guido Rocco, para que le renovaran el pago de su sueldo mensual de cincuenta mil liras por la revista *Prospettive.* El ministro se negó; es más, al margen de la carta escribió una nota amenazadora: «¿Dónde está ese Malaparte?».

En cuanto los aliados llegaron a Nápoles, dos suboficiales del Servicio de Inteligencia americano se presentaron a comienzos de noviembre en su villa de Capri para arrestarlo y lo trasladaron a Poggioreale. Esta vez la acusación era la de «fascista peligroso». Pero Malaparte había tejido en su casa de Capri una red de amistades tan útiles que también ahora lo pusieron en libertad de inmediato. Por aquellos días había elaborado una teoría: «Debería existir una ley por la que a un escritor no se le puede encerrar en prisión por lo que escribe, sea cual sea el caso» *(Diario de un extranjero en París).*

Participó en la guerra de liberación, y a continuación consideró que había llegado el momento de estrechar sus lazos con el partido en el poder. Solicitó, junto a Longanesi, el carné del PCI, y envió a Togliatti una autobiografía con tintes proletarios, en la que aseguraba: «Puedo afirmar que siempre me he mantenido fiel a mis orígenes proletarios». Togliatti optó por no pronunciarse, pero un día en que lloviznaba se encontró a Malaparte bajo su paraguas en la puerta de su casa de Capo Massullo en Capri. Togliatti entró en la casa, miró alrededor y dijo: «Tiene usted un Dufy, ese de ahí». «Un líder comunista que reconoce un Dufy a treinta pasos es sin duda uno de esos monstruos que tanto asustan a los burgueses —comentaría después Malaparte—; por lo que a mí respecta, me encantó.» El escritor logró durante un tiempo —duraría poco: los dirigentes del partido se endurecieron— ejercer como corresponsal de *L'Unità.* Malaparte pronto encontraría consuelo. El 11 de octubre de 1925 escribiría a una amiga: «En su inmensa mayoría, los intelectuales, al menos en Roma, están dando marcha atrás en sus relaciones con el comunismo: el propio Moravia, etc. ¡Qué volubles son estos intelectuales!».

36. LOUIS FERDINAND CÉLINE

La audiencia del 21 de febrero de 1950, según el abogado de Louis Ferdinand Céline, acusado de traición y colaboración con el enemigo, «fue una juerga. Fue el propio presidente del tribunal, Drappier, quien suscitó las risas, las abiertas carcajadas». Céline se muestra ante el tribunal ciertamente contumaz, si bien presenta sus *Respuestas a las acusaciones formuladas en mi contra* y otros documentos, entre ellos algunas cartas. Con la mayor naturalidad, el presidente cita los insultos que Céline dedica al procurador: «chupasangres vendedor de nubes para los gacetilleros de la Cuarta República», o «lameculos con salsa cosaca». Los miembros del jurado se descoyuntan. El veredicto es más bien clemente: pena de cárcel de la que habrá que descontar los años pasados en la prisión danesa, cincuenta mil francos de multa, indignidad nacional perpetua y confiscación de la mitad de sus bienes.

Cuatro años antes, el 17 de diciembre de 1945, habían arrestado a Céline y su esposa. El diario *Samedi Soir* había actuado de delator, informando a partir de fuentes confidenciales que el escritor Céline vivía como refugiado político en Copenhague. Céline, «famoso por su novela *Viaje al fin de la noche,* durante la guerra ha sido un nazi y un antisemita empedernido. Sus libros antisemitas —precisa el artículo— dan que pensar si este hombre no estará definitivamente loco». En Dinamarca, donde había conseguido poner a buen recaudo sus derechos de autor, hacía consultas médicas gratuitas a domicilio.

Domingo, 15 de diciembre. Un diario danés de centroderecha se hace eco en primera página de la noticia. Céline no lee los periódicos daneses, pero la hija del jefe de la Policía advierte a su mujer, Lucette: ¡tiene que escapar a Suiza, rápido! Lunes 16. El quiosquero del que Céline es cliente avisa a la policía de que todos los días acude un hombre que habla francés y que dice ser Céline. El día 17, con sus oficinas cerradas, Asuntos Exteriores recibe una llamada del jefe de la embajada francesa, Girard de Charbonnière, que les da la dirección del escritor y anuncia que el día siguiente entregará una solicitud de extradición. A las siete y media de la tarde, los agentes reciben del Ministerio de Justicia la orden de arrestar, en la dirección indicada, lugar que la propia Policía conocía desde junio, al matrimonio Destouches (el verdadero apellido de Céline).

Sobre el modo en que tuvo lugar el arresto existen dos versiones. «¡Arresto cómico-burlesco!, ¡por el tejado!, ¡a galope entre las chimeneas!, ¡Lili, yo, Bébert —el gato—, los tejados, los canalones, puercas luces apuntando!, ¡les aseguro que hacía frío sobre los tejados de Copenhague en diciembre!» Aquel fue, en efecto, el invierno más glacial del siglo, tanto que el estrecho que separa Dinamarca y Suecia estaba helado. Lucette, la mujer de Céline, añadía un detalle más: la presencia de una vasija para la higiene íntima dotada de una cánula causó en los agentes la errónea impresión de que se hallaban en una clínica abortiva clandestina. Este dinámico arresto por los tejados supone la versión adaptada de la que figura en la enciclopedia danesa, y es fiel a lo que atestiguan los inquilinos del edificio, en el 20 de Ved Stranden. La Policía da una versión más «estática», si bien no menos extravagante.

Tres pacíficos agentes, dos inspectores y un funcionario de policía llaman a la puerta de los Destouches, presentándose en inglés y en alemán. En el interior se genera un «gran revuelo». Una mujer levanta la mirilla y, al ver que en el rellano aguardan hombres de paisano, comienza a gritar pidiendo ayuda. Los agentes se quedan desconcertados. Creen oír que dentro están llamando por teléfono apresuradamente: ¿a quién? Los pacientes policías se limitan a esperar. En efecto, poco después llega un bailarín; es danés, se asegura de que los recién llegados son realmente agentes de policía y comunica lo que sucede a los inquilinos del piso: no hay que preocuparse, solo han venido a arrestarlo. La puerta se abre, y los agentes encuentran el salón en el acostumbrado e indescriptible desorden propio de las casas de Céline. El matrimonio estaba en camisón. Sobre la cómoda, una pistola cargada. La ventana, abierta.

La reacción de Céline y su esposa, la bailarina Lucette, es consecuencia de una noticia recibida quince días antes: al editor Denoël, que había publicado tanto el *Viaje* como las sucesivas obras del escritor, de un antisemitismo exaltado, lo han asesinado en la Esplanade des Invalides con un tiro por la espalda mientras intentaba cambiar la rueda pinchada de su coche. Su cartera estaba intacta: efectivamente, fue solo por venganza. Los Destouches temen que unos sicarios se los carguen también a ellos, así que reciben la comunicación del arresto con un alivio infinito.

Durante los interrogatorios no dejan de llorar. La versión que de su circunstancia ofrece Céline resulta muy edulcorada y en gran medida falsa. Mantiene que la Gestapo lo había arrestado en Baden-Baden y que se las había ingeniado para conseguir un puesto como médico en Sigmaringa; allí había gastado todo su dinero para poder curar gratis a sus compatriotas.

Pero la realidad es que desde junio de 1944 Céline llevaba una vida digna de sus escritos, una vida nociva y demente. París estaba a punto de ser liberada; los *collabo,* colaboradores de los ocupantes alemanes, escapaban. Condenado a muerte por la Resistencia, Céline, que solía pasear con los guantes de la moto colgados al cuello con una cuerda y su gato Bébert —de los más famosos del siglo XX— asomando del bolsillo de la chaqueta, se había dirigido a casa de Heller, director de Propaganda y maestro de ceremonias literarias del Ejército de ocupación nazi. El escritor le puso en la mano sus gafas de motociclista: «Le servirán cuando las ciudades alemanas estén llenas de humo». Así fue, Heller se vería obligado a usarlas en Berlín, en febrero del 45.

Y entonces había comenzado la odisea de Céline con su mujer, el gato y el actor Le Vigan —otro colaboracionista, el amigo que le había regalado a Bébert, tras comprarlo en 1932 en La Samaritaine— por los escombros del Tercer Reich. Berlín es pura escenografía, las casas son solo fachadas, bastidores de un teatro; detrás de todo ello, solo queda un abismo. El escritor quiere llegar a Dinamarca, donde tiene bien guardados unos lingotes de oro. Con el régimen agonizando, deja atrás Baden-Baden y llega a Sigmaringa, en la Selva Negra, ciudad termal como Vichy. «¡Qué estancia tan pintoresca!», escribirá con grotesca crueldad. «Es como verse en plena opereta. Allí esperan sopranos, tenores ligeros… una ciudad tan bonita, rosa, verde un poco bombón, todo de estilo "barroco boche" y de opereta.» Los mariscales y ministros de Vichy se alojan en el castillo de Hohenzollern, «la nata de la ciudad, estuco y cartón piedra»; el resto se refugia donde puede, come rape y col lombarda.

En marzo de 1945, Céline llega por fin a Copenhague, donde lo espera el arresto. La vida errabunda y carcelaria se transmutará en las obras maestras, visionarias y extenuantes que componen la *Trilogía del Norte.* Durante su detención, Céline anota a lápiz en cuadernos escolares comprados en la tienda de la prisión los desahogos de su desesperación. «Ansío encontrarme en un lugar en el que deje de ser un indeseable.» A su esposa, a la que pronto dejan en libertad, escribe: «No estoy en las últimas, *mon chéri mignon.* No lo pienses. Sentado estoy bien. Solo al ponerme en pie vacilo y desvarío». Mientras tanto, al tiempo que seduce a los compañeros de cárcel contándoles *El conde de Montecristo,* redacta «unos pequeños apuntes», primera versión de *Fantasía para otra ocasión,* en la que las bombas incendiarias violentas y alucinadas de Céline, que convierten el lenguaje en grito, se deshacen en un inesperado y sumiso murmullo. En ella está el paseo por París antes de su marcha, el rumor del río: «Es aquí, a estas orillas donde siempre regreso – es aquí donde siento la vida pasar – recuerdos 1900… todo baila, baila entre lágrimas». En ella está la madre, encajera y comerciante, extenuada de vivir y de una existencia abnegada: «Apenas ve un poco de luz – Vieja perra beata – Desgarro – No volvería a verla más – Trabaja sin descanso desde los nueve años de edad – Ha perdido los ojos trabajando – A sus setenta y seis años anda buscando a tientas el camino palpando las paredes – Ya no distingue las aceras – Tropieza y se vuelve a levantar – Su corazón apenas la sostiene – Del mundo solo ve una pesadilla de amenazas y sangre y fatigas infinitas».

La bailarina Elisabeth Craig, que rechazó en el 34 el amor desesperado de Céline y a quien él dedicó su *Viaje al fin de la noche,* contaría en 1989, a sus ochenta y seis años, una visita a la madre del escritor que tuvo lugar sesenta años antes. El rostro de Céline delataba un dolor insoportable, «como si estuviera mirando al epítome de todas las mujeres que han trabajado y sufrido y mantenido unida a una familia de clase media».

Cierto día, Florence Gould, la esposa del rey de los ferrocarriles estadounidenses, había ido en un taxi tirado por dos caballos (era la guerra, la gasolina estaba racionada) a intentar comprarle sus manuscritos. Céline, que como médico entregaba sus ingresos a las prostitutas enfermas del barrio y curaba gratis a los pobres, se negó «porque no quería deberle nada a un millonario americano». En 1933, no se aguantó las ganas de llamar a Hitler «el epiléptico», ni en el 36 las de hablar de la Unión Soviética como «la imbecilidad titánica, la indecencia cromada». Escribía en la lengua de los pobres, esa jerga que «no se hace con un glosario, sino con los sentimientos de odio y de miseria». En los museos buscaba los cuadros que representaban la indigencia. Tenía miedo de permitirse ser feliz, como si, al hacerlo, traicionara a los desheredados, recuerda Elisabeth Craig. Parecía un hombre atormentado por la necesidad de ser feliz y la sensación de que, si se permitía serlo, estaría faltando a su deber. Por aquella época, si ella conseguía hacerle admitir que había pasado un buen día, él la llevaba a pasear «por el empedrado de guijarros de no se sabe qué sitio perdido de la mano de Dios».

Céline pensaba que no había «lugar para la amabilidad, la gracia, la piedad. El terrible peligro de tener corazón». Su risa nunca dejará de ser «de esas que se escuchan en las cárceles». Con su malditismo había conseguido poner nervioso al gélido Jünger en París cuando fue suboficial del ejército de ocupación. «He visto a Céline con las uñas sucias —escribía—, comienzo a no poder soportar más la autodestrucción de estos grandes nihilistas.» Desconcertó a un oficial alemán al reprocharle que, a pesar de su presencia allí, en París pulularan los judíos. Pero en la cárcel, en las primeras versiones de *Fantasía,* escribe: «Nos asfixian los muertos de los campos de concentración». Todos sabían que odiaba a los alemanes, y no lo disimulaba: ¿qué otra cosa podía hacer un veterano de la Gran Guerra, mutilado al setenta y cinco por ciento a los veinte años? Luego está el precioso retrato de Georges Montandon, un experto etnólogo del Instituto de Estudios de las Cuestiones Judías y Etnorraciales, con sus aires de viejo reformista protestante, sombrero y abrigo negros; Céline le echa en cara sus certificados de raza —eran denuncias, al fin y al cabo, que extendía o no a cambio de dinero—, así como sus opiniones sobre «la cuestión racial en general, que no se sostienen: ¡perseguir al judío en el momento y en el país en que se encuentra puntualmente oprimido no resolverá el problema!».

En sus *Bagatelas para una masacre* había escrito: «Llamo judío a quien tenga solo un abuelo judío»; las leyes del 40 exigirían tres. Pero apenas entra en la cárcel, el día de Navidad de 1945, jura en una carta a su defensor —en ausencia del abogado Thorvald Mikkelsen, de viaje por los Estados Unidos, le ha sido asignado el propio jefe de Policía de Copenhague, Aage Seidenfaden— que nunca ha colaborado, que incluso ha sido un adversario de Vichy, cuyos funcionarios prohibían sus libros. Sus desgracias tenían su origen en dos *pamphlets* escritos antes de la guerra. También sobre este asunto, en sus *Respuestas a las acusaciones* lleva a cabo una profunda revisión de sus puntos de vista. En el momento de publicarse *Beaux Draps* («Los bellos paños») nunca había oído hablar de los trenes. «No sabía nada, absolutamente nada de las deportaciones de judíos ni de ninguna otra deportación. Es más, he llegado a saber de estas atrocidades solamente al acabar la guerra. Lamento mi ignorancia...»

Ya en la cárcel lo trasladan de inmediato a la enfermería, celda 13; como médico, sabe hacer valer sus enfermedades y resultar convincente. La lista de sus males no tiene fin: pérdida de peso, cuarenta, cincuenta kilos; caída de los dientes; pelagra; pérdida de pelo y vello corporal debido a la oscuridad; micosis en la fisura glútea; malaria, vértigos y migrañas; episodios alternativos de disentería y estipsis que requieren de continuos enemas. Así, tanto en la enfermería como en la celda estará solo. La depuración ha hecho que muchas personas acaben en la cárcel, y algunas en el patíbulo. En las celdas normalmente hay cuatro, tres en hamacas y un cuarto sobre un colchón en el suelo junto a la puerta. Los guardias llamaban antes para que lo retiraran y así poder entrar. Céline compartirá habitáculo con otro preso por poco tiempo, lamentándolo mucho, pues era alemán. La cárcel estaba en manos de los partisanos; Thorvald Mikkelsen —abogado de Céline y él mismo miembro de la resistencia danesa— cuenta que, cuando iba a visitarlo a la enfermería, otros resistentes armados de revólveres y fusiles se agolpaban en la cabecera para escuchar lo que ambos decían, a pesar de los postigos de hierro y las puertas cerradas con dos vueltas de llave.

Las cárceles danesas no eran hoteles de lujo, tal y como suele afirmarse, pero lo cierto es que en Vestre Faengs («prisión occidental») la rutina era bastante llevadera, sobre todo cuando el 28 de marzo trasladan a Céline a la cárcel de mujeres, donde había más espacio. Se despertaban a las cinco, la cama y la limpieza se hacían «muy lentamente», escribe a su mujer; limpieza del suelo dos veces a la semana; paseos de veinticinco minutos (eran una cortesía hacia él) mirando el cielo, los árboles, «todo el espectáculo encantado del mundo de los vivos». «La comida está bien preparada y es muy abundante», al igual que la cena, a las seis. No hace falta que Lucette le lleve jamón. Pasa el tiempo creando y desechando mentalmente obras de teatro; puede leer y escribir; los guardias «son amables» —eso es importante, la grosería lo «descompone»—; «tengo periódicos, me hincho a leerlos». Cuenta con una enfermera privada, con la que se siente más que satisfecho. Por la tarde escribe. Las únicas horas terribles son las de antes de irse a la cama. «Un pavor, un terror irracional a llegar a suicidarme por tanta desgracia.»

«Mi querida Lucette. La tarta era perfecta», escribe a su esposa; sus desayunos «moros», con té, tarta, mermelada y fruta, son compatibles con las tostas danesas; rechaza solo la ropa interior, ya tiene suficiente, se cambia poco. Pide a su abogado *Memorias de ultratumba,* de Chateaubriand, y se afana, escribiendo una carta tras otra, en evitar su extradición. Las maquinaciones y toda la parafernalia de la justicia puesta en marcha contra él por los liberadores tanto de izquierda —el prosoviético Aragon— como gaullistas —el tándem Cassou-Malraux—, que han conseguido manipular a Thorez, no logran obtener más que un «pedo de conejo». Mikkelsen no se hace ilusiones: «Este hombre es un antisemita virulento, un antitodo; aun así, hay que ayudarlo».

Girard de Charbonnière, quien mientras tanto se ha convertido en embajador, se muestra muy incómodo con que se haya planteado el tema de Céline. La Corte de Justicia del Sena lo había acusado de colaboracionismo el 19 de abril de 1945; el antisemitismo no conlleva la extradición, y el tratado entre Francia y Dinamarca excluye ese recurso por cuestiones políticas. ¿Su relación con el enemigo invasor se ajusta a la definición de colaboracionismo? Siete juristas examinan la cuestión. Charbonnière se enfurece con el director de la agencia France Press en Copenhague, que junto a *Samedi Soir* ha hecho de «espía» en la capital danesa para señalar la dirección de Céline en la ciudad. Toma la decisión de no hacer nada: no envía la rogatoria solicitada por los daneses; cuando las autoridades le preguntan si tiene algo que objetar a que Céline quede en libertad bajo palabra tras dieciocho meses de prisión, Girard de Charbonnière no pone ninguna objeción y tiene mucho cuidado en no advertir de ello al ministerio.

Los comunistas daneses ayudarán a Céline a salir, organizando una campaña en la prensa. Recupera sus lingotes, que dos amigos retiraron del banco y enterraron en una lata de cacao Cadbury. También han conservado su chaleco forrado de oro y la cápsula de cianuro con la que llegara a Dinamarca. El 17 de junio de 1947, a las once de la mañana, queda en libertad, para alojarse a continuación en el piso que le ha prestado a Lucette un pintor que trabaja como guardia en la cárcel de Vestre Frangel, a cambio de dos locales en Niza propiedad de su madre. Céline bombardea de cartas a sus amigos para que se le exculpe en Dinamarca y sobre todo para poder volver a Francia.

En el fondo, el veredicto resulta indulgente, «han sido menos canallas de lo que podían serlo», comenta Céline; en cualquier caso, el 21 de febrero de 1950, se le aplica la amnistía a su condena; en junio del 51, Céline y Lucette pueden regresar a Francia. Pero una foto de su primer verano en libertad en Korsör, en una pequeña cabaña cercana al mar, retrata a Céline desnudo, de nuevo metido en carnes y… circuncidado.

37. WILLIAM BURROUGHS

Había soñado que lloraba mientras sostenía en brazos a su hijo, también cubierto de lágrimas. Estaban rodeados de hombres «con uniforme de prisioneros». Fue en junio, en Ecuador, durante un viaje con un muchacho americano en busca de yagé, un nuevo alucinógeno que proporcionaba poderes telepáticos. Un sueño más reciente —ya de vuelta en México— debería haberlo inquietado: flotaba junto al techo, desesperado; al mirar hacia abajo vio a un doble suyo que salía de una habitación claramente determinado a matar a alguien. El 6 de septiembre de 1951, William Burroughs está deprimido. La bebida lo ayuda poco: a las tres de la tarde, en el taller de un hojalatero al que ha llevado a afilar un cuchillo de caza comprado en Quito, descubre que tiene el rostro cubierto de lágrimas.

Siempre corto de dinero, Burroughs había decidido vender una pistola que no quería, una automática Star 380 «que disparaba bajo». Había quedado con el comprador en casa de John Healey, y allí se dirige en compañía de su esposa, Joan Wollmer. En casa de Healey hay más amigos y muchas botellas de Oso Negro (vodka con ginebra) ya vacías. El cliente aún no ha llegado; el ambiente es distendido. «Yo creo que es hora de jugar a Guillermo Tell», dice Burroughs, un tirador excelente. Su mujer se coloca sobre la cabeza una copa de cristal. Él apunta, dispara. Al estallido le sigue el tintineo sordo de la copa, que ha caído intacta al suelo y está dando vueltas. Joan tiene la cabeza extrañamente inclinada a un lado. En la sien un agujero.

En el piso de abajo vive un estudiante de medicina mexicano, y uno de los presentes corre a buscarlo: no está en casa. Otro llama a la policía; mientras tanto avisan a Bernabé Jurado, el abogado de Burroughs. Llega una ambulancia. En el hospital constatan que Joan, de veintisiete años, está muerta. El abogado sugiere qué versión dar: «Tenía un revólver que pensaba vender a un amigo. Lo estaba limpiando y se ha disparado, y mi mujer está muerta». Así resumirá lo sucedido también en 1965 en una entrevista con *The Paris Review.* Homicidio no intencionado: condenan a William a un año de libertad condicional. Solo treinta años después, en *Queer,* Burroughs hablará del juego de Guillermo Tell, pero no concretará nada más del luctuoso suceso, «adecuadamente perdido en la memoria». Sí recuerda, por el contrario, los trece días pasados en prisión: «El guardia, un gitano de mierda, me dice: "A ver, aquí hay personas decentes y otros que le robarán hasta los pantalones. Le voy a poner con los primeros, pero para eso hace falta dinero". Gracias a ello me vi en compañía de abogados, médicos, ingenieros, culpables o no, implicados en crímenes de diverso tipo». Todos llevaban su situación «alegremente». Se atiborraban en el restaurante, con ostras o lo que pidieran. «Un día el guardia se dio cuenta. Dijo: "Ese cabrón de Burroughs se lo está pasando bien. Ahora mismo lo mando a una celda con una pandilla de animales, a que le den por culo quince canallas". Entonces pasé a la galería de los reincidentes, y allí me dije: "Maldita sea, no me puede pasar esto, ¡A MÍ NO ME VA A PASAR ESTO!". Todos tenemos este extraordinario instinto de conservación.» Burroughs se dirigió a un guardia y le dijo: «Escuche, yo le pago lo que quiera, pero haga que me saquen de aquí». El tipo comprendió «lo que estaba diciendo» y fue a tranquilizar a su compañero. «En realidad lo presionó. Pero fue exactamente entonces cuando me llegó el momento de salir. El abogado logró que me soltaran. Justo a tiempo, porque la cosa se estaba poniendo verdaderamente fea.»

«Vientos infaustos de odio y mala suerte desviaron mi mano» es uno de sus *cut-up,* los textos creados a base de reordenar recortes de otros textos que lo convertirán en el maestro de la generación beat. Burroughs reconocería con «consternación» que sin la muerte de su mujer no habría sido escritor: había entrado en contacto con el Mal, y desde aquel día, frente a cualquier forma de poder o posesión, «optaría por la resistencia».

38. FRANÇOIS TRUFFAUT

Robert Lachenay era el amigo del alma (el *amiamiamiami*) de François Truffaut y, aunque corría 1944, gozaba de algunos privilegios. De su padre podríamos decir que vivía como un «señor», secretario del Jockey Club y aficionado a las apuestas de caballos; por tal razón, de vez en cuando llegaban a su inmensa casa los oficiales del juzgado para requisar este o aquel mueble: se quedaban, sin mucho sentido, los objetos más inútiles y decorativos. Sin embargo, la nevera estaba siempre bien abastecida, y la habitación de Robert se encontraba apartada del resto de la casa. François se quedaba allí durante días, ausentándose de las clases hasta tal punto que los profesores lo llamaban el Meteoro. Quedó para la posteridad la excusa que adujo para una de esas pellas en otoño del 44: «La culpa es de mi madre, ¿sabe usted?... Está muerta» (volverá a usarla quince años después en una película). También Robert mentía, pero sin recurrir a los sentimientos. Era más fuerte en todo, aunque François lo superaba en lo tocante a libros y cine (excepto en las películas de gánsteres, tema del que Robert era gran conocedor).

En la peripecia que lo llevaría a la cárcel Truffaut implicó, naturalmente, a su amigo. En octubre de 1948, François decidió fundar un cineclub, del que Robert Lachenay fue nombrado secretario general y administrador, pues a sus dieciocho años estaba en condiciones de gestionar asuntos financieros. Truffaut, que tenía dieciséis, se reservó el cargo de director artístico. Fue él quien convenció a monsieur Marcellin, propietario del Cluny Palace de Saint-Germain, de que les alquilara el local los domingos por la mañana por cuatro mil francos. Para conseguir copias de películas se dirigieron a la Cinemateca Francesa. Les prestaron, para proyectarla el domingo 31 de octubre, *Entreacto,* de René Clair, y *Un perro andaluz,* de Buñuel. François quería también un largometraje, *La sangre de un poeta,* de Cocteau, pero la directiva del cineclub se opuso, pues el chico no quería pagar la cuota de inscripción. Truffaut pospone la sesión inaugural al 14, esperando convencer a Henry Langlois, uno de los directivos de la Cinemateca, quien, no sin mostrar su pesar, les habla de la «imposibilidad jurídica» del préstamo, a pesar de su propósito de hacer de la institución y su colección un «organismo vivo». Entonces François escribe a Cocteau, pidiéndole que venga al estreno y traiga con él una copia de su película. El barrio de Saint-Michel está plagado de carteles que anuncian la presencia del director en la sesión del domingo, a las diez y media. Un centenar de espectadores se lleva una inmensa decepción cuando, tras Clair y Buñuel, ve que ahí se acaba todo, que Cocteau no aparece ni en persona ni de ninguna otra forma. Una pequeña revuelta no convence a los dos jóvenes de que devuelvan el importe de la entrada; las ganancias obtenidas servirán para convencer a Marcellin de que prolongue la aventura del Club Cinémane.

Mientras tanto, Truffaut ha conseguido contactar con un colega de su padre, a la sazón encargado de la sección de cine de los Boy Scouts, al que ha convencido para que le alquile copias de películas de la MGM y así sortear la federación de cineclubs. Los scouts pagan por adelantado, y Truffaut saldará la deuda con la recaudación del domingo. Pero *Ben Hur,* de Cecil DeMille, no funciona. Truffaut cambia de trabajo para poder recibir la indemnización por despido, pide prestado a su abuela, roba una máquina de escribir de la sede de los scouts. Pero a las proyecciones no acude nadie, ya que coinciden con las sesiones del cineclub Travail et Culture que imparte el brillante crítico André Brazin, teórico militante de la cultura cinematográfica para todos. El 30 de noviembre de 1948, Truffaut se dirige al local de Travail et Culture para pedirle educadamente a Brazin que cambie el horario de sus conferencias.

André Brazin tiene treinta años. El atrevido Truffaut le resulta muy simpático, pero al día siguiente el director de la sección de cine de los Boy Scouts se presenta ante el padre del chico para quejarse. Al oír que su hijo debe a su amigo 7850 francos, Roland Truffaut decide tomar medidas. Obliga a François a confesar por escrito el robo de la máquina de escribir y a que le entregue una lista de las personas a las que debe dinero, un montante de 24 000 francos, más que un sueldo. A continuación reembolsa a los deudores del hijo, uno por uno, lo que les debe. François no renuncia por ello a su Club Cinémane. El 5 de diciembre proyecta *La ciudadela,* de King Vidor; el día anterior ha ido con Lachenay a recoger la copia a la delegación de MGM, y se alejan con la enorme caja redonda y plateada prometiendo regresar al día siguiente con los cinco mil francos correspondientes. El domingo, los espectadores de pago son muy pocos. El martes, al ver que los jóvenes no aparecen, la MGM avisa a Truffaut padre. La ira de este va en aumento según pasan las horas: su hijo no da señales de vida, aunque no es imposible rastrear sus huellas. Al día siguiente, a las cinco y media de la tarde, frente al Cluny Palace, el joven supervisa la proyección de *El largo viaje a casa,* de John Ford. Roland Truffaut agarra a su hijo por el colodrillo y, mientras advierte —literalmente a lágrima viva— a Lachenay que no espere volver a ver a su hijo para hacer con él más tonterías, se lo lleva a rastras para entregarlo —eran las nueve de la noche— a la comisaría de la zona. Roland deja allí, junto a su hijo, la confesión del robo y las deudas, y pide que lo internen en cualquier centro de menores. En la comisaría toman adecuada nota y dejan a François solo en una celda, si bien por la noche lo trasladan para cederla a tres prostitutas. Robert Lachenay acude para interceder por su amigo, pero es en vano. Por fin, el 10 de diciembre el juez toma una decisión: se traslada a Truffaut en un celular a la central, donde le toman las huellas y la correspondiente fotografía y lo ingresan. El sábado por la tarde lo trasladan al Centro de Observación de Menores de París, en Villejuif, medio colegio medio cárcel, tristes refectorios y un lúgubre dormitorio, ejercicios físicos al estilo militar y frecuentes castigos corporales. Es la ley, artículos 375 y 377 del Código Civil: «El padre que tenga motivos para reprochar gravemente la conducta de un hijo tendrá derecho al siguiente programa correctivo: (...) Desde los dieciséis años y hasta la mayoría de edad o la emancipación, el padre podrá solicitar la detención del hijo hasta un máximo de seis meses». Desde Villejuif, Truffaut escribe a sus progenitores sin descanso, pidiendo mermelada y sus libros sobre Chaplin y Orson Welles. En casa interpretan estas cartas como un ejercicio de cinismo y un ejemplo claro de su falta de arrepentimiento, ante lo cual los padres tardan dos meses en ir a visitarlo. Por Navidad, cinco galletas, una tableta de chocolate y ningún palmetazo, escribe François a su madre. Posteriormente permanecerá en aislamiento hasta marzo. Cumple los dieciocho encerrado en un calabozo por tentativa de fuga e injurias. No podrá ver a su madre, quien por vez primera había acudido a verlo. En el centro cuenta también con sus protectores, que le procuran revistas de cine y periódicos. Sí resultan enojosos los días que pasa en la enfermería: sus frecuentes visitas al burdel de la Rue Navarin y una vida sentimental ya bastante activa han dejado en François la marca de la sífilis, que en el centro curan con inyecciones en el vientre cada tres horas. Los pinchazos se convierten para él en unidad de tiempo: «Espero recibir antes de las siguientes treinta y ocho inyecciones las *Palabras* de Jacques Prévert», escribe a su madre el 8 de marzo.

Al mismo tiempo, en febrero da comienzo su proceso. La situación se complica conforme transcurre la vista, pues François no deja de confesar nuevos robos y préstamos. Su padre se apresura a pagarlo todo, renunciando por ello a una expedición al Kilimanjaro que tenía prevista. Consigue convencer uno por uno a los acreedores para que no presenten cargos (fracasa con el dueño de la máquina de escribir). El juez condena al padre a una multa de doce mil francos; François deberá permanecer encerrado hasta la mayoría de edad, aunque tendrá derecho a media jornada de trabajo fuera del reformatorio, si es que alguien lo contrata.

La psicóloga de la institución —en *Los cuatrocientos golpes* la llamará «spychologue»— lo tiene en gran estima. Contacta con André Bazin, que se deja persuadir para actuar como garante legal de la conducta de su joven amigo, y promete buscarles trabajo a él y a Lachenay en Travail et Culture. También se dirige a los padres de Truffaut para que aceleren su liberación. El 18 de marzo, el juez concede a François el régimen de semilibertad.

Entonces pasa a un internado religioso. Las hermanas están llenas de buena voluntad, pero a comienzos de agosto no tienen más remedio que castigarlo por haber «encabezado una bronca monstruosa», amenazando con trozos de cristales rotos e insultando a los profesores. El 13 de septiembre, el director escribe a Roland Truffaut que su hijo ejerce una «influencia nefasta» sobre sus compañeros y se ve obligado a expulsarlo. Roland Truffaut —usando el dinero previsto para una nueva expedición al Kilimanjaro— firma un cheque de 19 860 francos para cubrir los daños. La realidad es que Roland no es el verdadero padre de François, pero este se siente más unido a él que a su madre, y así se lo escribe. Roland enseña la carta a su mujer. Ella reacciona echando la culpa de todo a Lachenay, que ha empujado al hijo a las relaciones homosexuales, «como bien puede demostrarlo un análisis médico». Estupefacto, François propone que se realice otro dictamen médico para el cual —escribe a sus padres el 27 de marzo de 1949— recurrirá a la siempre solícita psicóloga. Por lo demás, añade que se han hecho una idea totalmente equivocada de Robert Lachenay. Se trata de un extraordinario amigo que, con el fin de ayudarlo en la aventura del cineclub, ha llegado a vender una edición encuadernada de las obras de Buffon, propiedad —cabe presumir— de Lachenay padre.

El 10 de marzo de 1950, François obtiene de sus padres la emancipación. Con los zapatos agujereados, montaba cada domingo la bicicleta del jardinero del internado de Versalles y volaba hasta París. Allí veía a la psicóloga y a André Bazin, quien le ofreció un pequeño sueldo como secretario particular. El juez se deja convencer: el joven podrá vivir solo en París. Su padrastro Roland le advierte de que a la menor deuda que contraiga, a la menor queja por parte de quien sea, volverá a enviarlo a prisión sin ningún remordimiento. Pese a las amenazas, le paga a partir del 16 de septiembre de 1949 una habitación en el quinto piso de la Rue des Martyres, debajo de Pigalle. Gracias a Bazin, Truffaut traba amistad con la *nouvelle critique,* conoce la obra de Roberto Rossellini, Orson Welles, William Wyler, René Clément, Jean Cocteau, Robert Bresson, Raymond Queneau. Tiene dieciocho años.

En Navidad vuelve a meterse en problemas. Se ha enamorado locamente de Liliane Litvin, la actriz, a quien el chico «le importaba un pito». Decidido a que lo maten en Indochina, Truffaut se anticipa a su reclutamiento obligatorio y se enrola por tres años —la guerra prolongaría el servicio militar—; elige como fecha de partida el 27 de diciembre, para así poder pasar la Navidad entre civiles y Nochevieja con los militares, «ambas siniestras». Esperaba poder entrar en el Servicio Cinematográfico del Ejército, pero lo destinan como artillero al norte de Alemania. Tras su vacunación, poco antes de la fecha prevista para su partida hacia Indochina, el 14 de julio de 1951, mientras viaja en tren desde Coblenza conoce a una pequeña alemana que se dirige a París, y él, que en principio debía hacer transbordo en Estrasburgo, se queda con ella en el vagón. «Solo nos besamos, el compartimento estaba oscuro, pero lleno; nos besamos mucho.» No se presenta en la fecha debida; lo atrapan; se evade: ahora es un desertor. Es André Bazin quien lo convence de que se entregue a las autoridades militares. En su dormitorio lee mucho a Balzac, novela policiaca y a su amigo Jean Genet, quien le escribe: «El Ejército comienza a comprender el error que ha cometido al aceptarte». Desde la ventana, sus compañeros de reclusión miran a una joven de diecisiete años, Mado, que todos los días baja media hora a casa de su novio, luego sube a su habitación y se lava velozmente la entrepierna. Una tarde llegan cuatro amigas y se ponen a bailar. Son visiones que los dejan «muy excitados». Se comprometen a ir a ver a Mado en cuanto salgan. A él le vale cualquier cosa con tal de no obsesionarse con Liliane. En su diario deja una nota sobre el mundo real: «Hoy empieza el Festival de Venecia».

En septiembre deserta de nuevo. «Me han enviado a Alemania esposado, rapado al cero. He estado en prisión, encerrado dos veces en el manicomio de Andernach.» Sus amigos se movilizan. El 20 de febrero de 1952 le dan de baja aduciendo una causa ciertamente «poco honorable»: inestabilidad de carácter. Se acordará de sus diferentes internamientos en *Los cuatrocientos golpes,* en *Besos robados,* en *El último metro;* tampoco olvidará su inútil artimaña para intentar conquistar a Litvin: alquilar una habitación frente a la de la familia de su amada. De ahí nacerá, treinta años más tarde, *La mujer de al lado.*

39. KNUT HAMSUN

A los noventa años y sordo como una tapia, Knut Hamsun se defendió a sí mismo durante su proceso. Lo habían arrestado el 26 de mayo de 1945. A su esposa la habían enviado a la cárcel de mujeres de Arendal. Hamsun ingresó el 14 de junio en el hospital de Grimstad. Durante toda su estancia las hermanas no se dignaron a hablarle. Les era útil como «hombre del saco», para asustar a los más pequeños. En el periodo que estuvo en el manicomio solo lo saludaba un joven loco, pero la mujer que lo acompañaba, probablemente su madre, giraba la cabeza para no verlo. Hamsun se vio obligado a avisar al muchacho: le dijo que él no era un loco, sino un preso, un traidor a la patria. No volvió a verlo. Pero estaba perfectamente acostumbrado al silencio; incluso en casa todos habían dejado de dirigirle la palabra desde hacía mucho tiempo, sordo y aburrido como era, y no hablaba ni siquiera cuando estaba solo: no se permitía a sí mismo el vicio de hablar.

Las enfermeras dejaban el orinal y se iban de inmediato sin saludarlo. «¡Muchas gracias!», gritaba Hamsun a sus espaldas. El agente de policía a su cargo le había advertido que no abandonara la habitación, pero él se encaramaba a una ventana desde donde veía la entrada del puerto y así conciliaba el sueño, «esa locura sin igual» que es como ese dinero que uno se encuentra por sorpresa en el bolsillo, que en realidad nunca ha perdido. Hamsun a veces daba sus paseos, literalmente, de puntillas, pues temía que lo sorprendieran. Había estado en todos lados, había hecho de todo y era la primera vez que se las tenía que ver con la policía. Hijo de un humilde sastre del norte de Noruega, en Oslo fue zapatero, picapedrero, carbonero, vendedor ambulante, maestro de primaria; en Minnesota y Wisconsin, sacristán y secretario de un predicador; segador en una granja de Dakota y vendedor de billetes de tranvía en Chicago; en 1920 le concedieron el Premio Nobel, pero ya su novela *Hambre*, de 1890, lo había consagrado como un gran escritor. Ahora, el 23 de junio, el juez instructor parecía interesado sobre todo en la cuantía de su patrimonio.

«Usted *debe* tener más dinero del que ha declarado», comenzó riendo. «Desde luego no nado en oro», respondió pasmado Hamsun. «¿Y los derechos de autor?» El acusado le contestó que estaría muy agradecido al juez si él pudiera averiguar algo al respecto. El juez le preguntó entonces qué pensaba de todos esos grupos nacionalsocialistas con los que había tenido contacto. «Ahí había muchos jueces», fue la respuesta de Hamsun. Sí, desgraciadamente, comentó el magistrado, y quiso saber entonces su opinión sobre las torturas, sobre todos los asesinatos perpetrados por los nazis en Noruega que ahora estaban saliendo a la luz. Knut Hamsun no sabía nada de aquello: desde que estaba en prisión la policía le había prohibido leer la prensa. Al juez no le sentó bien la respuesta; si él hubiera sido policía, se lo habría permitido. Pospuso la audiencia hasta el 22 de septiembre.

La superiora sí permite a Hamsun hurgar en un armario donde encuentra material de lectura. Los benefactores del hospital lo han legado a la institución: libros académicos, revistas juveniles, novelas por capítulos encuadernadas. Y una joya: un verdadero libro, de Topsoe. Las cartas que recibe le aseguran que sus libros perdurarán para siempre; incluso algunos partisanos, los *jossinger,* presumen de él. No solo hay gente que lo desprecia, aunque, si así fuera, tampoco le importaría mucho: está demasiado viejo.

Perseguir la inmortalidad solo sirve para naufragar sin estilo. Hay pueblos que creen en la perdurabilidad inocente y estática que supone la fama póstuma. Sin embargo, los indígenas de Madagascar tienen una ley: ¡no amar «lo que dura demasiado tiempo»! Es solo un momento de paso, consuela a aquellos que se compadecen de él, viéndolo lavar y remendar sus cosas, reparar sus zuecos, que se remontan a la Primera Guerra Mundial.

Desde casa le envían los periódicos dentro de unos tubos camuflados entre la ropa interior. El 2 de septiembre lo trasladan a un asilo, donde el bibliotecario, seminarista y profesor, es inflexible: no tiene la menor intención de darle un libro. Ni siquiera uno de los que ha escrito el propio Hamsun.

Pero la literatura lo persigue también hasta allí. Un señor descalzo lo sigue en sus paseos, le entrega el inevitable manuscrito. «Lo he escrito todo tal y como sucedió en la realidad», insiste. Y es cierto. Años atrás recibía paquetes enteros de historias verídicas redactadas rudimentariamente, llenas de amor y poesía. El cielo le ha colmado de regalos, pero los ha destrozado a fuerza de reflexionar sobre ellos. «Cada don es como el polen, que cae de la flor apenas rozarlo con la punta de los dedos.»

El proceso era postergado una y otra vez, quizá con la esperanza de que Hamsun falleciera de muerte natural; en vano, «porque es bien cierto que hemos de morir, pero no enseguida», decía el escritor citando a san Agustín.

Del 15 de octubre de 1945 al 11 de febrero de 1946, es sometido a diferentes exámenes en el hospital psiquiátrico de Oslo; probablemente, a las autoridades les habría encantado declararlo enfermo mental, circunstancia que permitiría justificar sus declaradas simpatías por el nazismo, sus ideales pangermánicos, su intempestiva necrológica de Hitler el 7 de mayo de 1945: «Fue una figura reformadora de la más alta talla». Pero Hamsun no quiere que lo eximan de sus responsabilidades: responde testarudamente a todos los pormenores del interrogatorio. Calla furibundo solo ante preguntas que son más bien «dislates», como cuando quieren saber si en alguna ocasión ha pedido dinero prestado a mujeres; a las reiteradas cuestiones sobre sus «dos matrimonios» escribe (el interrogatorio, como cualquier otra cuestión, se lleva a cabo por escrito, dada su sordera): «A la idea de que alguien pueda querer inmiscuirse en este tipo de cosas a espaldas de mi mujer, precisamente ahora que ella, como yo, se encuentra bajo arresto, podría responder gritando de ira». «¿Atacar a los judíos, yo? Tengo muchos amigos entre ellos. Propongo amistosamente al juez que examine toda mi obra y vea si consigue encontrar en ella un solo ataque contra los judíos.»

De aquella experiencia en el psiquiátrico sale «como gelatina». Regresa bajo custodia tutelada al asilo, y aquí, por orgullo, redacta impasible el «gélido inventario» de su pasado, si bien entre sus distantes líneas se abre una fisura. Silvio Pellico, escribe Hamsun, tuvo en prisión un ratón adoptado. «Aquí en el asilo tenemos un joven gallo en espera de su primer canto. Un asunto serio. Nunca había dado señales de ser un macho. De pronto se puso a emitir ruidos extraños con la garganta para intentar cantar. Probó después algún recurso aún más extraordinario, pero no se sintió capaz de seguir. El pobrecillo estaba solo en el mundo y tenía miedo a dejarse llevar. ¡Pero luego sintió algo raro en el gaznate que instantáneamente salió al aire! Las gallinas se amontonaron para mirar. Después le salió otro, y no puede negarse que fue más largo. Dejó que las cosas siguieran su curso. ¡Ay, el misterio insondable de la vida!»

Mientras tanto parecía que su proceso iba para largo, con un aplazamiento tras otro, y la prensa hablaba de ello. El 16 de diciembre de 1947 por fin tuvo lugar la sesión final. La luz era demasiado débil para que Hamsun pudiera leer sus apuntes. Le llevaron una lámpara, pero su vista estaba muy debilitada. Echó a un lado decididamente las hojas y habló improvisando. El acta mecanografiada exhibe una retórica de notable elegancia.

«No pretendo robarle demasiado tiempo a esta honorable corte. No pretendo abusar de su gentileza, aquí y ahora. He de pedir perdón por mi afasia, que, en efecto, puede hacer que las expresiones que me veo obligado a elegir a la buena de Dios resulten petulantes o, más probablemente, pobres respecto a mis intenciones (…) Lo que me debería condenar son mis artículos. No hay otra cosa que pueda serme imputada. El relato de mi vida privada es sencillo y riguroso. No he denunciado a nadie, no he participado en reuniones, no me he visto implicado en asuntos del mercado negro. Nunca he dado dinero ni a los combatientes en el frente ni al Nasjonal Samling (el partido nazi noruego), del cual se dice que soy miembro. Podría también suceder que me haya expresado en alguna ocasión según el espíritu del NS. Quiero dar cuenta de ello ahora como lo hice antes. Nos habían fascinado con la perspectiva de que Noruega podría ocupar una posición relevante en la sociedad mundial pangermánica.» Habían acudido a verlo familias enteras llorando, de todas las condiciones sociales, para que intercediera por los padres, los hijos condenados a muerte en el *lager,* detrás de los alambres de espino; él había escrito a Hitler o a Terboven. Esos telegramas acabarían por convertirlo en sospechoso. En su casa estaba rodeado continuamente por oficiales alemanes, incluso durante la noche. Aquello no pretendía ser un discurso en su defensa. Si podía parecerlo, era solo por el asunto del que se hablaba. Lo cierto es que no tenía intención de proporcionar testimonios o mostrar documentación que pudiera servir para exculparlo. «Son cosas que pueden dejarse para más adelante. Pueden esperar a otra ocasión, a tiempos mejores quizá, y a un tribunal diferente de este.»

«Vendrá también otro mañana, y yo puedo esperar», concluyó amenazador, pues era escritor: tengo mucho tiempo por delante, vivo o muerto, da igual. Lo condenaron; Hamsun rehusó solicitar el indulto, y le fue impuesta una sustanciosa multa. El día de la sentencia, el de san Juan de 1948, Hamsun deja de escribir su última obra maestra, *Por los senderos que la maleza oculta.* Y abandona también el bastón: «¿Qué falta me hace?». Habían sido buenos amigos, eso era todo. Pero cuando caían en la nieve, acababan siempre el uno lejos del otro.

40. VÁCLAV HAVEL

En el *lager* de Hermanice, Václav Havel tenía derecho por ley a escribir una carta a su familia por semana, pero le estaba prohibido volcar en ella cualquier atisbo de humor. El director del campo lo habría considerado una falta de respeto a su trabajo. Pero ¿cómo se puede hablar de un *lager* si no es con algo de humor?, argumentaba Havel. El comandante, sin embargo, no atendía a razones: era un hombre radical e intransigente que tenía aterrorizados a encarcelados y carceleros. La llegada al campo de presos políticos, y más si provenían de la nomenklatura o si eran conocidos en el exterior —gente de la que se hablaba en las radios extranjeras y que habían sido objeto de las furibundas campañas del *Rudé Právo*—, era un acontecimiento que daba sentido a su vida. En los años 50, cuando tenía poco más de veinte años, ya había sido director de un *lager*, y por entonces, de los dos mil encarcelados, mil quinientos eran presos políticos: profesores, ministros y obispos, o al menos eso decía él. Sin embargo, ahora se encontraba, a su edad y con sus extraordinarias aptitudes, a cargo de un puñado de carteristas y violadores. Como no podía ser menos, vivió la llegada de Havel y sus compañeros como un reconocimiento tardío pero merecido de su capacidad. Enfiló de manera especial a Havel, pues este lo trataba con avergonzada cortesía, lo que lo delataba como el más débil. Le gritó que, si por él fuera, ya lo habría llevado al paredón y lo habría fusilado; en general, no era considerado con nadie y se lamentaba de no haber gaseado a Hitler, «esa escoria».

Así las cosas, el triste deber con el que el director lograba su realización como ser político y humano era la revisión de las cartas de los presos a sus familias. Entre otras restricciones, estaban prohibidos los márgenes irregulares, las palabras extranjeras, las comillas, las correcciones y las tachaduras; por otra parte, había que ceñirse rigurosamente al número máximo de páginas (cuatro), el tema (cosas de familia) y el uso de un tono «mortalmente serio». Para un escritor, tanta limitación constituía evidentemente un desafío, y Havel comenzó a darle vueltas al asunto. Las circunstancias empujaban a reflexionar sobre uno mismo y las cuestiones esenciales de la vida. Havel pronto se dio cuenta de que, si la redacción era lo suficientemente nebulosa, la censura no se percataba de nada. Si, por ejemplo, quería decir «régimen», bastaba con escribir «el punto focal socialmente evidente del no-yo», y la carta pasaba el examen. Naturalmente, algunos pasajes resultarían después totalmente ilegibles para el propio autor, quien más tarde se maravillaría de que alguien hubiese leído aquellas misivas, que las hubiesen publicado y que, una vez traducidas al alemán, se hubiesen vendido de ellas siete mil copias. Pero en aquel momento le parecía vital especular sobre cuestiones filosóficas, aunque fuera de modo críptico; estaba persuadido de que sus cartas debían ser objeto de lectura para sus amigos y habían de tener un carácter público; al final comenzó a concebirlas en forma de libro. Preparó unos borradores. Como lo tenía prohibido, para eludir la vigilancia del espía del centro de detención, un tal O. J., escondía el material entre las sábanas sucias de la lavandería, donde trabajaba en la calandra, un artilugio para planchar ropa haciéndola pasar entre dos grandes rodillos. Como no tenía modo de conservar las copias de las cartas más antiguas ni de saber si la censura las había dejado pasar, temía llenar su obra de repeticiones, y también esto, a posteriori, lo llenaría de estupor, pues todo se había publicado, incluidas las instrucciones prácticas que daba a Olga —los paquetes que debía enviarle y otra serie de encargos por regla general poco realistas—, fragmentos que en su momento había señalado con asteriscos para que finalmente se eliminaran y no quedaran más que sus ambiciosas anotaciones filosóficas. Solo más adelante entendió que los primeros eran en realidad los más significativos, pues constituían un documento histórico sobre la vida carcelaria.

Al comenzar su estancia en la cárcel tenía todo tipo de proyectos; para empezar, pretendía escribir textos teatrales y aprender idiomas. En pocos días comprendió que era imposible. La detención lo mantenía en un continuo estado de tensión nerviosa, y nunca dejaban de espiarlo. Soñaba a menudo con Milos Forman, el viejo amigo de su juventud que se había convertido en un director famoso en América; ligaba estos sueños con la propuesta que le habían hecho antes de encerrarlo: un viaje a Estados Unidos que se disfrazaría como algo inocente, no como una emigración. Pero Havel no se arrepentía de haber rechazado la propuesta. Se dedicó a planchar sábanas pensando en sus cartas heideggerianas, hasta que en otoño de 1982 varias señales le hicieron intuir que las autoridades estarían encantadas de librarse de él. La cárcel lo hacía más famoso; varias universidades extranjeras lo laureaban *honoris causa;* en cualquier foro de hombres de Estado o en conferencias de paz se invocaba su nombre. Un día se presentaron dos coroneles de Praga para proponerle que escribiera una sola frase pidiendo su indulto, ya que con eso bastaría para que en una semana estuviera en casa. Efectivamente, era la semana en la que el camarada presidente checo Husák debía visitar Austria, y quería presentarse en Viena avalado por la liberación de Havel. Por otra parte, el presidente austríaco había sido embajador en Praga, conocía a Havel y recientemente le había otorgado el Premio Estatal de Literatura Europea. Sin saber muy bien por qué, Havel puso una curiosa condición: quería consultarlo con otros tres compañeros detenidos. Le respondieron de una manera igualmente curiosa: tenía siete minutos para reunirse y lo haría en presencia de un guardia. En aquella conversación se decidió que no debía solicitar el perdón, y, en vez de la liberación de Havel, el presidente austriaco recibió como regalo un jarrón de cristal de Bohemia.

A finales de enero de 1983, un domingo por la tarde, a Havel lo asaltó una violenta fiebre. Por la noche, su camastro se sacudía movido por los escalofríos del enfermo, armando un jaleo tal que sus camaradas no pudieron pegar ojo. Por la mañana estaba mejor y se dirigió a la enfermería con miedo a haber dejado de tener fiebre, con lo que corría el riesgo de ser castigado por «visita médica inmotivada»; tenía 40°, y se preguntó qué le habría pasado esa noche. Lo mantuvieron en observación; no comía y comenzaba a tener un aspecto horrible. Le dieron una aspirina. Unos días después le hicieron una radiografía; pasaron a los antibióticos; ahora parecían interesarse por él. Un día, todavía con 40° de fiebre, lo esposaron y lo trasladaron a un auténtico hospital penitenciario, donde Havel comenzó a mejorar. Pudo escribir a su esposa, que le llevó fruta; se la rechazaron, diciéndole que su marido estaba bien. Olga se puso muy nerviosa y alarmó a Kohout. Este se puso en marcha, y una noche inolvidable en que Havel se estaba preparando para dormir, entró en su cuarto una funcionaria acompañada de varios carceleros para comunicarle que el tribunal del distrito Praga 4 declaraba suspendida su pena. Havel preguntó si podía dormir allí, pues ya estaba en pijama. No: era libre. En vez de «Havel» lo llamaban «señor Havel», cosa que lo dejaba aturdido. Poco después llegó la ambulancia que debía trasladarlo a un hospital civil; en su interior no estaba el acostumbrado policía con perro; también habían olvidado ponerle las esposas y cerrar el postigo. Podría haberse escapado en cualquier momento, pensaba sin cesar.

En el hospital Pod Petrinem, Václav Havel pasó el mes más hermoso de su vida. Las visitas eran continuas, incluso quince personas al mismo tiempo. Le llevaban regalos y *samizdat* a discreción. Olga le conseguía la ginebra y la fruta para los cócteles con los que por la noche su marido festejaba su liberación junto a los jóvenes alumnos de la escuela de enfermería. Llegaban flores de todo el mundo. El pacto tácito era que no podía recibir a periodistas; por lo demás, se lo permitían todo. Liberado del peso de la cárcel, y aún no lastrado por el peso de la libertad, vivía «como un rey». Pero todos los sueños se acaban. Llegó el día, a comienzos de marzo, en que Havel tuvo que salir al mundo real y conocer la desesperación del superviviente, abatido en el absurdo territorio de la libertad.

41. NORMAN MAILER

Norman Mailer se presentaba aquel año a las primarias para alcalde de Nueva York. El 9 de junio de 1960 se encontraba en la calle con la idea de salir de vacaciones hacia Provincetown; al ver un coche de policía levantó la mano gritando: «¡Taxi!». Adele, su mujer, intentó detenerlo, pero él insistió: «¡Taxi!». Lentamente el automóvil se echó a un lado; salieron dos agentes: «¿A usted este coche le parece un taxi?». «Bueno, con ese chisme ahí encima…», dijo Mailer para empeorar las cosas. El policía le dijo que circulara, y él le respondió que se movería en cuanto ellos se largaran de allí. Entonces fue cuando los dos agentes agarraron a Mailer y lo empujaron a la fuerza al interior del coche, mientras él le gritaba a su mujer: «¡Tú eres testigo de que no estoy oponiendo resistencia al arresto!». En realidad, al llegar a la comisaría forcejeó con los policías frente a las escaleras, uno de ellos cayó al suelo, y a él le propinaron un golpe con una porra en la cabeza. Tuvieron que darle trece puntos. Estaba en una celda sin cama ni retrete cuando llegó uno de los dos policías para explicarle que esa herida se la había hecho dando con la cabeza en el parachoques al caer. «¿Es usted católico?», le preguntó Mailer. «Los mentirosos van al infierno.» Cuando a las tres y media llegó Adele con mil quinientos dólares para la fianza y vio la cabeza de su marido, estalló con violencia: «¡Se arrepentirán de todo esto!». En efecto, a los policías les preocupaba meterse en problemas con un escritor famoso. El día del juicio, los Mailer prefirieron descartar la Triumph TR-3 que acababan de adquirir y optaron por ir al juzgado en la vieja berlina familiar. Al llegar, obligaron a Adele a que volviera a casa y se pusiera unas medias. Norman había convocado a todos sus amigos, y fue un momento incómodo cuando a uno de ellos lo descubrieron fumando hierba. Mailer alternaba su acento de Harvard con ese otro más abandonado del sur «en función del voltaje exigido en cada momento», escribió un amigo en el *New Yorker.* «El juez estuvo absolutamente maravilloso: "Usted ignora las normas, señor Mailer", repetía todo el rato con actitud comprensiva.»

Mailer había preparado algunas preguntas para formular a los agentes durante el interrogatorio (por ejemplo: «¿Sabe usted que aquí llamamos a la policía "la Gestapo"?»), pero el juez las declaró no pertinentes y lo conminó a no llamar «cobra» al jefe de Policía. Mailer respondió que le salía solo, pero que en el futuro haría lo posible por evitarlo, sin duda, y pidió perdón por adelantado por si no lo conseguía. Admitió que la tarde de los hechos estaba nervioso porque había dejado de fumar dos días antes; cierto que tuvo mal genio, pero los policías veían demasiado la televisión y seguro que lo habían tomado por un beatnik (¡a quién se le ocurre! Mailer se cuidaba mucho, era un hípster, era *chic,* y los beatniks, unos desaliñados). El caso se cerró sin consecuencias, pero el 14 de noviembre Mailer fue arrestado otra vez en Nueva York, la ciudad que pretendía gobernar. Había agredido verbalmente al propietario de un local nocturno; Mailer se declaró no culpable. El 19 organizó una gran fiesta para anunciar su entrada en la campaña electoral. La extracción social de los invitados era variada: él pensaba que era posible convencer a prostitutas y vagabundos —precisamente a aquellos que nunca votaban— de que lo apoyaran; podría funcionar, pero también quería que asistiese al evento algún potentado, la policía o el Aga Khan. Llegaron boxeadores, críticos y escritores, políticos de escasa relevancia…

En total, trescientas personas variopintas (los personajes influyentes de la ciudad brillaban por su ausencia). Después de medianoche Mailer se volvió belicoso. Bajó a la calle y desafió a un amigo expúgil, Roger Donoghue, a pesar de que era su cumpleaños y la fiesta era en parte también en su honor. Desafió asimismo al director editorial de Random House, que no tenía la mínima noción de lo que era boxear y se limitó a extender el brazo para mantener a Mailer a distancia. «No lo he tocado, y él se ha caído al suelo. Luego se ha dedicado a perseguir al escritor George Plimpton. Se plantaba en la puerta esperando a todos los que salían de la fiesta para pegarles.» En el ascensor, mientras acompañaba a los amigos a coger un taxi, la tomó con otro que no era de la fiesta, «estaba verdaderamente en muy mal estado».

Hacia las tres de la mañana quedaban veinte; Mailer los hizo dividirse en dos equipos: los que estaban a su favor (incluida la asistenta) y los que estaban en contra. A las cuatro y media Mailer subió al apartamento con un ojo morado, sangre en la camisa y el labio partido. Al parecer, su mujer comentó: «Es como si llevaras maquillaje». Él sacó entonces un cuchillo de siete centímetros y le asestó dos golpes: uno en la espalda y otro que le rozó el corazón.

Los vecinos de abajo estaban durmiendo cuando llevaron a su casa a Adele sangrando sobre un colchón. Procuraron mantener alejado a Mailer y que ella no se moviera; probablemente eso le salvara la vida. «No puedo creerlo», murmuraba Adele, pintora y una belleza legendaria en todo el Village, «estas son cosas de portorriqueños». La llevaron al hospital a las ocho de la mañana, tres horas y media después de ser acuchillada; declaró que había caído sobre los restos de un vaso de cristal. Ante la policía admitió que había sido su marido, que «estaba deprimido». Mientras tanto, Mailer explicaba en una entrevista en televisión la importancia que tiene para un joven delincuente llevar un cuchillo: «es su espada, su masculinidad». Esta era la tesis de *El negro blanco,* su éxito mundial de 1957. Ni Allen Ginsberg, a quien en el 47 habían perseguido por su pertenencia a una banda de ladrones de pisos, ni Jack Kerouac o Burroughs, que contaban entre sus amistades a criminales de Times Square, ni tampoco Gregory Corso, el «duro» angelical —a quien durante su estancia en la cárcel por allanamiento de morada un viejo presidiario le había prestado *Rojo y negro,* una lectura que lo había «liberado»—, compartían la faceta violenta del hípster. La hermana de Mailer insistía en que tenía que verlo un psiquiatra, pero él prefería la cárcel al manicomio y no puso pegas a que lo arrestaran. Esperó tranquilamente a que fueran a llevárselo sentado ante la puerta de la habitación de Adele en el hospital. Le encontraron un cuchillo; dijo que siempre llevaba uno escondido a la espalda.

Pasó la noche en comisaría; al día siguiente fue el interrogatorio. Le leyeron el informe pericial del médico que estaba al cuidado de Adele: aconsejaba que lo ingresaran «urgentemente» en un psiquiátrico. Mailer pidió entonces la palabra. Dijo que siempre había sido así, que era importante para su trabajo no ir a parar a un sanatorio mental; «presumía de poder explorar áreas de la experiencia a las que otros hombres tienen miedo». «Mi hijo es un genio», explicaba la madre a los reporteros, al tiempo que Mailer entraba para su observación en un psiquiátrico.

Tras dos semanas y con una fianza de 2500 dólares, lo declararon mentalmente sano. A la espera del juicio, Norman y Adele se hacían fotografiar juntos, sonrientes. El 12 de enero de 1961, Adele, con un vestido claro y un pequeño collar, declaró ante el juez que no tenía propósito de querellarse contra su marido; «somos felices juntos», precisó. Por lo demás, no recordaba nada de lo ocurrido; el caso quedaba ahora en manos del gran jurado. Hacía tiempo que estaba previsto que Mailer diera una conferencia el 6 de febrero en el YMHA, un centro judío de poesía; allá fue. Su intención era hacerse con el voto de la Nueva York literaria: nada ni nadie lo intimidaba. Leyó unos poemas que después confluirían en *Death for Ladies and other Disasters* («Muerte para señoras y otros desastres»): «So long / as / you / use / a knife, / there's / some / love / left»[9]. Algunas obscenidades leídas como versos perturbaron a los organizadores, que decidieron poner fin al acto. El público estaba disfrutando y parecía tener intención de seguir

9. Mientras / uses / un cuchillo / algo / de amor / queda.

escuchándolo; Allen Ginsberg subió al escenario junto a Mailer y propuso salir con las manos en alto en señal de protesta. Mejor quizá permanecer tranquilos, le sugirió Norman: «Me estoy jugando once años de cárcel». Lo condenaron a un año y quinientos dólares de multa, pero le concedieron la condicional; su abogado prometió que su cliente se dedicaría a escribir obras geniales. Era el 13 de marzo; poco después Norman y su esposa se divorciaron.

Mailer había pasado solo una noche encarcelado por acuchillar a su esposa. Iría a prisión en 1967 por participar en una marcha pacifista contra la guerra de Vietnam.

42. ADRIANO SOFRI

Lenguaje penitenciario: «Me ha llegado la firme. Tengo la acumulación, me tocaban cinco veces más. Vete al módulo 13. Ese está aquí por el 416. Aún estoy esperando la sociofamiliar. Yo me hago el loco y así me escaqueo. Me han dado la llamada de premio. Lo del frigorífico... Escribe al ministro. ¿Ha pasado ya la terapia? Los jueves, patio largo». Ni siquiera Sofri, después de tantos años, sabe qué son los *consollisti* (¿quién lo sabe?); en Italia son 190, y en el escalafón de la Administración italiana se encuentran en el cuerpo 9, grupo 1; está claro que no tienen que ver con el psicólogo jefe, ni desde luego con el psicólogo sin más.

El 30 de septiembre se da por finalizado el horario de patio de verano, con lo que queda cerrada también la Blindada. La Blindada es la puerta con mirilla a través de la que hay que atinar con la escobilla para alcanzar el interruptor, que está en la pared de fuera; en verano basta con meter el brazo entre los barrotes. La instancia 393, comúnmente llamada la *domandina,* sirve para tramitar cualquier solicitud: «El abajo firmante... ruega...» (Sofri, de carácter infatigable, ruega: «¿No se podría sustituir por «pide»?).

Cuando escucha en el telediario que se prevé un semiindulto para los exterroristas, a Sofri, empecinado, le entran ganas de decir: ¿por qué no «semirruego»? En la manta está impreso el acrónimo «DAP», Departamento de Administración Penitenciaria —no confundir con los *dappistas,* la asociación italiana conocida como DAP, dedicada a la prevención de los trastornos y ataques de ansiedad y pánico—. Gracias a la *custodia atenuatta,* uno podía escapar de Rebibbia saliendo tranquilamente por la puerta, pero él estaba chapado a la antigua y prefirió las clásicas sábanas anudadas (otra forma de evasión muy difundida, también valiéndose de las sábanas, era el suicidio: llevaban veintisiete en cinco meses). Los papeles femeninos en las obras de teatro (se recita a Dostoievski) los interpreta un recluso que ha llegado hace poco por el 41, diferente en principio del 41 bis o, pongamos por ejemplo, del 513, que huele a mafia (aunque existe la ley Simeone-Saraceni, vulgarmente conocida como la «vacía-cárceles»). ¿Y qué será el área de Broca esa de la que hablan por ahí? Parece que es una zona del lóbulo frontal del cerebro que permite el aprendizaje del lenguaje desde niño, pero que ya en la adolescencia se deja de usar. Sofri se siente tentado de aprender árabe; en los grafitis de las paredes, en vez del acostumbrado «María, sueño contigo», ya pueden verse frases en kosovar; cuando la marmita vuelca su contenido en el cazo, se oye decir: «*Kaposzta és répak* (repollo y nabos)». Está claro que árabes y kosovares, con área de Broca o sin ella, aprenden italiano.

¿Qué quiere decir exactamente eso de la globalización?, ¿de verdad se puede ir de un lugar a otro con Internet? En el patio se va y se vuelve, pero sin chocar nunca contra la pared, que trae mala suerte. «Algunas palabras merecerían la objeción de conciencia», por una vez Sofri parece perder la paciencia. En comparación con las palabras («antipático», por ejemplo, que figura en su sentencia), los ritos le parecen decididamente menos molestos. Las plantas están prohibidas, pero el que va a misa el Domingo de Ramos tiene derecho a un ramito de olivo. También están prohibidos los libros encuadernados y los cuadernos de tapa dura. Solicita el Zibaldone de Leopardi, pero le exigen una declaración de que no va a hacer de él un uso impropio («¿qué será eso de hacer un uso impropio?»); la *domandina* es rechazada. La realidad es que basta con que envíen los libros arrancándoles la cubierta. Los preservativos están proscritos, pues la cárcel es un lugar público y los amores en las celdas se considerarían lógicamente como actos obscenos en lugares públicos. Abrigos y gabardinas están asimismo prohibidos, al igual que el aceite de oliva virgen extra, las tijeritas para las uñas y las casetes de música, al igual que todo tipo de gorro o sombrero. Sin embargo, a las mujeres (son veinte; cien los hombres) se les ofrece un curso de maquillaje que dirige una voluntaria experta en cosméticos y teatro. No se admiten espejos, aunque hay un pequeño objeto reflectante sintético que hace las veces. Todo es de hierro o de plástico; Sofri siente cierta nostalgia por los materiales frágiles, dúctiles y reciclables. Más ritos: lunes, cambio de sábanas; martes, patio largo; miércoles, visita de la familia; jueves, pasta y garbanzos; viernes, teatro; sábado y domingo, nada («¡Aún son las diez y cinco! No pasan nunca estos veinte años»). Durante la desinfección de las celdas, todos al patio corto, incluidos los más indeseables, los llamados *infamoni*. Normalmente no se los suele ver: se dice que uno ha delatado a cincuenta. Con la noche llega el recuento, cinco o seis veces; la luz encendida sirve de compañía. Las bolsas de la basura suelen llegar agujereadas. La interpretación prevalente de esta casualidad es que se trata de impedir que el personal se suicide metiendo la cabeza en ellas. Por la mañana, leche con bromuro. El guardia que abre la puerta mira el saquito del té, que ha llegado con una tarjeta. «¿Y esto qué es?» «Una bolsita de té.» «Bueno, eso es lo que usted dice.» Un poco después el funcionario vuelve con la bolsita en la mano: «Sofri, esto se lo dejamos con sus efectos en el almacén».

43. GOLIARDA SAPIENZA

«¡Nena, tú estás loca!», exclama su compañera: Goliarda Sapienza le está contando con todo detalle la razón por la que se encuentra en Rebibbia. Es la primera vez que Goliarda tiene compañía a la hora de comer, y parece que con ello ha recuperado el apetito y, al mismo tiempo, las ganas de hablar. La muchacha tiene diecisiete años y está embarazada; parece muy asustada al escuchar las confidencias de Goliarda. «¿Y a ti quién te ha dicho que me cuentes nada? Aquí las veteranas son las únicas que preguntan, y que Dios me libre de dármelas de veterana; como se me ocurra, me echan la cruz.» Cuando te echan la cruz te marginan, «es como si no existieras». No obstante, la chica pronto comienza a hablar también: «tiene la mano ligera» y ha golpeado a un policía, pero solo para poder abortar en la cárcel. El aborto es legal, objeta Goliarda. Sí, pero «te toca rellenar papeles, ir de una puerta a otra»; en Rebibbia, en cambio, abortar es más sencillo. Los motivos por los que Goliarda está allí son de naturaleza muy distinta. Desde hacía diez años se había dedicado por completo a la literatura y no había conseguido publicar una sola línea; se acabaron el cine y el teatro y con ellos se acabó el dinero: sus amistades, el ambiente «pseudoelegante» en que vivía... Todo había cambiado. La habían desahuciado y, al mismo tiempo, su antigua vida le había ensuciado la escritura; al fin y al cabo, los más jóvenes desconfiaban, con razón, de la vieja guardia de izquierda. Además, un viaje a Rusia y China había acabado por barrer «la poca ética que le quedaba». Y así fue como en 1979 robó las joyas de una amiga, una amiga muy querida y rica: «un *acting out* de manual: un gesto fuera de lo acostumbrado, como un grito de socorro, una petición de ayuda...».

«¿Pero qué me estás contando?» A Goliarda no hay quien la entienda, pero mejor así; cuando intenta hablar en romanesco, le responden con desdén «No te pega, nena», devolviéndola al estatus social al que pertenece: ¡demasiada elegancia! Hay que ver cómo está Rebibbia, no hay quien la reconozca. La droga lo ha cambiado todo, pero ella no es una yonqui, no parece que esté enganchada ni con el mono, de modo que al principio piensan que es una espía. «Esta tiene algo, es rara, pero no es mala gente», concluyen pronto las más veteranas cuando llega la hora del patio; sin duda es la primera vez que entra; se ha presentado cortésmente dando primero el nombre y luego el apellido: «Speranza», la llaman las celadoras, o como máximo «Goliardo». Ese nombre *dannunziano* la ha perseguido toda su vida y, además, no está libre de reminiscencias fascistas; tenía que tocarle precisamente a ella, cuyo nacimiento estuvo tutelado por «todas las hadas madrinas de la izquierda». Siempre que su madre, Maria Giudice, secretaria de la Cámara del Trabajo de Turín, no podía ocuparse de sus ocho hijos —cuando tenía que ir a una huelga o a la cárcel con Umberto Terracini—, los dejaba a cargo de Antonio Gramsci, joven redactor de *Popolo,* revista que ella misma dirigía. Cuando la enviaron a reorganizar a los socialistas de Sicilia, conoció allí a uno de sus dirigentes, Giuseppe Sapienza, abogado de los pobres y eminente penalista. En la familia se contaba que había actuado como consejero del mismísimo Ataturk elaborando la constitución de 1934, la que había otorgado el voto a las mujeres turcas.

Si no conoces un manicomio, un hospital o la cárcel, nunca entenderás nada, le decía su madre. Goliarda está precisamente ahora en la cárcel y nunca había dormido tanto, excepto cuando era niña; es una especie de regresión. La angustia es tan enemiga de la cárcel como de los barcos: no hay espacio suficiente para las olas impetuosas que provoca la inquietud. Goliarda no termina de encajar hasta que no se acostumbra al ritmo sin tiempo de aquella vida en la que no que suenan timbres ni teléfonos, donde no hay novedades; las voces tienen una cadencia que parece inalterable.

Después de confesar ante el juez, acaba su aislamiento, recurso disciplinario que forma parte de la estrategia destinada a que «uno se venga abajo», para destrozarte y que hables. «¿Después de eso, para qué van a encerrarte?», le explican; Goliarda, con su colchón y su ropa, se dirige a tomar posesión de su nueva residencia, ya fuera del corredor de las incomunicadas, y se percata de que las celdas están abiertas todo el día. El alboroto es descomunal, especialmente cuando algunas presas, con sus vestidos de flores chillonas, saltan por encima de las protecciones y consiguen llegar a la red metálica que separa en cada piso las mastodónticas galerías, y se encaraman a ellas jaleadas con entusiasmo por todas las habitantes de aquel pozo. «¿No llevan el uniforme?», pregunta a gritos Goliarda en medio de aquel aquelarre. «¡No, hace ya tiempo!, ¡cosa de la reforma carcelaria!» Como soldados de permiso, se atreve a decir Goliarda. «¿Qué tiene esto que ver con los militares?», pregunta con desconfianza la guardiana. Goliarda descubrirá que hay celadoras licenciadas en Ciencias Políticas, mujeres que no han encontrado otro trabajo; otra es artista, ha estudiado en la Academia de Bellas Artes: hace paisajes a lápiz tan bonitos que parecen coloreados.

La celda 23, tres metros y medio por cuatro, recibe la luz de un sol más imponente que la bombilla que había conocido en el aislamiento: un gran plafón de cristal blanquecino con forma de rombo ilumina toda la noche las tres literas. La presa de la izquierda se ha vuelto contra la pared y finge ignorar a la recién llegada con clara animadversión; la de la derecha deja de mirar el muro —«aquí hay una verdadera fascinación por las paredes»— y se pone a observar el techo. Luego se levanta. Dejando ver uno de esos cuerpos desmesurados que tanto abundan en Rebibbia

—como si fuera un delito el ser tan grande—, desaparece detrás de un tabique; tras el largo ruido de un chorro que suena como el de un caballo, se arrastra hasta la litera, todavía sin mirarla. De repente, tanto desde la derecha como desde la izquierda surgen dos modos de roncar completamente diferentes, pero sincronizados; a Goliarda le impresiona semejante capacidad de quedarse dormidas al mismo tiempo. Pero aquella historia de convivencia tendrá un final feliz: las dos compañeras de Goliarda acabarán peleando y fingiendo un pequeño motín, poniendo patas arriba todo lo que hay en la celda, para impedir que trasladen a Goliarda con una presa más refinada (destino que una vigilante había pensado, con toda su buena voluntad, más conveniente para ella). Mucho hizo por el prestigio de Goliarda una tal James Dean, una camorrista menuda que se enfrentó a ella con una cuchilla para marcarle la cara. Goliarda sabía usar las manos y la obligó a retirarse estratégicamente, gesto que despertó el jubiloso respeto de las más barriobajeras. Aquí rige el antiguo orden, preindustrial, y la guerra se entiende aún como cosa del cuerpo a cuerpo. Pero, si lo comparamos con la indiferencia y el aislamiento que dominan la vida en el exterior, en prisión las relaciones son de verdad. La cadena perpetua social, la que se da fuera de la cárcel, se vive en compartimentos de clases, de profesiones, de edades; en prisión se experimenta una especie de libertad, sobre todo si se trata de las mujeres, que están habituadas a vivir encerradas, adictas a la paciencia y la resignación, a lo manual, a las argucias para sobrevivir. Además, disponen de un peluquero (bueno, una peluquera) para quien lo necesite. Algunas padecen un síndrome carcelario: cuando salen intentan volver a toda costa. Ese gesto de Goliarda, el de vender las joyas robadas usando un documento falso en el que figura el apellido Maselli, el cineasta con quien ha vivido dieciocho años y que la ha abandonado, es algo que ha hecho a propósito: quiere que se sepa quién ha sido. Hace todo lo posible para que la arresten los carabineros. En la cárcel se escribe bien. Su libro *La Universidad de Rebibbia* verá finalmente la luz.

Por la mañana, con las puertas de las celdas abiertas de par en par, la galería es como vivir en un bajo, y el patio de luces es la Via del Corso. Por supuesto, hay una tienda, o *free-market,* donde, como tiempo atrás en los países del socialismo real, se vende de todo. Excepto libros. Un día Goliarda se siente morir al ver a una bellísima rubia vestida con un peto que sostiene un ejemplar de *El segundo sexo* de Beauvoir. «No se lo había visto en las manos a nadie; ha hecho falta venir a la cárcel», piensa. «¿Lo has comprado?», le pregunta. «No, me lo ha traído mi hermana», ríe la joven activista; a las presas políticas las tratan con respeto, y todas las reclusas que tienen conversación quedan para tomar el té, un té tan fuerte que Goliarda se emborracha. También hay —¡incluso allí dentro!— niñas de papá: otra de las consecuencias de la droga. Están desnudas y bronceadas; en el patio se embadurnan de crema y toman el sol. «El sol de Rebibbia es famoso en el mundo entero, ¿no lo sabías?», le aseguran a Goliarda sus amigas. Hay una que ha venido de Australia: «De todo el mundo vienen a Rebibbia a tomar el sol». Mientras tanto, Goliarda hace kilómetros a paso de *bersagliere* sin percatarse del tedio de aquellos muros imperturbables que la persiguen a pleno sol.

ÍNDICE

Esta edición de *Condenados a escribir,* de Daria Galateria,
terminó de imprimirse el día 8 de enero de 2025
en los talleres de la imprenta Kadmos, en Salamanca,
sobre papel Coral Book Ivory de 90 g
y tipografía Adobe Garamond Pro de 11,4 pt.